金牌交易员的交易系统

走上系统交易的自动选股之路

冷风树◎著

北方联合出版传媒（集团）股份有限公司

万卷出版公司
VOLUMES PUBLISHING COMPANY

ⓒ 冷风树 2010

图书在版编目（CIP）数据

金牌交易员的交易系统：走上系统交易的自动选股
之路／冷风树著． —— 沈阳：万卷出版公司，2010.6
（引领时代）
ISBN 978-7-5470-1016-7

Ⅰ．①金… Ⅱ．①冷… Ⅲ．①股票—证券交易—基本
知识 Ⅳ．① F830.91

中国版本图书馆 CIP 数据核字（2010）第 100070 号

出 版 者	北方联合出版传媒（集团）股份有限公司
	万卷出版公司（沈阳市和平区十一纬路 29 号　邮政编码　110003）
联系电话	024-23284090　　**邮购电话**　024-23284627 23284050
电子信箱	vpc_tougao@163.com
印　　刷	北京市通州富达印刷厂
经　　销	各地新华书店发行
成书尺寸	165mm × 245mm　**印张**　16
版　　次	2010 年 11 月第 1 版　2010 年 11 月第 1 次印刷
责任编辑	张黎　　　　　　**字数**　220 千字
书　　号	ISBN 978-7-5470-1016-7
定　　价	42.00 元

很多有思想的投机者对投机都有自己的理解，并渴望着能将自己的思想变成量化的系统，依此来指导交易。然而，他们中的大多数人终究会为知识所限，举步维艰。

技术指标对大多数投机者来说是云遮雾罩的东西。几年前，我刚刚进入投机市场的时候，我觉得技术指标很神秘，但还是试着修改了其中的参数或函数，以期找到某种神秘的数据。

渐渐地，我开始不满足于仅仅修改一下指标的参数和函数了，而是试着将自己的一些想法融入其中，编成公式，让自己的交易思想有一个量化的标准。然而，结果却并不如意。因为我的很多想法在脑子里的时候显得非常有新意，并且我信心满满。但是一旦引入公式中，情况可就大不一样了，我甚至不敢相信出自我思想中的这些"东西"一旦变成量化的公式，其使用的效果竟然如此不着调。这不由得让我想到，很多投机者都有很多自以为是的新创意，但大多数人都因为没有能力将其付诸实施，观其实效，而在一个错误的理论上构建更多的错误。

学习编写指标不但有助于投机者了解市场、认知市场，还能提高投机者的交易技能。不要认为我在妄言。在编写指标的过程中，你会清楚地知道指标中的每一步都是怎么形成的，这样不但能够去除你心中的顾虑，还能够去除你的迷信情结。你不会再相信一根阳线被250MA平均线压制而下跌是因为"自然的力量"或"神奇的力量"压制股价，你会从另一个角度去解释市场。因为此时你已经知道了，250MA平均线其实就是250日的收盘均价线，股价受其压制是因为那些处于250日均价处的获利盘开始向外抛售，从而对市场形成了一定的压力。简言之，你对市场有了全新而深入的认识。

不仅如此，在编写指标的过程中，你的思想会受到很多启发与挑战，进而变得更加激进，很多想法会同时围绕着你，你必须一个一个地去验证，最终你才能够选定哪些是合理的，哪些是根本就行不通的。那些真正有效的方法，你只需要简单地修改和完善就可以很有效，而那些根本就行不通的方法，会让你自己都感觉摸不着头脑，无论怎么修改、完善也始终无法改观。所以那些好的计算方法所编写出来的指标，第一眼看上去就非常清晰明了，那些不着调的计算方法所编写出来的指标，即便是编写者自己也都搞不明白。

换言之，你所编写的指标是不是有效的，通常在指标成型之后基本上就能判断个八九不离十，那些无效的指标即便是你再努力完善和修改也不会有什么太大的改善。因为最先的理论基础的错误已经决定了这一指标的先天不足。如果你的理论基础是错的，你所编写出来的指标也不会有什么效果。所以重视指标的理论基础和成型的第一印象，有助于你判断某一指标是否有效，以及你的交易思想是否正确。如果你的交易理论清楚正确，当你的公式跃然而出的时候，它就符合你的预期，各项指标也会与你的设计标准高度贴近，最大限度地实现你的交易理念。

很多投机者在开始编写指标的时候感到无从下手，不知道应该怎么做。如果是这样的话，你也可以像我刚开始那样，学着修改一下别人的指标，然后多读一下公式中的动态翻译，不要小看这一点，学习阅读动态翻译，可以最简单也最快速地了解公式中的计算方法和各种条件的构成，如此不但可以让你快速入门，还能够帮助你读懂那些你从未见过的其他指标公式源码，让你对技术指标有一个深入的了解。

对于已经入门了但还处于摸索阶段的投机者，如果你还在为如何编写一个有效的指标而犯愁，那很有可能是因为你没有自己的投机理论，对市场认识的还不够，所以你要争取早日形成自己的交易理论，这样你才有编写指标公式的架构和理论基础。

对于那些已有自己的交易理论的投机者来说，想要将你的理论转化成指标，你要做的就是多了解其他指标的编写方式，并学会建立指标编写的架构，确定你交易架构中的第一个主要条件，也就是指标公式的计算方法，然后据此构建后面的公式条件。因为大多数技术指标都是在第一个条件的基础上建立第二个条件。换言之，你要学会用函数建立指标形成的初始条件，并把它列成公式。通常一个公式的计算方法都是第一条件，也是最重要的条件，如果这个条件出了差错，即使后面的条件和计算方法再好，这个公式也不会成为好公式。而除了基于你的理论基础建立的这第一个条件外，其他的条件基本上都是对这一条件的优化和完善。

现实中，我们会看到一个有效的技术指标通常非常简单，原因就是它的理论简单有效，所以它的计算方法也简单有效。而那些繁多复杂的公式未必就能好到哪里。

当然有一些指标会为了进一步优化交易时机，而掺入一些其他的条件，这样同样会显得异常复杂。但如果你弄懂了这一指标的架构和设计原理，它也就不那么复杂了。我还要提及一点的是，要看懂复杂的公式，最重要的是你要学会将公式中的不同条件区分开。一个复杂的公式通常都会掺入多种条件和变量，有的还会在一个指标中又增加另一个或多个指标，指标编写的方法则没有改变。不要把它看得过于复杂，多读几遍这些公式的动态翻译，有助于你在面对一套复杂的公式时找到头绪。

最后需要指出的是，如果你是一个系统交易者，当你将自己的交易理念变成一个能够具体量化的系统，并通过测试确认其完全符合自己的预期并可以稳定盈利时，你就应该始终如一地按照它的指示去操作。特别是一些长线交易的投机者，不要因为暂时的挫败而心灰意冷或中途放弃，因为一年甚至几年的利润往往就在某一次信号之中。

周家勋　周涛

2010年2月4日

目 录
CONTENTS

金牌交易员的交易系统
走上系统交易的自动选股之路

第一章

Chapter1

系统开发的
基础知识和基本理念

系统的开发通常有三种模式：第一种模式是对原有的一些技术指标进行参数修改，以符合不同的环境、国度、市场，这种方法相对来说比较简单，也是大多数投机者能够轻易上手的；第二种模式是对原有的指标进行源码修改，以提升指标的实用性，这种方法通常需要投机者有一定的指标制作知识，并对市场有自己的一些看法；第三种模式就是根据自己对市场走向、行情变化的理解，采用量化的方法编写出一套完全适合自己的、能够表达自己"真实含义"的指标，而这正是技术派投机者的最高境界——用技术指标来表达自己对市场、对变化的看法，并根据自己对市场、对变化的认知和理解来判断市场的走向。

然而，我们必须看清一个事实，修改参数和完善指标以及开发新指标不是随随便便就可以进行的，仅靠自己心中的一些自以为是的道理而胡乱改改参数是开发不出实用的系统的，因为你的头脑中缺乏能够完成一个系统的支点。简单地说，当你想要开发一个新指标的时候，你的头脑中一定要有一个"道理"，即发现一种市场的现象，并以这种现象为支点来勾勒新指标的架构，最终通过不断的修正将你发现的这一市场现象或市场变化的某种迹象和规律，以指标的形式展示出来，供自己参考、判断和研究。

换言之，你必须让自己清楚地知道，你的指标原理是什么，如何计算？原理才是指标的灵魂，也是指标形成的理论基石。如果你根本就说不出自己所开发的指标原理为何，想一下，这样的指标又如何能让你笃信呢？连你自己都不清楚一个指标信号的形成原理，又如何能让别人心服口服呢？

现实中，我看到很多投机者根本就没有掌握指标开发的基本常识，也没有自己的市场认知，就开始依赖一些远离市场真相的道理编写出一些奇奇怪怪的"指标"。甚至很多投机者根本就不知道某些指标的开发原理，就胡乱地把一些相互抵触的指标凑到一起，希望通过某些所谓的"共振"来发现一些特殊的股票，但是最终因缺乏必要的专业知识而毫无进展。因为，他们连最基本的知识都还未掌握，就企图解决最前沿的问题，这是很多投机者的通病。

所以，投机者在开发自己的系统之前，一定要先有自己对市场的认识，以及必要而专业的系统开发知识。比如，超买超卖指标的开发，是建立在市场本身的超买超卖特性上的，即市场上涨到一定的程度，会因为股价过多地脱离均价（或某一周期的平均线）而出现超卖（乖离），进而引发获利盘的抛售。于是，我们就可以根据市场的这种现象，来编写一个超买超卖的指标，并根据自己的看法，设定自己的超买超卖标准，展示自己对市场乖离的自我认知，以符合自己对变化的判断要求，满足自己的交易条件。

再比如趋势型指标的开发，则是基于市场本身就具有趋势性这一特征开发出来的。市场走势一旦形成就会产生延续，当股价走势达到某一标准时，就意味着趋势有可能会继续上涨或下跌，这样我们就可以根据市场的这种趋势特性，开发出一套符合自己的趋势认知的指标了。

而其他的一些指标，比如通道指标中最具有代表性的BOLL布林指标，也叫做保利加指标，它的原理在于，股价的走势始终围绕某一均线在一定的通道内上下穿越，于是BOLL指标的设计者就将一条均线作为股价穿越的中轨，并以此为基础加减两倍相同周期的最高价和最低价的估算标准差，这样就做出一个直观的展示股价走势的波动范围的通道型指标了（也可以叫做压力指标），然后就可以根据股价在通道中的走势情况，分析、判断行情的涨跌变化（指标的编写我在后面会有专门的讲述）。

所以，投机者必须知道，要开发出一套完全属于自己的指标，就必须有自己对市场的看法，有自己的指标编写原理，即必须发现市场中的某一规律或特性，并以此来作为编写指标的支点，形成自己的理论基础。这样你所编写出来的指标就有了科学性，对指标中的各种现象和征兆，既识其相又明其理；否则，你的指标编写得再漂亮，也只不过是仅供观赏的玩物而已。与发明一样，要先有发现，之后才有发明。当然，这并不是要你放弃研究、放弃尝试。我的意思是你需要具备一定的市场知识，之后再开始进行技术指标的开发和尝试。这样，不但会提高你的交易技能，还能够提升你对市场变化的认识。否则，即使某一市场现象就在你的面前，你也会毫无察觉，即便是有所察觉，也不知为什么。这样你就会对一些本应了解的平常现象产生错误的认识，你会错误地认为自己所发现的某一现象是一个"神秘物种"。在这样的情况下，你所开发出来的就不是指标，而是一个"未知之谜"了，它会让你始终深陷迷惑的漩涡之中，知其然而不知其所以然。

记住，要编写一套属于自己的系统和指标，你就必须有自己对市场的认知，有自己的道理，有你自己的理论基础，这样你才会有开发一套系统的原理。仅靠那些一无所知的修修改改，是不会有质的突破的。就像医生一样，先要明白人体的骨骼机理和各种脏器的功能、特征，之后才能够根据人体的生命体征，开出一些治病健身的医疗妙方，设计出一些切实可行的手术方案。

第一节 指标的配伍

Section1

指标配伍主要是功能上的配伍，配伍的方式主要有两种。一种是不同功能的弥补，即采用具有不同功能、特性的指标来弥补单一指标使用上的不足，综合考量市场的运行情况，明确掌握行情在各阶段的波动情况，为投机者的判断提供充足的依据。比如，将趋势指标与超买超卖指标相互结合，就可以提高对趋势转变的判断胜算。即以超买超卖指标来判断阶段性行情的超买超卖，以趋势指标来确认趋势的走向，综合两者的指标特性来判断一段行情的走势变化。

另一种是相同功能的互检，即针对相同功能、特性的指标，利用其设计原理的不同，来相互检验机会的好坏，达到过滤杂波和检验虚假信号的目的，帮助投机者减少错误的交易，提高成功的概率。比如，采用趋势指标来确认趋势的走向，采用压力指标来检验行情的阶段性压力，以提升自己对某一周期行情突破的判断胜算，综合两者之力来验证行情的趋势变化，捕捉最高胜算的交易时机。

通过上面的陈述，我们可以知道，指标的配伍一定要有相互弥补或相互验证的特性。不明就里地将一些毫不相干的指标凑到一起，你所得到的"共振"只不过是一些特殊情况下的巧合而已，而这种巧合根本就无法持久地为你提供可靠、明确的买卖信号，即便出现某种信号，你也无法通过符合市场逻辑的理论来深入分析行情的走向和变化的征兆。

所以，投机者必须明白，即便是最简单的指标配伍系统，也要有你自己的道理，也必须对自己所使用的指标有充分而深入的了解，不但要知其表，也要知其里。如果你对自己所采用的指标根本就不了解，或者只是不明就里地跟踪某一现象，那用不了多久你就会发现，自己已经坠入迷信的陷阱之中了。

我们经常听到一些技术派投机者说，"不知道为什么，每当股价上穿BOLL指标的中轨时，股价也就同时上穿20MA平均线"，或"不知为什么，每当周线图中的价格上穿10MA平均线时，行情或多或少都能上涨一点"。这些人中不乏一些所谓的"名人"。这就是因为他们知其表，不明其理。因为BOLL指标的中轨本来就是一条20MA平均线，所以股价上穿BOLL指标的中轨时，股价也就同时上穿20MA平均线，这没有什么值得奇怪的。而"每当周线图中的价格上穿10MA平均线，行情或多或少都能上涨一点"，是因为周线图中的10MA平均线，本来就相当于日线图中的50MA平均线，是中期行情走势的涨跌分水岭。一周有5个交易日，10MA代表的是10周的平均价，10周平均价就等于50个交易日的平均价，两者的作用是一样的。

总之，市场中还充斥着很多让人啼笑皆非的类似迷惑，更有很多人把一些简单的本应了解的正常现象，当成了新事物，并把一些奇奇怪怪的均线参数当成秘诀。究其原因，就是研究不深，所以不明就里。

我始终认为，当你对目前的事物感到迷惑的时候，必定是因为你的知识不够，对目前的事物缺乏深入的了解。所以在这种情况下，你应该试着寻求那些符合逻辑的答案，而不是动不动就将其与神秘现象挂钩。

我们用一个简单的实例来说明一下。

比如，我们用MA平均线指标作为趋势走向的确认标的，用MACD指标来与MA平均线指标进行互检进一步确认趋势，然后用CCI路径指标来确认行情的超买和超卖。这样，我们就可以通过CCI指标的超买超卖特性来确定阶段性的行情低位和高位，然后依照MA平均线指标来确定市场趋势的走向，并通过MACD指标与MA平均线指标进行同步互检确认，这样我们就可以把握最高胜算的交易时机了。如图1-1-1和图1-1-2中所示。

从下面的图示中，我们可以看到，当50日周期的CCI指标进入超卖区之后，股价不久便止跌企稳，快速转升，并上穿50MA平均线，形成买入信号。此时，我们再看其下方的MACD指标，即可发现MACD指标的DIF线也同时上穿0轴线，形成上涨交叉，同步确认了趋势延续的买入信号，此时就属于胜算较高的买入时机。

所以，投机者在采用多个指标的配伍策略时，应注意各指标的内涵是否符合你的系统理论，不明就里、自以为是地将一些毫

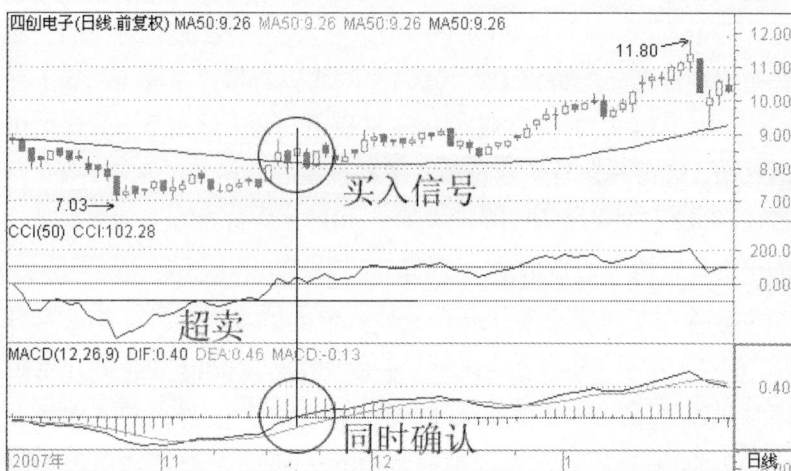

图1-1-1

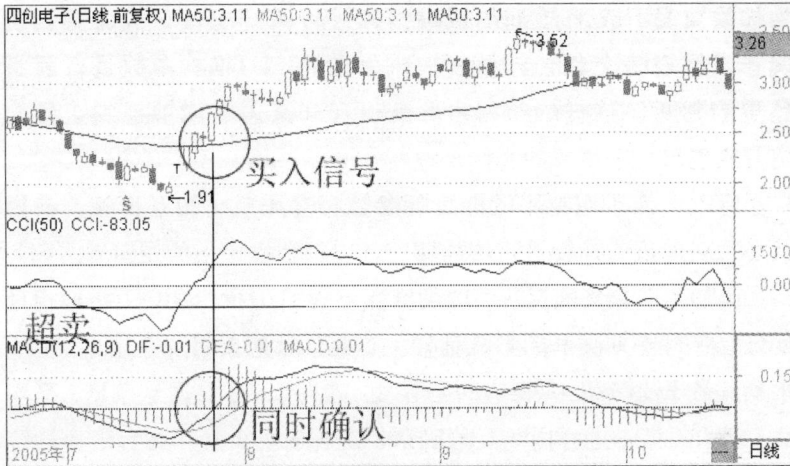

图1-1-2

不相干的指标掺和到一起，就说这是一套交易系统，并想据此掌握高胜算的交易，根本就不靠谱。你要根据自己的系统理论，来配伍不同的指标，就像中医一样，要先知道病理，然后才能根据病理来为患者抓取对症的药，而不是自以为是地随便抓几副药，然后期望着它能医好病。

记住，乐意尝试的确会有发现，但只有深入了解才能知其所以然，并将其中的道理应用到实际操作中，作为判断上的理论依据。

第二节 指标的参数优化

Section2

技术指标在应用的过程中，会因为市场和品种等众多条件的改变而出现变异，导致使用效果下降。这时候，我们就需要对原有的指标参数进行相应的调整和修改，以符合新的环境和市场。除此之外，在指标配伍的时候，也需要根据使用周期的不同，而对不同的指标参数进行相应的调整。比如我们采用的是长线交易，却将短期的威廉指标进行系统配伍，或者我们明明在进行趋势交易，却依然按照原先的KDJ指标参数进行超买超卖的判断，这样的指标参数配伍起来又怎么能够得到正确的信号呢？

所以，为了避免不同的指标参数相互矛盾、相互抵触，我们就必须对配伍的指标进行参数调整，以符合理论上的逻辑。

比如，我们要将MA平均线指标与MACD指标和CCI指标相互配伍，作为中期交易的系统信号。首先，我们要将一条中期的MA平均线作为趋势最终确认的分界线。然后，再根据这条MA平均线，找出CCI指标和MACD指标的趋势分界参数，作为趋势的统一确认信号。之后，我们在这组参数的指导下，判断行情的超买和超卖情况，并据此考量某一信号的概率和质量。

根据CCI指标的使用法则，我们知道CCI指标的多空分界线是0刻度线，MACD指标的多空分水岭是0轴线。这样我们就知道了，要想找到符合中期MA平均线的趋势分解线的CCI指标参数和MACD指标参数，只需要将CCI指标和MACD指标的参数调整到能够与某一MA平均线指标同时发出趋势转变信号即可。而事实上，50MA平均线或60MA平均线所代表的正是中期趋势的分水岭。如图1-2-1和图1-2-2中所示。

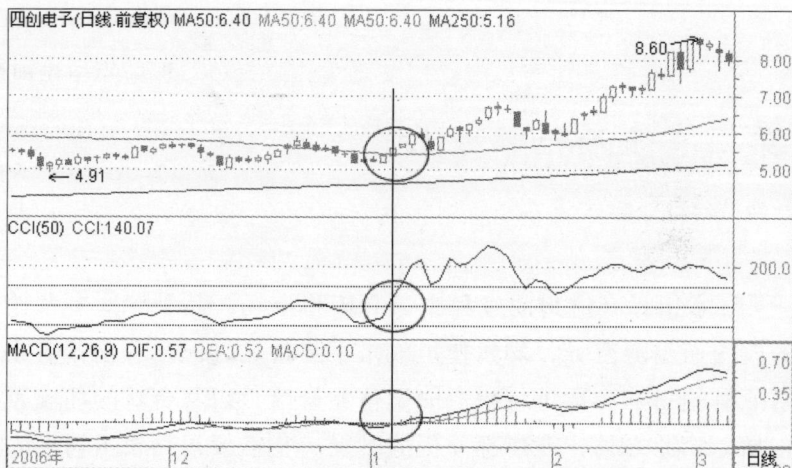

图1-2-1

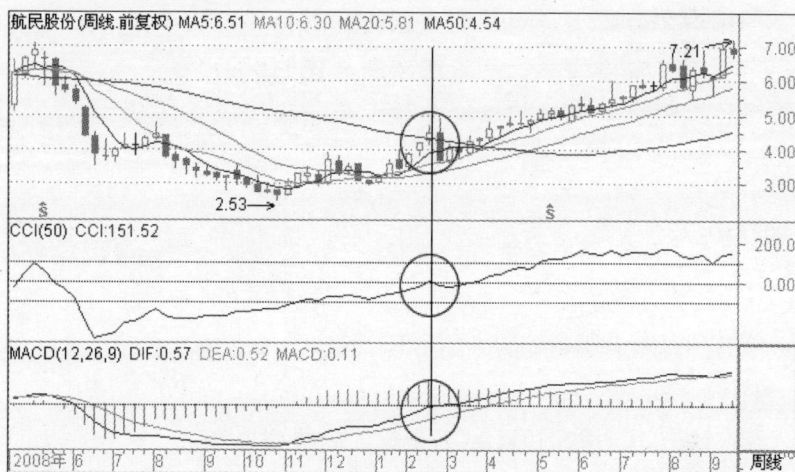

图1-2-2

从上面的图示中，我们可以看到以50MA平均线为中期趋势标的的信号模式。

当股价上穿50MA平均线时，意味着行情有可能会步入中期上涨的走势之中。我们看一下其下方的CCI指标和MACD指标即可发现，将CCI指标的参数调整为50时，其与主图中的价格穿越信号基本是一致的。而MACD指标的参数则不需要修改，利用其原先的参数就可以达到这一要求。于是，我们就可以确定，50MA平均线与参数为50的CCI指标以及原参数的MACD指标相互配伍，就是可行的中期配伍系统。

这样，我们就可以在实际交易中，通过CCI指标的超卖现象来选择低位目标，以MACD指标的低位金叉作为尝试买入的信号，以股价上穿50MA平均线和MACD指标的DIF线上穿0轴线作为最终的上涨趋势确认信号。这样的信号就属于胜算较高的买入信号。

接下来，我们再来看一下另一组指标组合。

我们再将MA平均线指标与MACD指标和KD指标相互配伍，作为一套中期交易的系统信号。首先我们要做的是将一条50MA平均线作为中期趋势最终确认的分界线。然后，根据50MA平均线找出KD指标和MACD指标的趋势分界参数，作为趋势转变的统一确

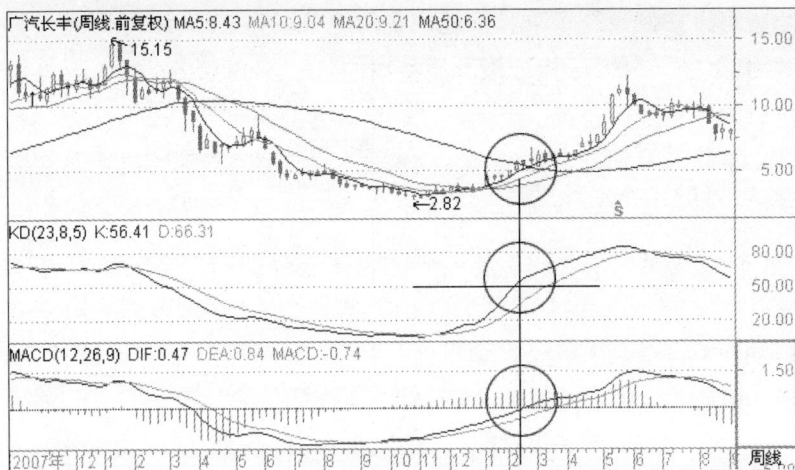

图1-2-3

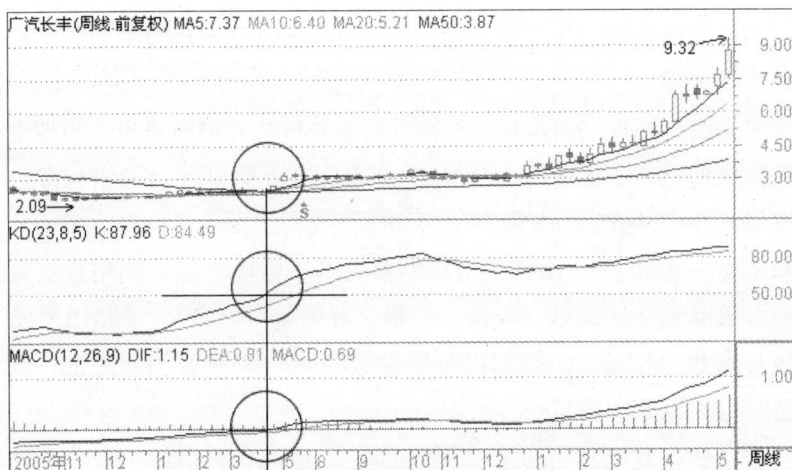

图1-2-4

认信号。如图1-2-3和图1-2-4中所示。

从上面的图示中，我们可以看到，以50MA平均线为中期趋势标的的信号模式，当股价上穿50MA平均线时，则意味着行情有可能会步入中期上涨的走势之中。我们看一下其下方的KD指标和MACD指标即可发现，将KD指标的参数调整为23、8、5，当其K值线上穿50中线时，则与主图中的价格穿越50MA平均线信号是一致的。在这里MACD指标的参数也不需要修改，利用其原先的参数就可以达到这一要求。于是，我们就可以确定50MA平均线与参数为23、8、5的KD指标以及原参数的MACD指标相互配伍，也是可行的中期配伍系统。

这样，我们就可以在实际交易中，通过KD指标的超卖现象来选择目标，以MACD指标和KD指标的低位金叉作为尝试买入的信号，以股价上穿50MA平均线和MACD指标的DIF线上穿0轴线以及KD指标的K值线上穿50中线，作为最终的上涨趋势确认信号。这样的信号就属于胜算较高的买入信号。

图1-2-5中则是MACD指标、CCI指标、KDJ指标与MA平均线指标相互配伍的多指标配伍系统。

通过上面的讲述我们可以知道，在选择配伍指标的时候，必须先找到各指标所代表的趋势的确定值，因为如果没有这个值作指导，很难确定它代表的是哪一个周期的超买超卖或趋势分界。确定不了统一趋势的周期分界，又如何能够确定某一中期趋势的超买超卖呢？确定不了某一周期趋势的超买超卖，我们又如何确定这一趋势是因为超买超卖而反转了呢？我们用参数为9、3、3的KDJ指标来确认50日周期（以50MA平均线为代表的中期行情）的中期趋

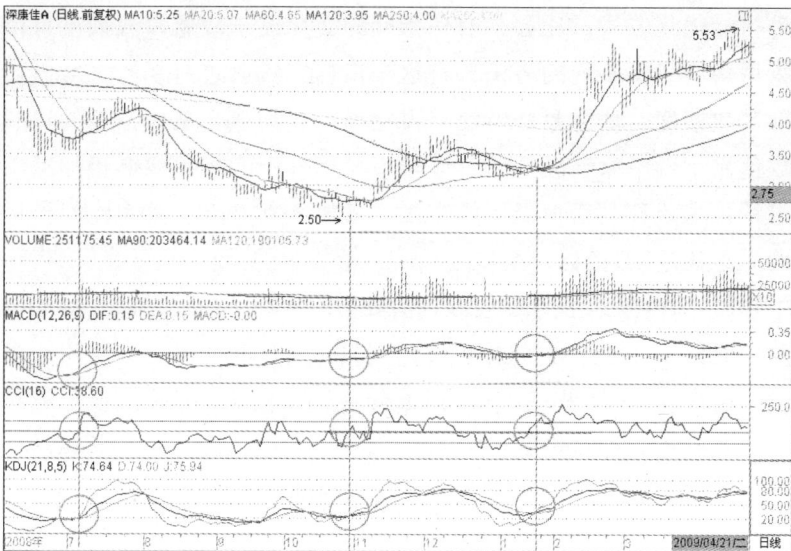

图1-2-5

势的超买超卖，或用参数为14的CCI指标来确定30日周期的中短期趋势的底部超卖，又怎么能够得出准确的交易信号呢？

所以，将这些指标的参数调整到符合某一周期的均价趋势，作为趋势确认的确定值，然后再根据这一确定值确认趋势转变时的各种征兆和特征，这样，相会配伍的各种指标所展示的，就是这一周期之内的行情走势的超买超卖和趋势转向的各种特征和征兆了，也就符合了我们所要求的用不同的原理来弥补、互检相对应的周期内的交易信号了。

所以，在实际交易中，学会根据不同的周期参数的MA平均线指标寻找不同指标的确定值，是指标配伍时必须掌握的一项技能，也是指标参数调整的重要方式。

第三节 指标的源码修改

Section3

指标的函数修改也是很多技术派投机者最擅长也最有效的一种指标优化方式。比如，有些指标的变化过于敏感，我们就可以采用均线二次平均的方法，将这一指标的线形进行平滑，从而降低其敏感度，增强趋势特性；再比如，我们感觉某一指标的线形数值显示得不太明显，就可以采用将指标中的相关线形相加减或进行乘积处理之后再显示的方法，来放大其效果。其实KDJ指标的原身就是KD指标。换言之，KDJ指标中的J线，只是将KD指标中的K、D两条线形分别进行3倍和2倍的乘积，然后相减之后的产物。而MACD指标中的柱状线，则只是将DIF线和DEA线相减之后，再乘以2的效果，并非是什么新事物。在这一章中，我们就来讲述一下此类函数修改方式。

我们先来看一下KD指标和KDJ指标的源码。

KD指标的公式源码：

RSV：= （CLOSE－LLV （LOW，N） ） ／ （HHV （HIGH，N） －LLV （LOW，N）) *100；

K：SMA （RSV，M1，1） ；

D：SMA （K，M2，1） ；

KD指标的动态翻译：

RSV赋值： （收盘价－N日内最低价的最低值） ／ （N日内最高价的最高值－N日内最低价的最低值） *100

输出K：RSV的M1日 ［1日权重］ 移动平均

输出D：K的M2日 ［1日权重］ 移动平均

KDJ指标的公式源码：

RSV：= （CLOSE－LLV （LOW，N） ） ／ （HHV （HIGH，N） －LLV （LOW，N）) *100；

K：SMA （RSV，M1，1） ；

D：SMA （K，M2，1） ；

J：3*K－2*D；

KDJ指标的动态翻译：

RSV赋值： （收盘价－N日内最低价的最低值） ／ （N日内最高价的最高值－N日内最低价的最低值） *100

输出K：RSV的M1日 ［1日权重］ 移动平均

输出D：K的M2日 ［1日权重］ 移动平均

输出J：3*K－2*D

从上面的KD指标和KDJ指标的公式源码中，我们得知，KDJ指标中的J值，只是KD指标中的3倍K值与2倍D值相减的差而已，并没有改变更多的东西，而就是因为这个J线，让很多投机者为KDJ指标疯狂起来。

那么我们还能不能在KDJ指标的基础上再修改一下指标源

码，进一步优化呢？或者将KD指标的源码修改一下，变成另一种KD超买超卖指标呢？

答案当然是肯定的！

我们先将KDJ指标修改一下参数，优化一下KDJ指标的黄金交叉，让KDJ指标的黄金交叉和死亡交叉提前一点发出，其源码修改如下：

```
RSV：= (CLOSE−LLV (LOW, N) ) / (HHV (HIGH, N) −LLV
(LOW, N) ) *100；
    K：=SMA (RSV, M1, 1) ；
    D：=SMA (K, M2, 1) ；
    J：3*K−2*D；
    F：SMA (J, 3, 1) ；
    M：SMA (F, 5, 1) ；
```

我们将KDJ指标的J线进行3日［1日权重］移动平均之后命名为F，然后再将F线进行5日［1日权重］移动平均，这样就可以得出两条由J线而来的［1日权重］移动平均线，这两条线我们就称其为J线的平均线，其作用就是展示J线的波动与走势，以便于我

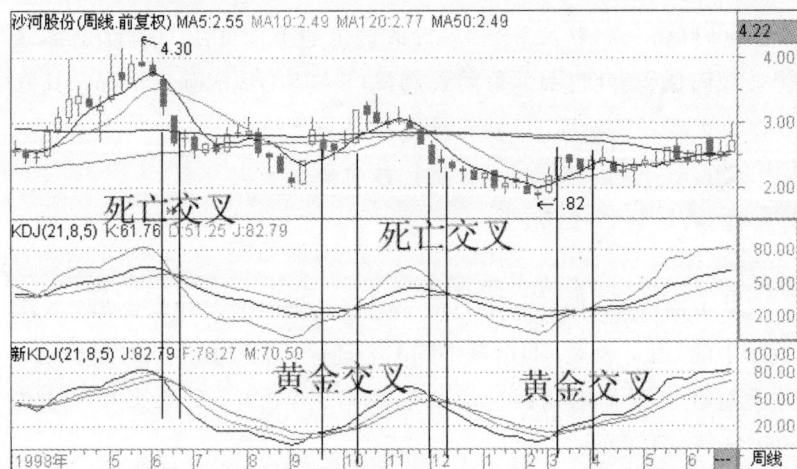

图1-3-1

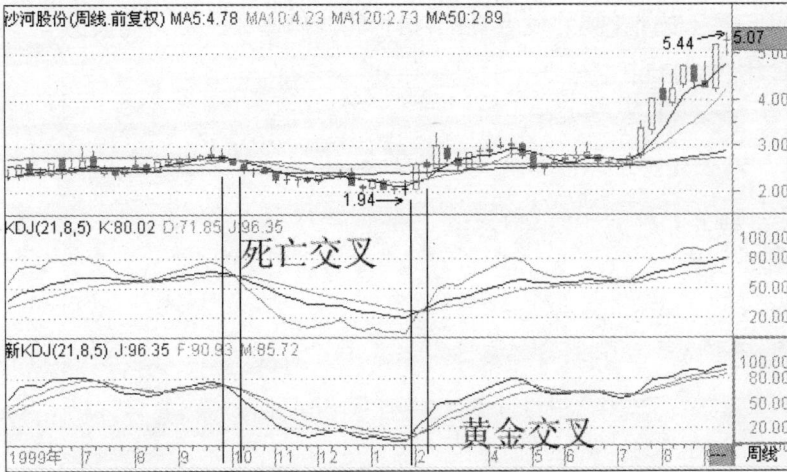

图1-3-2

们及时监督J线的走向变化。我们来看一下图1-3-1和图1-3-2中
所示的"新KDJ"指标和原来的KDJ指标的表现。

从图示中我们可以看到，在两者都采用21、8、5作为默认参
数时，"新KDJ"指标在低位的超卖区会提前于原先的KDJ指标
发出黄金交叉，在高位的超买区又会提前于原先的KDJ指标发出
死亡交叉。这样不仅可以让那些利用KDJ指标做中长期交易的投
机者能够提前建立初始仓位，还能够在市场不利的时候，提前减
仓或出局。

我们再来修改一下KD指标的公式源码，让KD指标也具有
MACD指标的柱状线功能，用以监视K线和D线的乖离情况。其修
改后的公式源码如下：

```
RSV: = (CLOSE－LLV (LOW, N) ) ／ (HHV (HIGH, N) －LLV
(LOW, N) ) *100;
    K: SMA (RSV, M1, 1) ;
    D: SMA (K, M2, 1) ;
    KDCD: (K－D) *2, COLORSTICK;
```

从上面的公式源码中我们可以看到，按照MACD指标的0轴线

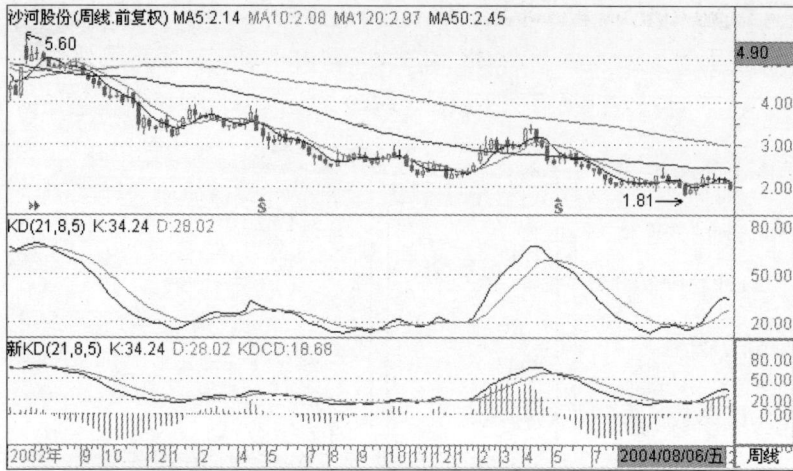

图1-3-3

图1-3-4

画图方式将KD指标中的K线和D线相减，并将相减的差值乘以2就可以了。这样我们就可以根据KD指标下方的柱状线变化情况，来判断KD指标中的K线和D线之间的乖离情况，及时发现行情的走势变化。请看图1-3-3和图1-3-4中所示的KD指标与"新KD"指标的表现。

从图示中我们可以看到，新KD指标的确具备了MACD指标的柱状线功能，我们也完全可以很好地通过观察柱状线的变化来判断K线和D线的乖离情况。

上面是KDJ指标和KD指标的一些乖离率放大效果的源码修改方法,下面我们再来看一下MA平均线在修改公式源码当中是如何应用的。

我们以商品路径指标CCI为例,其原先的指标源码为:

```
TYP：=（HIGH+LOW+CLOSE）/3;
CCI：（TYP-MA（TYP,N））/（0.015*AVEDEV（TYP,N））;
```

以参数N为50的指标线形展示效果如图1-3-5中所示。

而当我们将CCI指标的CCI线进行二次平滑,在原式中加入一句CCA：EMA（CCI,M）,修改之后的源码如下:

```
TYP：=（HIGH+LOW+CLOSE）/3;
CCI：（TYP-MA（TYP,N））/（0.015*AVEDEV（TYP,N））;
CCA：EMA（CCI,M）;
```

式中我们设参数N为50,M为10(现实中,你也可以根据自己的需要,修改公式中的参数值),其指标显示的效果则如图

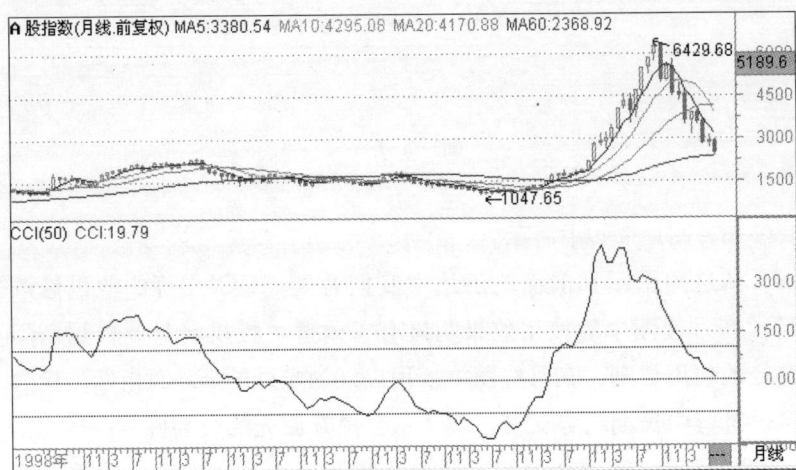

图1-3-5

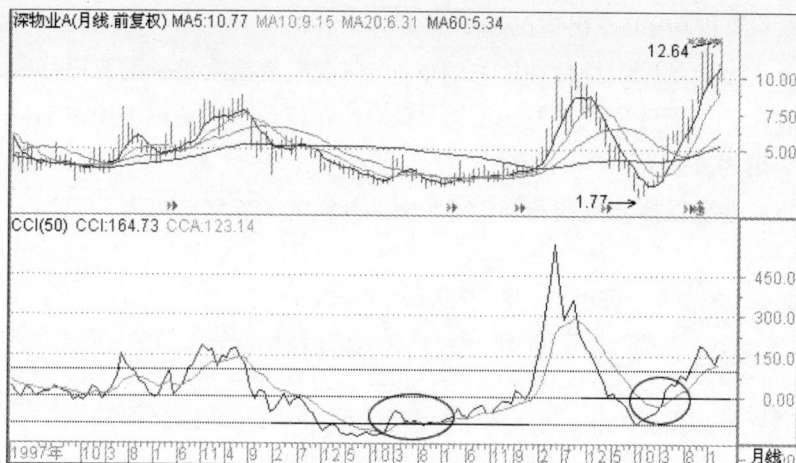

图1-3-6

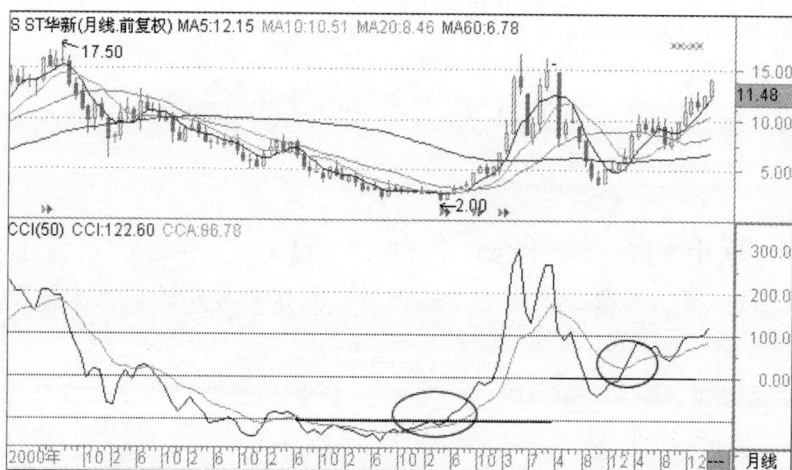

图1-3-7

1-3-6~图1-3-9中所示。

　　从这些图示和前面的讲述中我们看到，CCI指标的源码修改后，在月线图中的使用效果明显有了改善。投机者只要根据商品路径的使用要则，在月线图中采用以50为参数的新CCI指标，指导自己进行中长期趋势交易，就一定会提升原先的交易胜算。

　　本节所讲述和展示的一些方法和源码修改之后的一些效果，都属于一些比较常用的方法。当然，你还可以根据自己的构想，

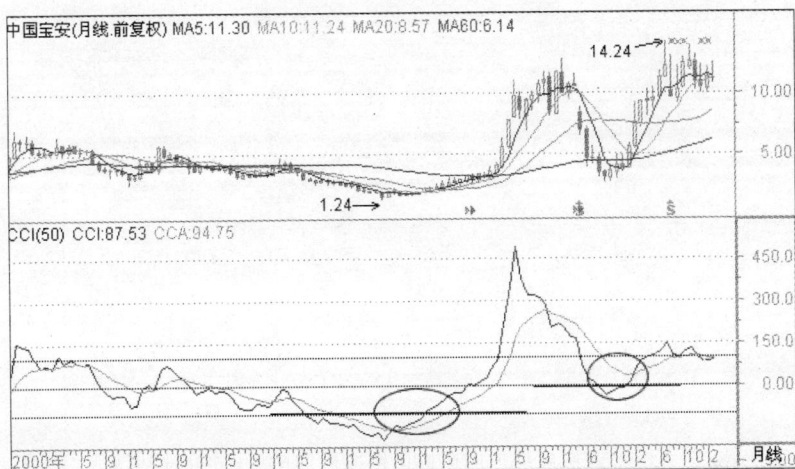

图1-3-8

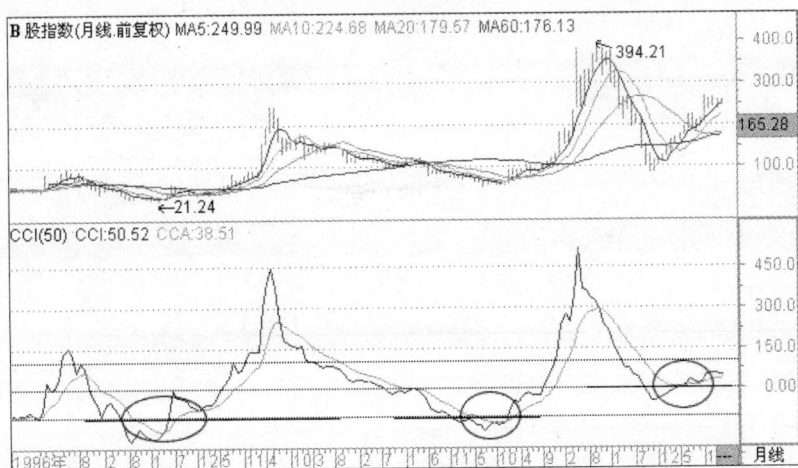

图1-3-9

在指标公式中增加其他你所了解的元素，一直到符合你的交易标准和信号要求为止。

可能有些读者对源码中的字符的含义不胜了解，不要紧，在下一章中，我们就来讲述这些源码的功能和其各自所代表的含义，以及应用的方法，并逐句讲解每一段指标公式源码的设计原理和计算方法，让你清楚地知道这些源码所包含的不同内涵。

第二章
Chapter2

设计开发自己的技术指标

第一节 新指标开发的理论基础

Section1

前面我们已经讲过，在开发新指标之前你需要有自己的思想、自己的理论或自己的发现，并以此作为新指标开发的架构支点，只有这样你的指标才会具备真正意义的"原理"，并将其作为可以遵循的理论根据。也只有这样，你的思想中才能够具备一定的"信条"，有了这种信条，你才能够摒弃市场中那些无定而又争辩不已的看法，始终笃信自己的判断，遵循自己的意见。

比如，要开发一个超买超卖指标，我们就必须对市场中的超买超卖现象有着深入的了解。我们首先要知道市场中的超买和超卖现象会导致市场发生什么样的变化，更重要的是，这种现象必须是必然出现的和经常出现的。如果你发现的某一现象只是在某些特殊情况下出现，那这样的发现就不能成为主要的理论依据，因为这种现象出现的概率较小，且飘忽不定，具有太多的随机性，无法很好地把握。把这样的现象作为理论的依据，你的理论本身就缺乏坚实的基础。简而言之，它比市场本身还多变，你如何能够通过它来分析市场？

当我们要开发编写一个指标的时候，正确且确定的理论依据是必不可少的，因为指标的编写公式其实就是这一原理的展示、描述。我们采用函数进行计算，通过公式的形式将所发现的现象或事物展示出来，并让我们清楚地看到这一现象的变化情况，这就是指标编写的宗旨，也是指标公式的核心。

下面，我们就以开发一个超买超卖指标为例，详细讲解一下指标开发的理论过程。

第一步，我们要确定市场中确实存在超买超卖现象，并且这一现象是必然存在且经常出现的。这说明，这一现象始终存在，只不过它会根据行情的变化出现不同的形态而已，而我们就根据它的变化判断市场中的买卖力度。当然，我们也可以发现其他的现象，并以其他不同的但又确实存在的普遍的现象为基础。

第二步，我们要确定这一现象大致出现的周期情况。因为，我们需要根据其出现的周期和频率确定下一个有效的周期，以作为指标开发的周期参数。也可以这样说，我们必须根据这一现象的出现频率和形成的周期来找出这一现象的变化规律，这样才有将这一规律量化的标准。当然，有条件的投机者可以采用参数设定系统来校对、确定最佳的参数值。

第三步，我们要通过计算将理论编成公式，将我们发现或依赖的这一现象编写出来，通过公式源码将公式变成图形，让意识中的理论清楚地展现出来。比如，我们知道超买超卖现象的重要依据，就是行情走势与平均成本线的乖离，也可以说成是价格与其既定周期的成本均线之间的距离，或价格与其既定周期的平均价格的距离。再清楚一点说，就是现在的价格与我们所设定的某一条均线的乖离情况。

根据超买超卖的原理，我们知道了行情价格距离平均成本越远，说明其超买超卖的现象越明显，行情就越有可能回撤。因为这说明很多投机者都有了较多的盈利，有些盈利的投机者会趁着行情的上涨卖出自己的仓位。当卖出的投机者达到一定的数量时，就会削弱行情上涨的力量，进而引发市场的回调。

既然是这样，那相对来说编写一个超买超卖的指标就有了理论上的支持了，我们所需要做的就是用当下周期的股价（或平均价、最高价、最低价等）减去其相同周期的平均价格（或最高价的平均价、最低价的平均价等），如此就得出了目前行情走势的乖离情况。这个公式就是：**价格－N日周期的平均价**。如果要将短期的超买超卖与长期的超买超卖相比较的话，那公式就是：**（价格－短期平均价格）／（价格－长期平均价格）**。当然你也可以采用KD指标公式中的计算方法写成：**（收盘价－N日内最低价的最低值）／（N日内最高价的最高值－N日内最低价的最低值）*100**。总之，只要知道了一个公式的原理，怎么计算就看你是怎么想的了，只要能够达到最佳要求就行。但也要记住，不正确的计算方法会导致理论的作用大幅下降，削弱公式的正确率。

第四步，将这种走势的形态进行量化，以确定其在各种情况下的变化标准，据此圈定那些胜算最高的标准，作为交易时分析判断的重要依据。

第五步，优化信号模式和变化标准，通过系统的、长期的测试，来进一步优化系统的各种量化标准，以提升系统的实用性。比如，扩大量化的周期、进行二次平滑抹掉一些不确定的交易信号等方式，都是一些常用的系统优化手法。试想一下，一个没有经过严格检测和实践优化的技术指标如何能够作为一个可靠的交易系统严格遵循呢？

第六步，确定应用规则。天下没有百发百中的完美系统，一个新开发出来的指标经过长期的检测之后，必然会显现出一些不足，甚至会在某些特殊情况下完全失灵。这时候，我们就需要针对这些问题，确定一些具体的应用规则，以削弱这些不确定因素的影响。比如，进一步提高信号的量化标准，或者放弃一些位置不佳的交易信号，以及综合各种有利和不利信号的各种特征，以确定具体的应对策略等，都是设定应用规则时必须考虑的一些重要问题。

通过上面的讲述，我们知道了开发一个技术指标的理论步骤，当然如果你对编写指标时的各种函数一窍不通，那你就根本无法将其变为现实。很多投机者都有一套自己的理论，但大多数情况下，他们会因为不了解指标公式中的函数，而始终无法将自己的思想付之于行动，并最终展示出来。

实际上，大多数想象中的理论都经不起指标公式的量化检验，它们中的大多数被编成指标之后，往往会与先前设计者所想象的大相径庭，甚至根本就无法使用。所以，如果你是一个有思想的人，却始终无法将自己的思想变成现实，变成实实在在的看得见的东西，那么你永远也无法知道自己思想中的充满逻辑的理论，原来在现实当中是那么不堪一击。

之所以很多投机者始终沉浸在理论的原始阶段而毫无长进，无论如何努力也无济于事，其根本原因在于，他们缺乏实践所需要的知识，缺乏把思想变为现实的能力，无法将自己的理论付诸实施，并通过现实的验证来发现其不足之处和错误之处。试想一下，建立在一套根本就不知对错的理论基础上的思想，并在此基础上不断衍生出另外的一些不知对错的思想，怎么能够行之有效呢？换言之，在一些错乱无序的思想上建立另一些错乱无序的思想，这样的思想即便是听起来多么合情合理，也始终经不起实践的考验。所以要想拥有正确的思想和正确的方法，就必须具备实践的知识和能力，只有这样才能够检验出思想理论中的对错，并在正确思想的基础上建立更多的正确思想，最终把自己变成一个真正的强者。大多数理论学者都是只有思想没有实践，泛泛空谈，自认为是对的，但实际上大错特错。

所以，在下一节中，我将为你讲解指标公式编写时的那些函数各自都代表什么，以便你了解公式编写时的那些语言，即便不会编写，起码也能读懂。

第二节 新指标开发的基础知识

Section2

一 公式编辑器的设置

在这一节中我们要先学习编写系统指标的一些基础知识，了解指标编辑器的使用方法，认识指标编写时所使用的一些函数。

我们以通达信行情软件为例（其他行情软件的公式编辑器的使用方法与此雷同）。

首先，我们需要在行情软件的菜单栏中点选"功能"按钮，此时屏幕上就会出现一个下拉菜单，在此菜单中找到"专家系统"，然后将鼠标箭头放在上面，此时就会出现另一个下拉菜单，我们在这个菜单栏中点选"公式管理器"选项，系统就会弹出一个"公式管理器"窗口。如图2-2-1和图2-2-2所示。

接下来，我们再点击公式组中的"技术指标公式"，就会出现一个公式类型列表，点选"其他类型"，就会出现一列细分的

图2-2-1

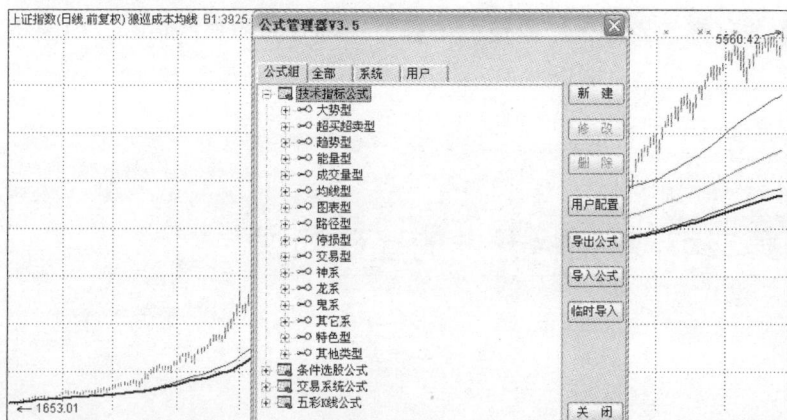

图2-2-2

指标类型菜单。如图2-2-3所示。

此时点选公式管理器右上角的"新建"按钮，系统就会弹出一个"指标公式编辑器"窗口。如图2-2-4中所示。

然后，我们就可以在这个"指标公式编辑器"的"公式名称"输入框中输入新指标的名称，并在"公式描述"输入框中输入指标的简短描述（通常都是指标的全称）。在"密码保护"选项前面有一个小方块，如果你需要密码的话，可以点选这个小方框，然后在"密码保护"输入框内输入你想设置的密码。之后，在"公式类型"选择栏中选取新指标的类型，系统自动默认为"其他类型"。如图2-2-5中所示。

图2-2-3

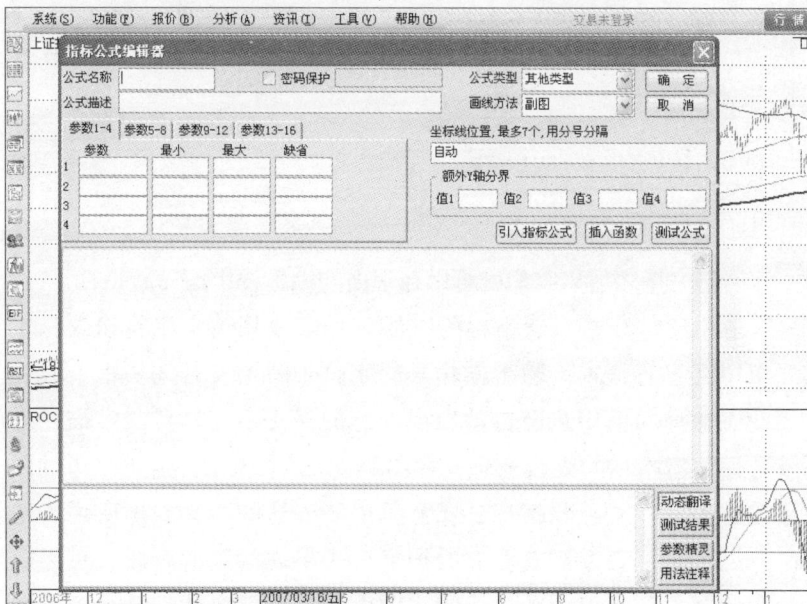

图2-2-4

　　接下来，再在下面的"画线方法"选择栏中，为我们的新指标选择正确的画线方法。如果所制作的是主图指标，那就点选"主图叠加"选项；如果所制作的指标是副图指标，那就点选"副图"选项（如图2-2-6中所示）。这一点别搞错了，否则你所编写出来的指标就会显示出错误的图形。

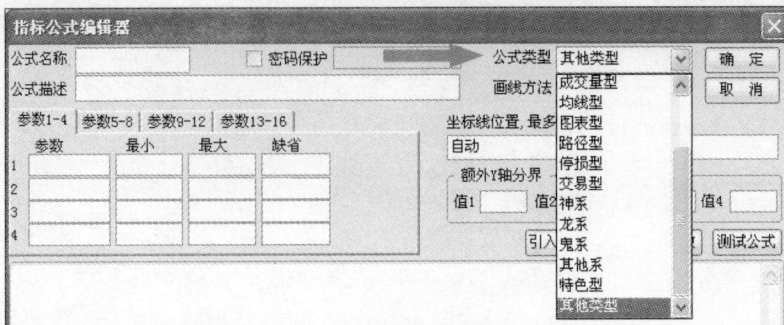

图2-2-5

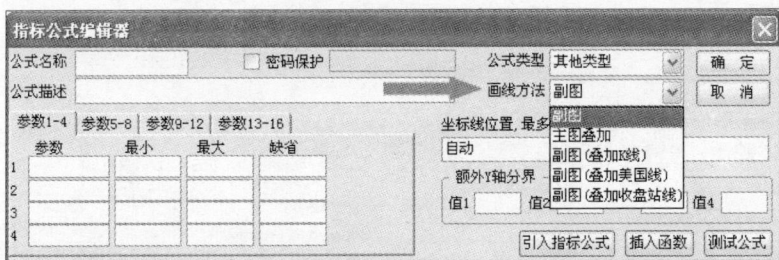

图2-2-6

　　一切完毕之后，我们就可以在下面的编辑框中编写新指标了。

　　请注意，在编写新指标的时候，一定要用英文字符输入，不要用中文字符输入。随着你输入的字符不断增多，编辑框下方的"动态翻译"框中也会自动出现动态翻译文字，这些文字描述的就是你的新指标的大致意思。如图2-2-7中所示。你可以通过阅读动态翻译，来检验指标公式源码中所表达的含义与你所要表达的意思是否一致，或者在你的指标公式出现问题的时候，可以通过阅读动态翻译框中所显示的文字内容来查找、纠正公式源码中的错误。对大多数新手来说，这一点很重要。否则，一旦行情测试不对劲，你根本不知道公式错误出现在哪里。

　　在编写新指标的时候，我们需要设定公式的参数，以便我们在新指标编写完毕之后，能够对指标的周期进行相应的调整，以符合不同的环境、市场的要求。所以我们需要在公式的参数栏中，填写公式的参数范围和默认的参数值。默认的参数值通常都是比较普遍的参数值，而参数范围指的是这一指标的

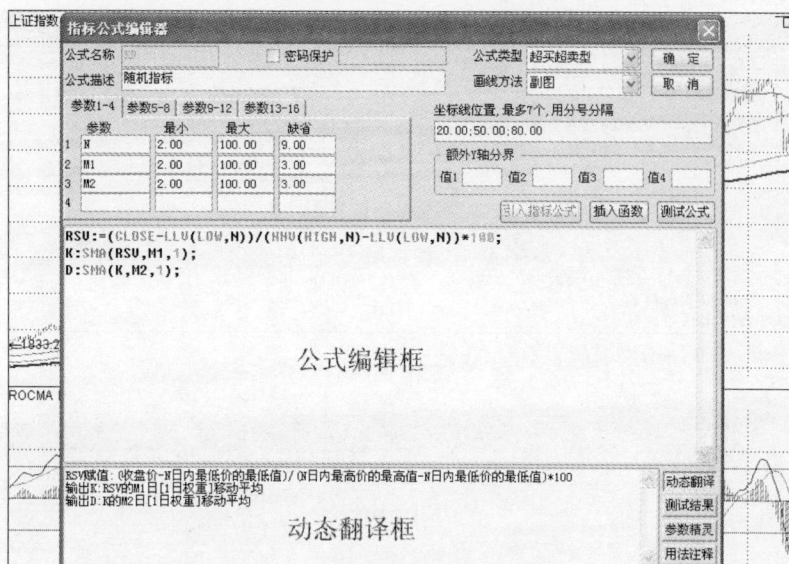

图2-2-7

最大参数值和最小参数值的极限值，通常设置为1～500之间的任意数值。当然，大多数情况下我们不可能只采用一个参数，通常我们会采用多个参数，这就需要我们为新指标设置多个参数名称。参数名称一般采用周期特征字符SHORT（短期）、LONG（长期）以及MID（平均），或采用简单的N、N1……或M、M1……也可以是N、M……

我们以KD指标和MACD为例。KD指标的参数名称就是简单的N、M1、M2，而MACD指标采用的参数名称则为SHORT（短期）、LONG（长期）以及MID（平均）。如图2-2-8和图2-2-9中所示。

通过这些图示和讲述，我们认识了公式编辑器，也知道了编写新指标时编辑器的一些基本常识和设置方法。下面我们就来简述一下如何在公式编辑器中插入函数，将你的理论模式用函数公式的形式表现出来。

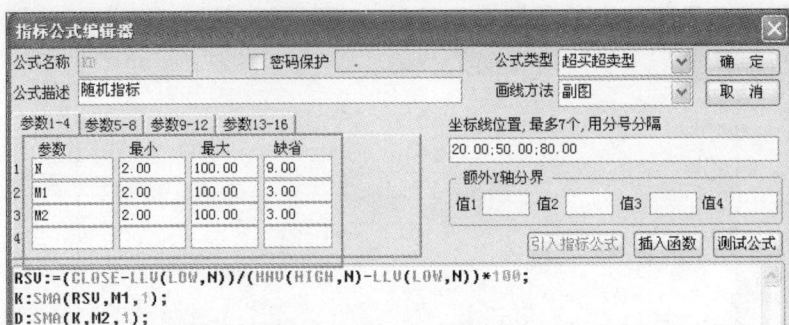

图2-2-8

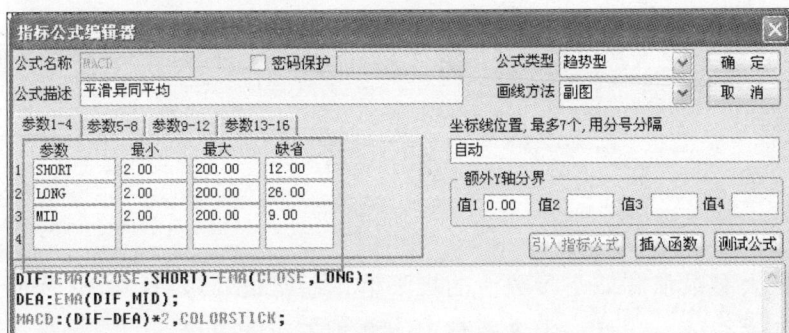

图2-2-9

二 公式编写中的函数应用

在讲述这一部分的时候，我们首先要了解函数，知道函数是怎么回事。如果连函数都不认识，又怎么能够正确地应用函数编写指标公式呢？

用计算机编程者的话来说，函数是子程序的另一种形式，也是编制程序时定义的一个语句序列。与过程不同的是，函数不以实现某种操作为目的，而仅仅是为了获得某一个计算结果的值。这个值最终是通过函数名返回给调用者的，因此函数名具有值的类型。使用函数，有助于程序代码的重用和整个程序的结构化。

19世纪中期，德国数学家黎曼吸收莱布尼茨、达朗贝尔和欧拉的成果，第一次准确地提出了函数的定义：如果某一个量依赖于另一个量，使后一个量变化时，前一个量也随着变化，那么就把前一个量叫做后一个量的函数。黎曼定义的最大特点在于它突出了量与量之间的依赖、变化的关系,反映了函数概念的本质属性。

可能你看了上面过于专业的讲述,会一头雾水,不要紧,我们就用最简单直白的话来重新解释我们编写指标时所采用的函数。简单地说,指标函数就是可以实现特定功能的一小段程序或一小段计算公式。行情系统的开发者将我们经常采用的一些计算方法,编成了一个个的小程序、小公式,我们只需要在使用的时候根据自己的计算方法找到相对应的准确的函数名称,然后添加上一些自己的参数和条件就可以了,不需要我们重新计算。

我们以简单移动平均线为例。如果没有函数MA的话,那我们在编写MA平均线指标的时候,就需要将公式所需要的周期内的行情收盘价全部加起来,然后再除以周期数,以得出一个平均值,而这个平均值就是我们所需要的股价平均线,也就是MA平均线,也称之为简单移动平均线。但有了MA函数,我们就不需要如此麻烦地将很多日的收盘价加起来,然后再重新平均了,我们只需要点击"插入函数"按钮,在函数表中调出MA函数,然后添加上相应的周期参数就可以了。

比如,我们要采用250日的股价平均值作为长期趋势的分界线,我们只需要在公式编辑器中写入"MA1:MA(CLOSE,250);"即可,这句源码的意思就是"收盘价的250日简单移动平均",也就是250日收盘价的平均值,而由此画出的线就是一条250MA平均线。如图2-2-10中所示。

图中的CLOSE就是收盘价函数,代表收盘价;MA就是简单移动平均线函数,你也可以把它看成是计算收盘价的多日平均值的小程序。

我们如何将其写入公式编辑器中呢?

步骤如下:

1.我们先要为这条均线起一个名字。我们将其命名为"MA1"。如图2-2-11中所示。

2.点击编辑器右侧的"插入函数"按钮,系统就会打开一个

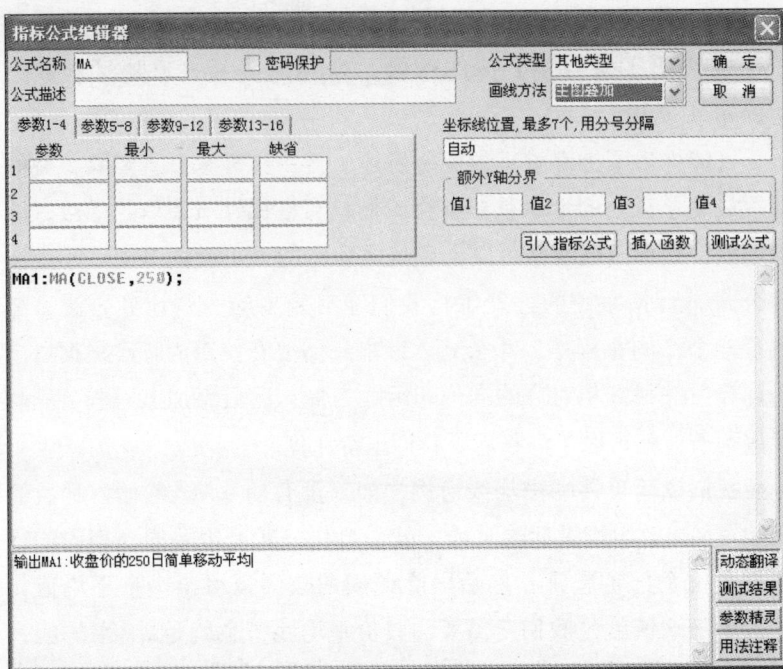

图2-2-10

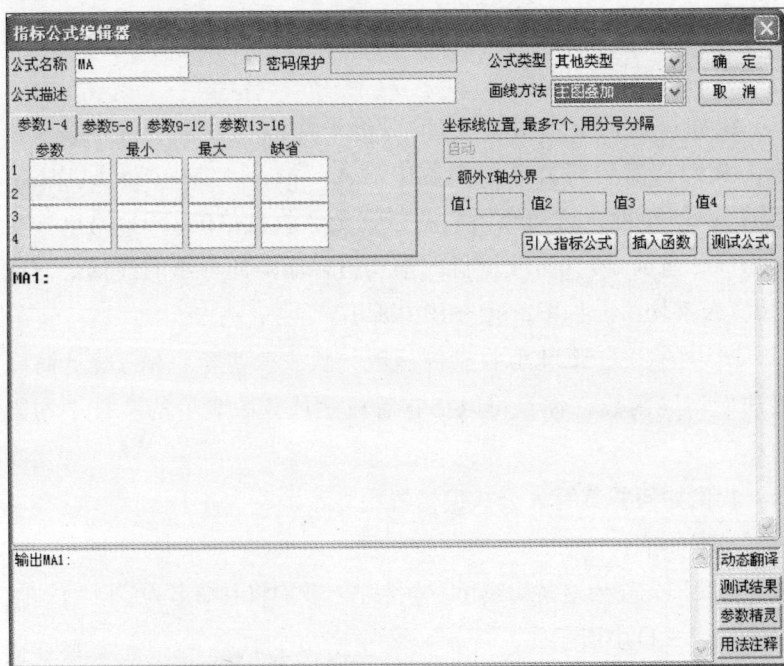

图2-2-11

"插入函数"窗口。如图2-2-12中所示。

3.点击"插入函数"窗口左侧的"函数类型"按钮，系统就会打开函数类型菜单。如图2-2-13中所示。

4.滑动"函数名称"列表右面的滑动按钮，浏览函数列表，找到MA函数之后，点选MA函数，列表下方就会出现MA函数的用法。如图2-2-14中所示。

5.双击MA指标函数，此函数就会直接出现在公式编辑器中。如图2-2-15中所示。

6.再按照上述的方法和步骤，在此函数的括号内的"，"前面插入收盘价函数CLOSE，然后在"，"的后面添加你所需要的参数值，最后在括号的后面用"；"结束。一条MA平均线就做成了。如图2-2-16中所示。

如果，我们按照上面所讲述的方法，采用多条平均线，将其公式中的源码重复编写，并将其参数分别以MA1、MA2、MA3、

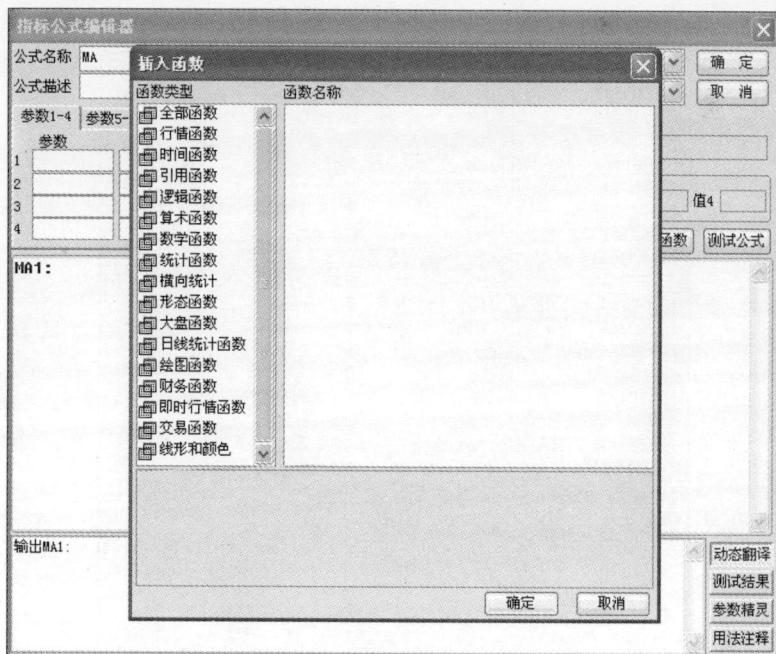

图2-2-12

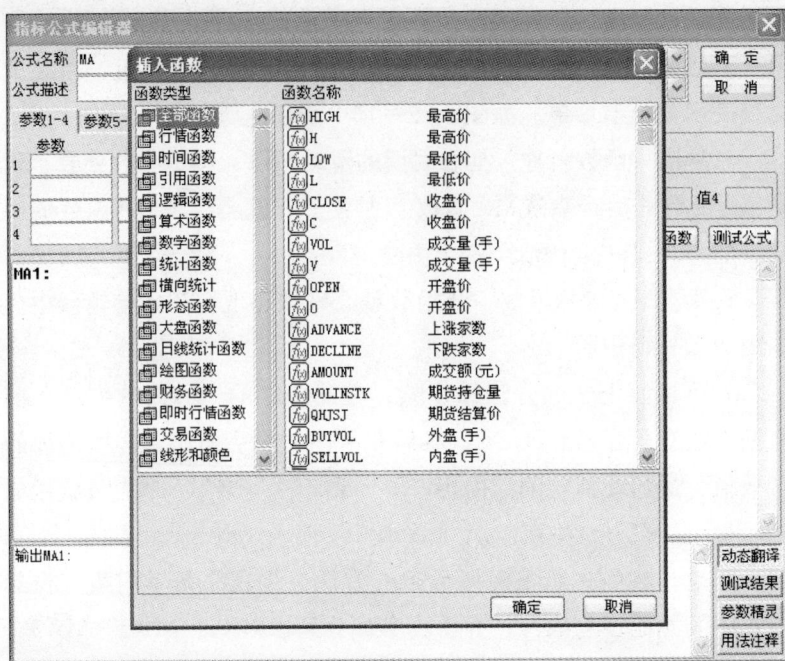

图2-2-13

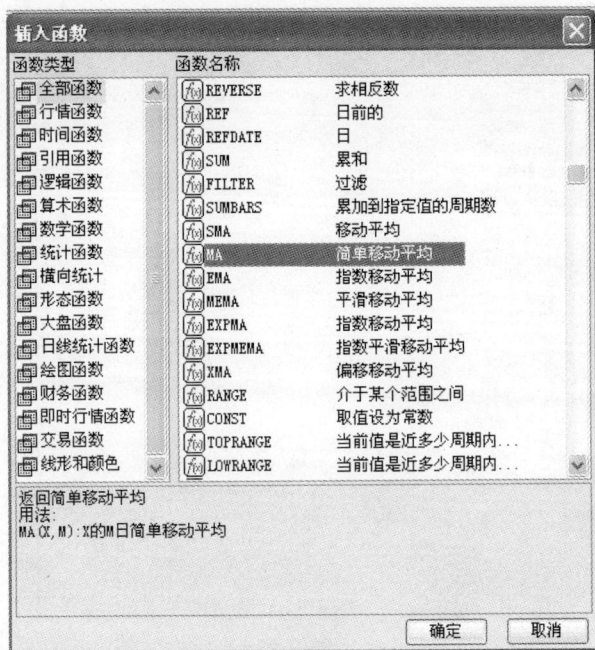

图2-2-14

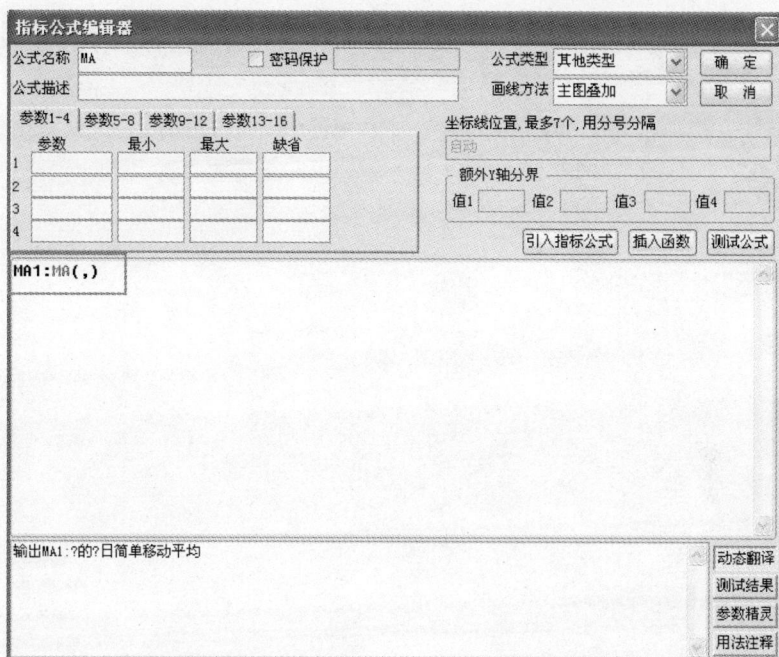

图2－2－15

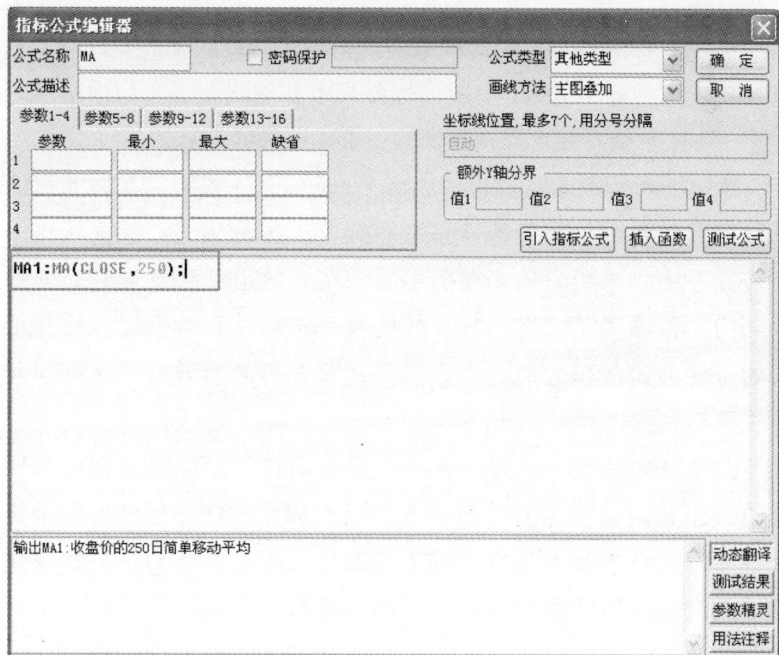

图2－2－16

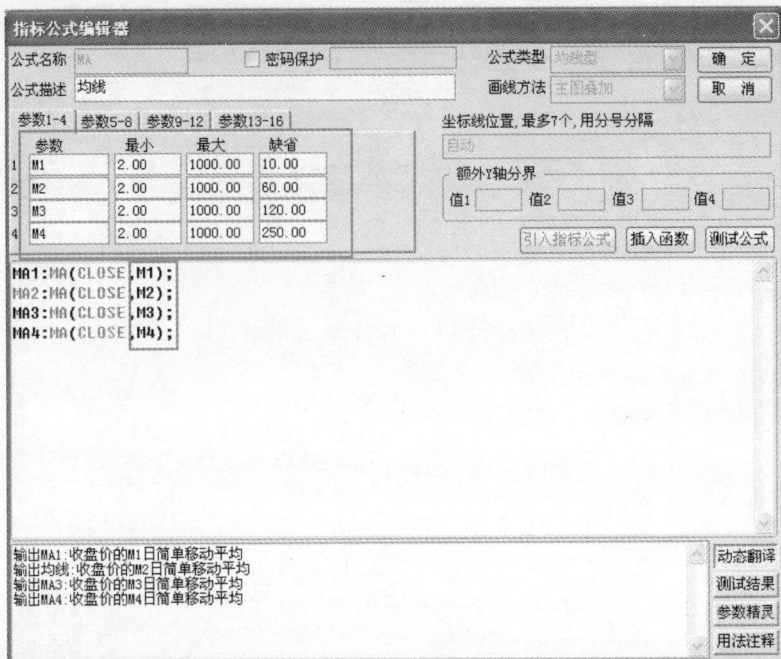

图2-2-17

MA4命名，然后在相对应的参数输入框输入各自的不同参数值，这就是我们经常使用的MA主图指标公式了。如图2-2-17中所示。调整一下参数值，就可以按照你的要求确认行情走势了。

通过上面的演示，做出一条MA平均线是不是很简单呢？可能你觉得这很容易。如果你从来没有编写过指标公式，就先从这一个步骤开始，进行一些简单的编写演练，这会让你在短时间内很快入门。很多善于编写指标公式的高手，除了在初期学习修改他人的一些公式源码之外，也必然历经这个行之有效的、逐渐深入并成熟起来的途径。

记住，先从学习编写、修改一些最简单、最熟悉的指标公式开始，学着阅读指标编辑器下方的动态翻译，这样你就可以很快掌握编写指标的基本要领，逐步提高自己的指标编写水平和阅读水平，直到你既能读懂公式，又能按照自己的意图简单编写出一些新的公式为止。

第三节 新指标开发的技术要则

Section3

　　编写指标的公式时，要先勾勒公式编写的架构，这就像你在写文章时要打一个草稿，设计师在盖房子以前要设计图纸一样。我们通过简单的公式架构将整个公式的大致步骤和各种条件完整地规划出来，这样整个公式的雏形就基本形成了，这就是我们的新指标的设计蓝图。

　　换言之，在编写指标之前，最起码应该有个"草图"。之后，当你在指标编写的过程中遇到什么错误时，起码知道问题出在哪里，也可以重新进行局部的考虑，或进行必要的修改。这样，即便是修改多次，当指标成形的时候我们依然对其内部所有的架构一清二楚，就不会因为缺乏参照而在公式编辑器中改来改去，到最后自己都不知道改了哪些地方，甚至连自己的基本原理和本来意图都修改得无影无踪了。

　　当我们有了自己的系统理论时，应该先试着将我们的原理用语言或函数的形式勾勒出指标的整体架构和编写的整个步骤，这样即便是在编写的过程中出现了错误，我们也知道问题出在哪里，然后就可以针对具体的问题采取具体的措施，以免改来改去，自己都忘记改了哪里，不知道这个指标到底是怎么回事了。

　　如果我们检验完指标的架构之后，认为可行，就需要在指标的编辑器中按照草图中的架构来编写指标的公式了。而其中最重要的一条要则就是要学会按照公式中的架构和步骤，为公式建立起承前启后的各种条件，编写这些条件类似于编写函数或小程序。

　　简单地说，编写指标的开始其实就是在编写条件，而当公式中所有的条件建立完毕之后，接下来的工作就是将这些条件有机地结合起来，让它们之间相互关联，综合运算，最终变成我们期望已久的新指标。

　　我们用一个实例来说明一下。比如，我们要建立一个长期交易的超买超卖指标，利用市场超买超卖的特性，来抓住那些长期超卖的机会。我们就将这一指标命名为"狼巡RK2指标"。

我们的指标架构就是，先计算当前行情与某一长周期行情的比值，作为整个指标的基数值（即整个指标的首要条件），并将其命名为RSV，以"="将其隐藏不予显示。然后，将这一基数值进行二次优化，以得出公式中的初步运算条件（线），并将其命名为K，也以"="将其隐藏不予显示。之后，我们再将K进行二次优化，以过滤掉一些细小的波动，稳定公式的效果。经过这样的运算之后，就可以得出一条平滑的线，这条线也是隐藏不予显示的，我们将其命名为D。

接下来，我们再将这两组条件K和D各自放大3倍和2倍，并将两者的值相减，以得到两者之间的乖离值，我们将其命名为J。然后，我们再以J为基础，为其增加两条不同周期的SMA［1日权重］移动平均线，用以确定乖离率J的趋向变化。最后，用定量的形式将超买超卖的标准确定下来，其标准是当J线运行于80以上为超买，20以下为超卖，50则为行情运行的常态区域或多头空头分界线，依此来判断行情的超买超卖情况。据此框架，我们就可以在公式编辑器中写下如下公式源码。

狼巡RK2公式源码：

```
RSV: = (CLOSE - LLV (LOW, 21) ) / (HHV (HIGH, 21) -
LLV (LOW, 21) ) *100;
K: =EMA (EMA (RSV, 8) , 8) ;
D: =EMA (EMA (K, 5) , 5) ;
J: 3*K - 2*D;
LONGXR: SMA (J, 5, 1) ;
LONGXK: SMA (J, 10, 1) ;
A1: 80;
A2: 50;
A3: 20;
```

然后，再来看一下公式源码的动态翻译。

狼巡RK2动态翻译：

RSV赋值：（收盘价－21日内最低价的最低值）／（21日内最高价的最高值－21日内最低价的最低值）*100

K赋值：RSV的8日指数移动平均的8日指数移动平均

D赋值：K的5日指数移动平均的5日指数移动平均

输出J：3*K－2*D

输出LONGXR：J的5日〔1日权重〕移动平均

输出LONGXK：J的10日〔1日权重〕移动平均

输出A1：80

输出A2：50

输出A3：20

公式在编辑器中的设置情况则如图2－3－1中所示。

图2－3－1

如果我们要设定可调节的参数，以便根据不同的市场和品种调整周期的参数，那编写源码时就要确定好参数的名称，并界定参数的最大值、最小值以及默认值。

狼巡RK2公式源码：

```
RSV：= (CLOSE-LLV (LOW, M1) ) / (HHV (HIGH, M1) -
LLV (LOW, M1) ) *100;
K：=EMA (EMA (RSV, M2) , M2) ;
D：=EMA (EMA (K, M3) , M3) ;
J：3*K-2*D;
LONGXR：SMA (J, M4, 1) ;
LONGXK：SMA (J, M5, 1) ;
A1：80;
A2：50;
A3：20;
```

其中最大值为300～500，最小值为2，默认值：M1＝21，M2＝8，M3＝5，M4＝5，M5＝10。

狼巡RK2动态翻译：

RSV赋值：（收盘价－M1日内最低价的最低值） / （M1日内最高价的最高值－M1日内最低价的最低值）*100

K赋值：RSV的M2日指数移动平均的M2日指数移动平均

D赋值：K的M3日指数移动平均的M3日指数移动平均

输出J：3*K-2*D

输出LONGXR：J的M4日 [1日权重] 移动平均

输出LONGXK：J的M5日 [1日权重] 移动平均

输出A1：80

输出A2：50

输出A3：20

公式在编辑器中的设置情况如图2-3-2中所示。

通过这些公式源码和动态翻译我们知道了，指标公式中的源码所表达的意思完全符合我们所规划的公式内涵，我们以第一条

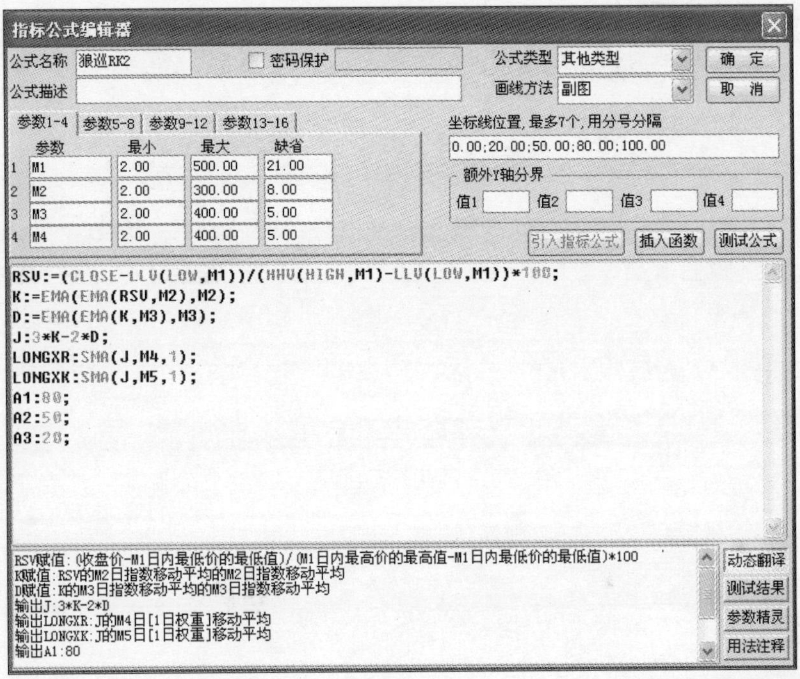

图2-3-2

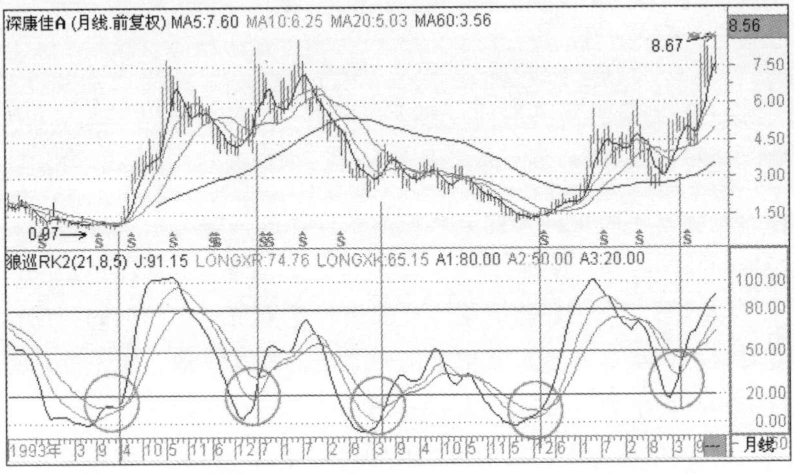

图2-3-3

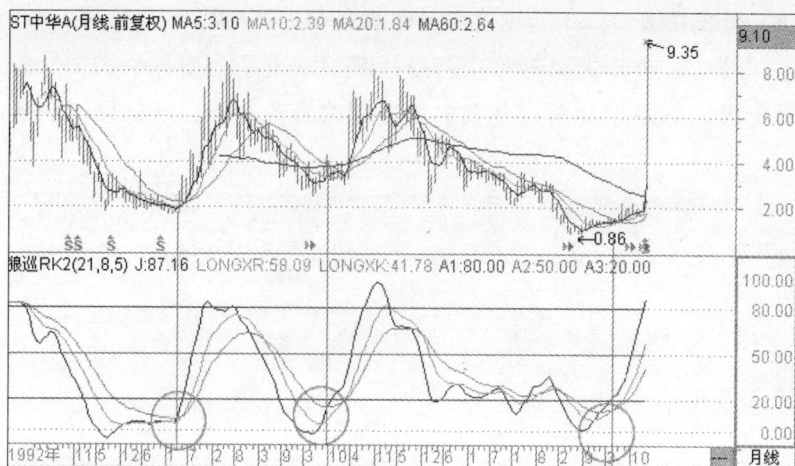

图2－3－4

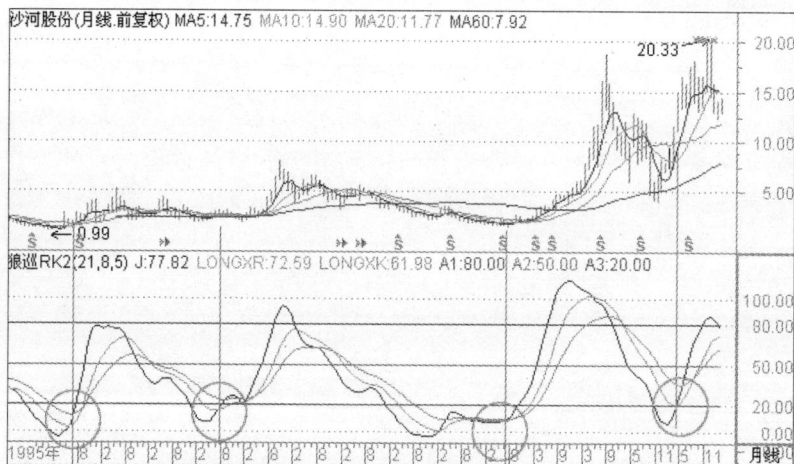

图2－3－5

件为基础,不断地向下建立其他的条件,最终编写出了狼巡RK2
指标。

接下来,我们来验证编写完的指标是不是符合我们的预期,
看看这一指标是不是与我们脑海中想象的模式一致,能不能判断
行情的超买超卖。如图2－3－3～图2－3－6中所示。

从这4张图示中,我们可以看到,依据这一基础理论所建立的
超买超卖指标完全达到了我们的预期。通过图中所显示的信号,

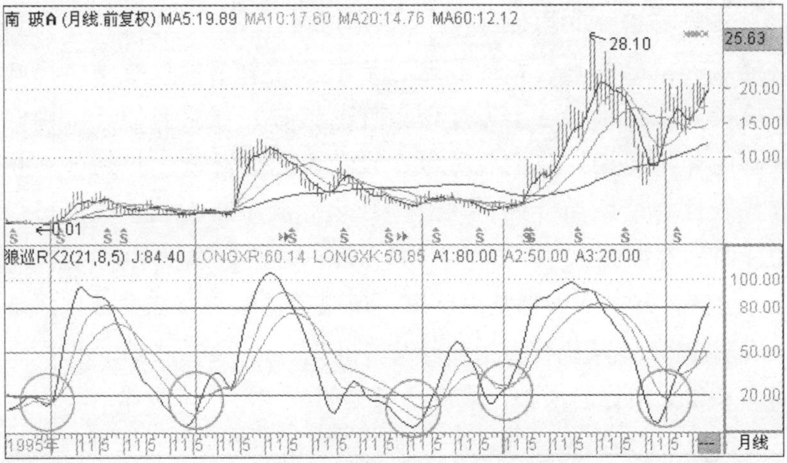

图2－3－6

我们可以看到，除了2001年～2004年之间的超级大熊市之外，狼巡RK2指标在其他时间周期中的表现还是相当不错的，准确率也是非常高的，完全可以作为判断市场走势的参考依据，或作为交易系统中的一个重要组成部分。

第四节 新指标开发的参数选择

Section4

前面我们曾讲过，开发新指标的时候，确定和选择指标的应用周期非常重要。因为，如果你采用错误的周期或不标准的周期作为指标设计的周期参数，那设计出来的指标就有可能失去作用，甚至变成一个连你自己都看不懂的"怪物"。

换言之，任何一个指标都有自己的理论依据和属于自己的最佳周期的参数值，而我们所谓的调整指标参数，只是为了对应不同的市场环境和不同的交易标的，以及不同的交易周期。

但如果我们能够仔细观察这些指标，我们基本上都能够找到一条与其相关的均价线（MA平均线或EMA平均线），作为验证这一指标的趋势标的。这也给很多没有指标参数测试系统的投机者，提供了一个方便的条件。这样，如果我们无法确定准确的理论周期，我们就可以在设置参数的时候，根据某一具有代表性的周期均价线，通过综合运算或不断尝试，找出另一指标的相应参数。

当然，并非人人都是数学家，所以最简单的方法就是，以某一周期的MA平均线作为指标开发的核心标准，然后按照你的理论周期来建立指标的架构，最终将指标的公式写出来。然后，再以这一条MA平均线为标准，进一步调整新指标的参数，一直到新指标完全达到最佳标准为止。

可能有些投机者会有一种疑问，那就是："指标都与MA平均线有关吗？为什么会有关系呢？"

我的回答是：大多数都是这样的，只不过因为计算方法的不同，偶尔会出现一些微小的出入而已，而正是这一点点的出入，让它们具备了互检的功能。因为，MA平均线本身代表的就是某一时期内的平均价格，可以完整地代表行情的趋势走向。而其他技术指标大多数都是以此为基础的，只不过其编写的方式有些不同。可能有些指标粗看上去与MA平均线无关，甚至连原理都是不同的，但实际上依然没有脱离平均价原理。因为计算某一周期的价格平均数是任何一个指标都必须包含的一个必要条件，所有的指标都以某一既定周期的价格或价格比例与某一特定周期的平均价格相互"对比"或"比较"，才能够得出行情变化的相关条件，只是所采用的价格模式和计算形式不同而已。

比如，有的指标采用的是最高价，有的则采用最低价，有的采用收盘价，有的则采用最高、最低和收盘价的平均值。其实设计者之所以采用这些各不相同的价格模式和计算方式，其目的就是为了从不同的角度来揭示价格变化的各种特征。而就因为这些不同，让其他类型的指标看起来似乎与MA平均线指标有着天壤之别，毫不相干。但实际上依然没有脱掉均价线的本质。这听起来就让人激动不是吗？我们现在就用几个图示来演示一下，以便加

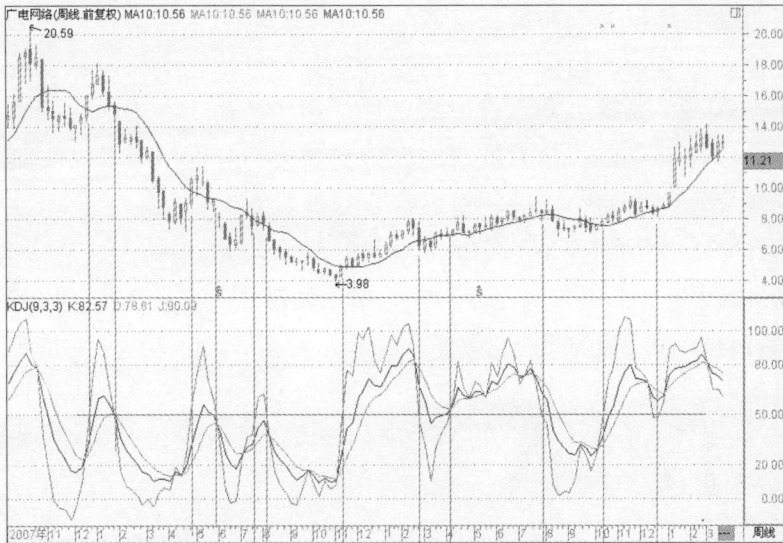

图2-4-1

强你对这一问题的认识。

　　我们先来看一下默认参数为9、3、3的KDJ指标与MA平均线之间的关系。如图2-4-1中所示。

　　从图示中我们可以看到，KDJ指标的形态与MA平均线指标的形态根本就是天壤之别，怎么能说KDJ指标与MA平均线有关系呢？但是如果我们将MA平均线的参数调整为10，奇迹就出现了。我们就看到了KDJ指标的另一面。从图2-4-1中我们可以看到，每当KDJ指标中的J线上穿50中线的时候，股价也几乎同步上穿10MA平均线；每当KDJ指标中的J线下穿50中线的时候，股价也几乎同步下穿10MA平均线。这说明什么？聪明的投机者可能早就想到了，原来，参数为9、3、3的KDJ指标只不过是在"监视"10日周期的行情超买超卖情况，所以，它才是一个非常敏感的超买超卖指标。

　　我们再来看一下默认参数为9、3、3的KD指标与MA平均线之间的关系。如图2-4-2中所示。

　　从图示中我们可以看到，每当KD指标中的J线上穿50中线的时候，股价也几乎同步上穿15MA平均线；每当KD指标中的D线

图2-4-2

下穿50中线的时候，股价也几乎同步下穿15MA平均线。这说明，参数为9、3、3的KD指标只不过是在"监视"15日周期的行情超买超卖情况，所以，KD指标相对于非常敏感的KDJ指标而言，就具备了相对稳定的特点。

我们再来看一下很多投机者都耳熟能详的WR威廉指标与MA平均线之间的关系。我们将威廉指标的默认参数10、6，改为10、10，将MA平均线指标的参数也设置为10，我们来看一下WR威廉指标与MA平均线指标的对比效果图。如图2-4-3和图2-4-4中所示。

从图示中我们可以看到，每当WR线上穿50中线的时候，股价也几乎同步上穿10MA平均线；每当WR线下穿50中线的时候，股价也几乎同步下穿10MA平均线。这说明参数为10的WR威廉指标与KDJ指标一样，也是在"监视"10日周期的行情超买超卖情况。换言之，KDJ指标和WR威廉指标的超买超卖区，实际上就是在说明10日周期的股价涨幅过高或跌幅过低而已。而10MA平均线也正是很多技术投机者公认的短期趋势平均线。

如果我们将WR威廉指标和KDJ指标的参数周期进行相应的调

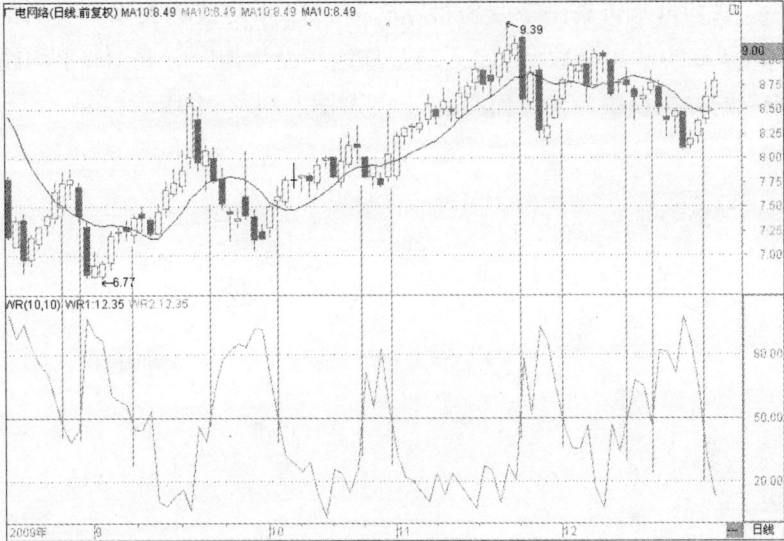

图2-4-3

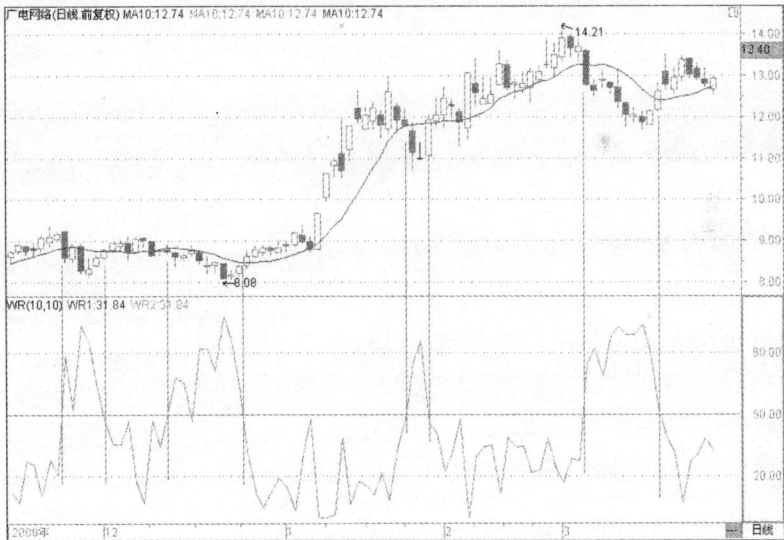

图2-4-4

整，让其符合其他周期的行情走势，"监视"其他周期的超买超
卖情况，结果也是一样的。

通过上面的讲述和图示，你应该对超买超卖指标有了更进一步
的理解，也就不会再不明就里地迷信指标具有"预测"功能了。

　　我们再来讲解一下强弱指标RSI与MA平均线的关系。我们将RSI指标的常用参数6、12、24全都统一设置为24，将MA平均线指标的参数设置为50，如图2－4－5和图2－4－6中所示。

图2－4－5

图2－4－6

从图示中我们可以看到"奇迹"再次出现,参数为24的RSI强弱指标与50MA平均线相互之间依然存在着统一的周期性。每当RSI线上穿50中线的时候,股价也几乎同步上穿50MA平均线;每当RSI线下穿50中线的时候,股价也几乎同步下穿50MA平均线。

这说明参数为24的RSI强弱指标"监视"的是50日周期的行情强弱情况。以此类推,参数为6和12的RSI指标也都各自与相对应的MA平均线具有统一性。

可能你在图示中会发现,RSI指标与MA平均线指标在个别地方具有一定的差异性,不要紧,我们再采用EXPMA指数移动平均线(简称EMA平均线)来详细演示RSI指标与平均线的关系。如图2-4-7~图2-4-10中所示。

从这4张图示中,我们可以清楚地看到,参数为24的RSI强弱指标与50EMA平均线相互之间依然存在着非常一致的周期统一关系:每当RSI强弱指标中的RSI线上穿50中线的时候,股价也几乎同步上穿50EMA平均线;每当RSI强弱指标中的RSI线下穿50中线的时候,股价也几乎同步下穿50EMA平均线。这进一步说明,参数为24

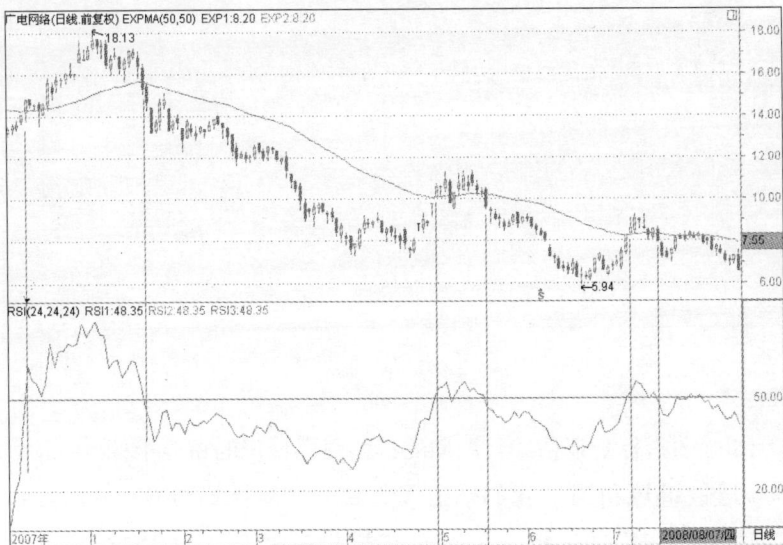

图2-4-7

图2-4-8

图2-4-9

　　的RSI强弱指标是评估50日周期的行情强弱情况的重要指标。

　　通过讲述和图示我们知道了，RSI强弱指标与MA平均线和EMA平均线之间的统一关系，这样投机者在使用RSI指标的时候，就可以清楚地知道其相关周期内行情走势的强弱情况了，提

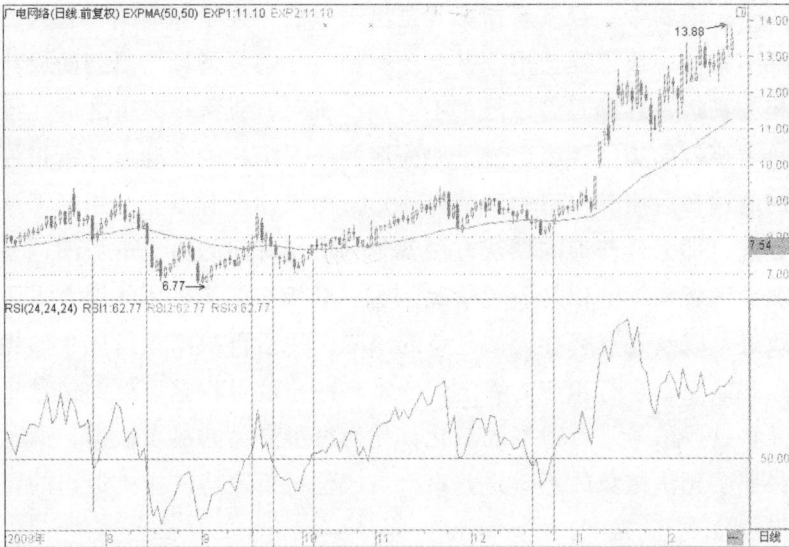

图2-4-10

升投机者对行情变化的判断准确率。同时，我们也知道了，在设计新指标的时候，必须要先找到具有周期代表性的平周期（线）来作为编写指标的核心数据。然后，才能在此数据的基础上，加入其他参数、编写其他条件。这样，我们所设计的指标才具有统一的周期性和统一的有效性，才能够具备判断某一时段的行情变化的条件，并据此作出自己的判断。

第五节 制定新指标的应用规则

Section5

前面我们讲述了新指标开发时的技术要则和参数选择等一系列问题。在这一节中，我们就来讲述一下新指标开发完成之后，如何制定应用规则的问题，即我们的新指标到底应该怎样使用的问题。

不要错误地认为自己的新指标开发出来以后，就可以稳赚不赔了。现实中，很多新指标开发出来以后，连指标的编写者自己都不知道应该怎样使用，甚至还有相当一部分指标与当初的设计相去甚远，连编写者自己都不认识。所以，新指标诞生之后，投机者要做的第一件事，就是要先测试一下指标的准确率（新指标的测试在后面有专门的章节讲述），如果你没有专业的指标测试系统，那么最普遍的调试方法就是利用长时间的历史走势图，逐波验证新指标的信号表现情况。看一看新指标还有哪些地方需要改进，以及还有哪些无法避免的缺陷。然后再根据新指标中的优点和缺点，进行相应的界定，圈定那些普遍且稳定可靠的信号，并将这些信号进行适当的量化，作为投机交易的买卖依据；同时将那些无法避免的不确定元素，当成是持币等待或择机退出的警惕信号。

投机者必须明白的是，任何一种成熟的理论、规律、思想都只是一种必然存在的普遍现象而已，是无法用一个准确的值将其确定下来的。我们所能做到的就是认知这种现象，并配合以普遍的"量（数值或周期）"来确定一个相对稳定的范围，以尽量接近我们的要求和预期，据此来指导我们的行为。所以企图用某一特殊的数字作为参数，以准确无误地抓住行情的所有转折，显然是不切实际的空想。

所以，我们必须为自己的新指标确定一套具有实质意义的应用规则，以便自己能够清楚地按照指标的不同变化，作出相应的反应。

设定规则时，最关键的就是要根据新指标的编写理论确定新指标的多空分界点（线），然后才能够确定其他的量化标准。

我们以KDJ指标为例。如图2-5-1和图2-5-2中所示。

根据图示和我们对KDJ指标的研究、了解得知，KDJ指标以50中线为多空分界线，以20以下的区域作为超卖区，以80以上的区域作为超买区，所以KDJ指标的基本应用规则就有了如下几种：

1.当KDJ指标中的K线在90左右向下交叉D线时，行情下跌概率较大，我们视之为卖出信号；

2.当KDJ指标中的K线在10左右向上交叉D线时，行情上涨概

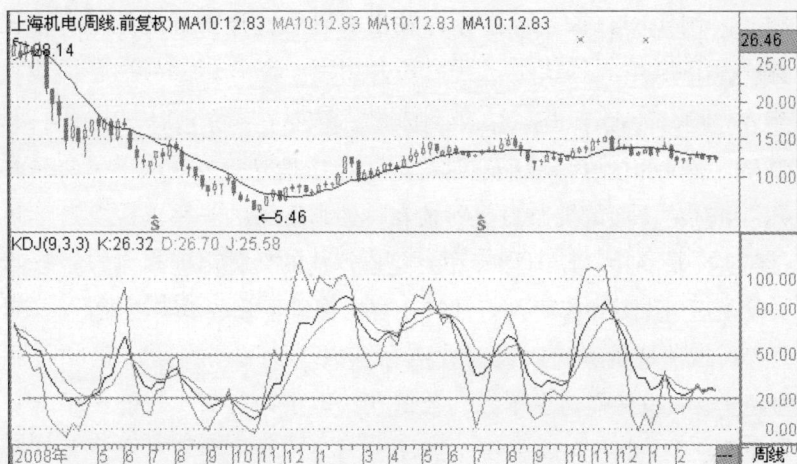

图2-5-1

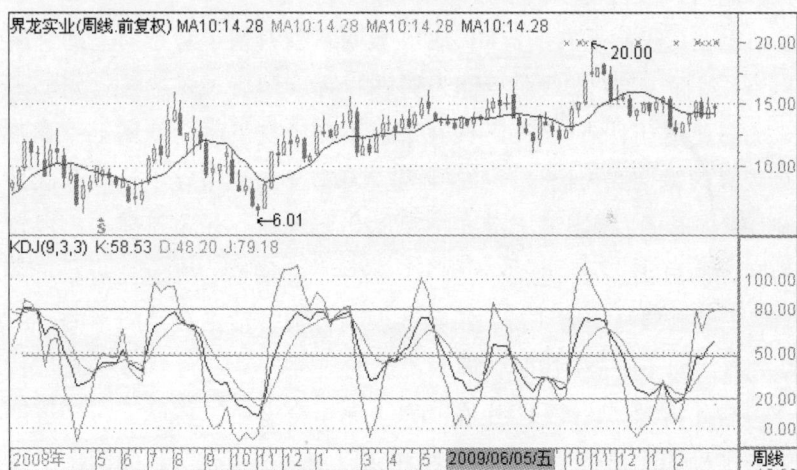

图2-5-2

率较大，我们视之为买入信号；

3.当KDJ指标中的D线大于80时，行情回档概率较大，我们视之为下跌信号；

4.当KDJ指标中的D线小于20时，行情反弹概率较大，我们视之为上涨信号；

5.当KDJ指标中的J线大于100时，行情容易反转下跌，我们视之为下跌信号；

6.当KDJ指标中的J线小于0时，行情容易反转上升，我们视之为上涨信号；

7.KDJ波动于50左右，并围绕50中线上下穿越时，就属于等待方向确认的信号，我们通常称之为持币信号。

当然，上面的规则只是行情在一般情况下的一些正常规则。但在现实交易当中，KDJ指标还会随着行情的变化出现其他的形态，所以在运用KDJ指标研判行情时还要把握以下几条基本要则：

1.K线是快速确认线，数值在90以上为超买，数值在10以下为超卖。D线是慢速主干线，数值在80以上为超买，数值在20以下为超卖。J线为方向敏感线，当J值大于100，特别是连续数天以上时，股价至少会形成短期头部；反之，J值小于0，特别是连续数天以上时，股价至少会形成短期底部。

2.当K线从下方上穿D线时，表明目前行情走势是向上的，所以当K线向上突破D线时，即为买进的信号。

与此雷同，当K线和D线在20以下向上交叉时，就属于一个胜算较高的短期买入信号；如果K线在50以下，由下往上连续两次上穿D线，形成右底比左底高的"W底"形态时，后市可能会出现较为强劲的涨幅。

3.当K线从上方下穿D线时，表明目前行情走势是向下的，所以当K线向下突破D线时，即为卖出的信号。

与此雷同，K线和D线在80以上向下交叉时，就属于一个短期较为准确的卖出信号；如果K线在50以上，由上往下连续两次下穿D线，形成右头比左头低的"M头"形态时，后市股价可能会出现较为强势的跌幅。

4.如果股价创新高，而KDJ没有创新高，为顶背离，属于卖出信号；反之，股价创新低，而KDJ没有创新低，为底背离，属于买入信号。

需要注意的是，KDJ顶底背离判定的方法，只能针对连续的高低点KD值对比，不能间隔比较。

以上就是KDJ指标最基本的应用要则，也是我们在实际交易中应该重点掌握的一些交易方法。

通过上面的讲述，我们知道了，当新指标编写出来之后，我们必须为自己的新指标建立起一套行之有效的应用规则，并在实践中不断加以完善，发现问题、解决问题，一直到我们对这一指标所能出现的各种现象了如指掌，并对其发生的各种现象应对自如的时候，它才算真正属于我们的实用的秘密武器。

记住，我们在使用指标的时候，使用的并不是指标的本身，而是在使用指标的思想。你使用的指标其实就是你思想的真实体现，指标的作用就是把你脑海中的意识和想法，用可见的形式表现出来而已。如果你没有自己的思想，那么你的指标就像是一座迷宫一样，你永远也把握不准它的规律和变化。

第六节 多功能指标的开发要则

Section6

有经验的投机者知道，仅用一个简单的指标作为交易时决策判断的依据，往往会有些片面，因为有时候一个指标达到买入要求的时候，可能另一指标会显示出行情已经面临下跌。如果我们没有其他的不同原理的技术指标，来对行情的走势变化进行其他方面的"监视"，很容易遇到这一指标所展示的行情信号"暗中"与其他指标所展示的行情信号相互矛盾的情况，致使目前的行情走势因为暗中受到其他方面的市场影响而出现阻力，甚至失败。所以为了避免仅靠单一的某一指标主观而片面地看待市场，我们就需要将不同功能、原理的两个或多个指标相互配伍甚至编写到一起，形成一个多功能指标。

我们先以MACD指标和KDJ指标为例，来说明一下不同指标之间的相斥性和矛盾性。如图2-6-1和图2-6-2中所示。

从图示中我们可以看到，如果我们采用默认周期的MACD指标和KDJ指标进行交易，就会遇到很多相互矛盾的情况。假如我们将MACD指标与MA平均线指标相互结合起来研判市场的话，虽

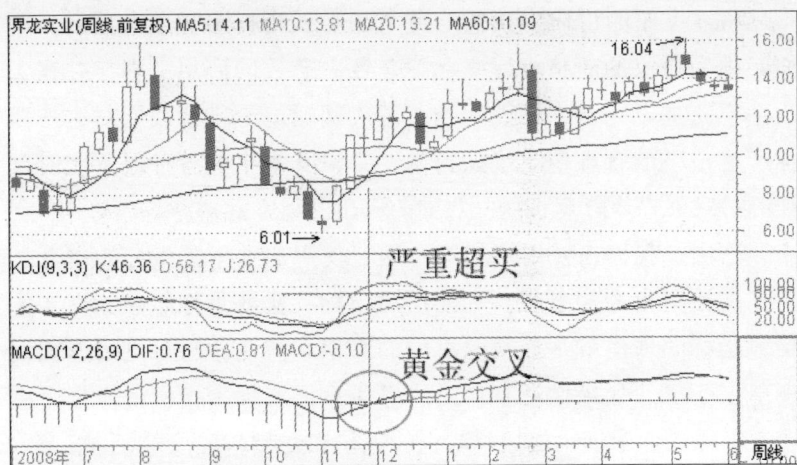

图2-6-1

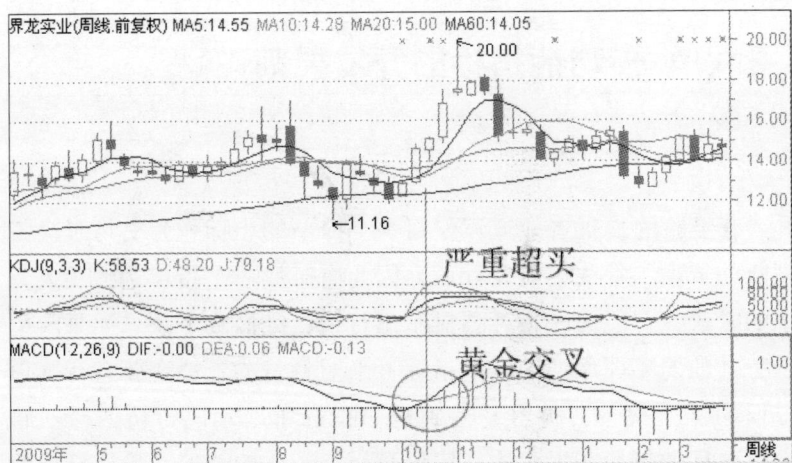

图2-6-2

然这两个指标可以达到趋势上的"共识"和"认可"，但我们必然会缺乏对市场超买超卖的了解，从而在行情出现严重超买的时候，我们还在兴致勃勃地大举买进，这是一种很不明智的做法。

所以，为了避免交易中的这种缺憾，避免只知其一不知其二的片面，聪明的投机者通常会把几个相关但并不相同的指标结合起来，配伍成一套能够多方面监督市场变化的系统化工具。通过多方位的观察和分析，综合考量市场的动向和有可能出现的变化，并提前作好应对不测的预案。这样的思路不但能够承前启后，还更加完整全面，能保障自己的交易始终保持最高胜算。

所以，在开发指标系统的时候，为了尽可能避免一些类似于此的片面问题，我们会在一个指标中涉及多种元素，即将一些主要的能够揭示行情变化特征的指标，相互配伍起来，甚至编写到一个指标之中，将其配伍成一个指标群。当然，你也可以把它称为"综合性分析系统"。

比如，我们将BOLL布林指标与MA平均线指标相互结合起来，将其变成一个均线性压力指标，这样我们的指标既具备了MA平均线的趋势功能，还具备了BOLL指标的轨道压力功能。我们既可以清楚地看到行情的趋势走向情况，也可以看到行情走势的压力变化情况了。如图2-6-3和图2-6-4中所示。

附：狼巡BOLL公式源码：

```
RSV: = (HIGH+LOW+OPEN+CLOSE) / 4;
M1: SMA (SMA (RSV, 2, 1), 2, 1), COLOR006600;
M2: SMA (SMA (RSV, 3, 1), 3, 1), COLORRED;
M3: SMA (SMA (RSV, 4, 1), 4, 1), COLORRED;
M4: SMA (SMA (RSV, 5, 1), 5, 1), COLORRED;
```

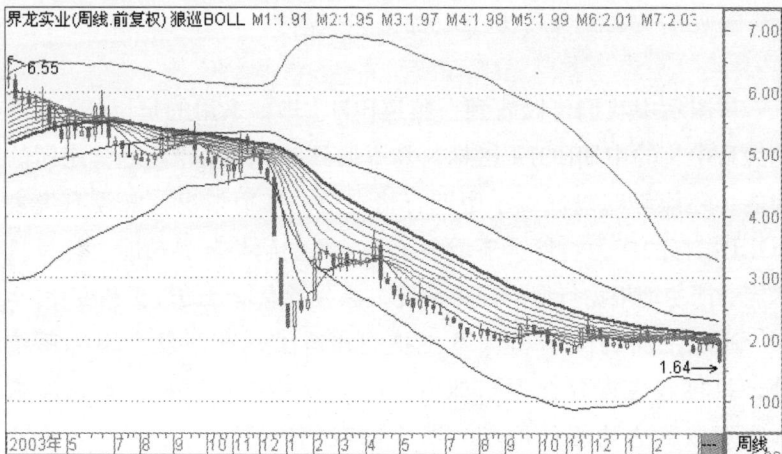

图2-6-3

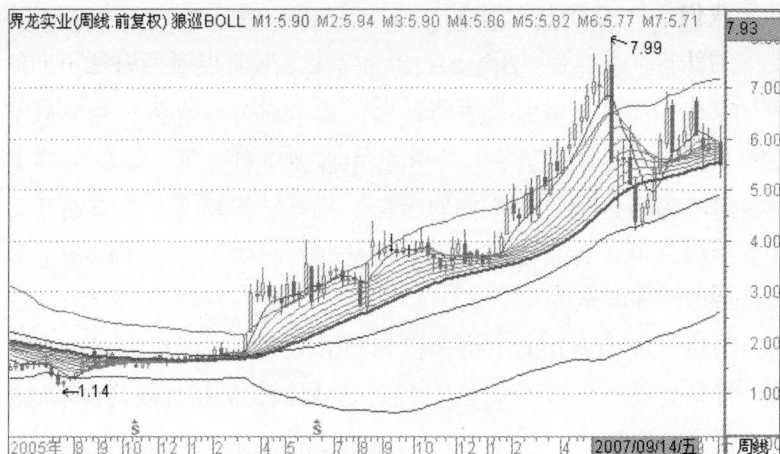

图2-6-4

M5：SMA（SMA（RSV，6，1），6，1），COLORRED；

M6：SMA（SMA（RSV，7，1），7，1），COLORRED；

M7：SMA（SMA（RSV，8，1），8，1），COLORRED；

M8：SMA（SMA（RSV，9，1），9，1），COLORRED；

M9：SMA（SMA（RSV，10，1），10，1），COLOR006600，

LINETHICK2；

BOLL：MA（CLOSE，60）；

UPPER：BOLL＋2＊STD（CLOSE，60）；

LOWER：BOLL－2＊STD（CLOSE，60）；

　　从图示中我们可以看到，狼巡BOLL指标采用的是以60MA平均线为中轨的中期BOLL指标，其不但具备了展示中期趋势走向的功能，还能够明确地展示中期行情走势的压力情况，既没有失去BOLL指标的压力特性，还增强了其中轨的趋势分界功能，让投机者能够清楚地根据行情的压力情况，综合考虑趋势的转折和变化。

　　通过上面的图示和讲述，我们知道了，在开发多指标系统时，投机者应充分把握指标设计的"互补原则"和"互检原则（也可以称之为强化原则）"，即我们所开发的多指标系统，一定要在相同的周期条件内相互弥补或相互强化，而不能相互抵

触。我们尽一切努力达到这一点。如果达不到这个要求，那么你手中的法宝一定会在实际交易中，与其他周期相同但原理不同的指标发生抵触，导致你的系统信号"莫名其妙"地失灵，让你摸不着头脑，无法作出充分的准备和有效的反应。

当然，如果你并不擅长将不同类型的指标融合到一个指标中，那么采用多指标配伍的方法，将不同的指标有机的结合起来，并将其不同的周期参数调整到能够展示相同周期内的行情走势变化的状态，综合多个指标的技术分析特性，也可以做到这一点。

多指标配伍的方法，我们在前面已经讲过了，在这里我们就不再赘述了。

第七节 多指标组合的信号设计模式

Section7

有时候，为了同步关注行情走势的不同现象，我们需要关注几个或多个不同原理的技术指标，以便在交易时能够知其一也知其二，全面地评估行情在各种不同走势状态下的表现，综合考量行情的不同变化。

但如果我们将过多的指标全都叠加到一幅图示中，那么行情走势和各指标的表现形态就会出现过度变形的现象，导致多个指标之间的跨距变窄，不但异常繁杂，还严重影响视觉效果，导致我们忽视系统中的一些细微的变化。

所以，当投机者对所钟情的指标有了深入的了解之后，就不需要不断地查看指标走势的变化了。为了让我们的交易系统变得简单易读、清晰可辨，我们可以将多个不同的指标融合到一起，让它们变成一个指标，并在行情达到所设定的交易要求时，发出明确的信号。

这样，我们只需要关注一套简单的信号系统就可以了，不需要时不时地挨个进行指标对比，即把对比工作让程序代劳，只需要关注结果就可以了。

比如，我们要将MA主图指标与KDJ指标、MACD指标、RSI强弱指标结合起来。如果，我们只是简单地将这几个指标如图2-7-1中那样挨个叠加，当然可以。但是如果我们的盘面上有很多项行情信息，那这样的盘面安排就让人看着比较吃力了。如图2-7-2中所示。

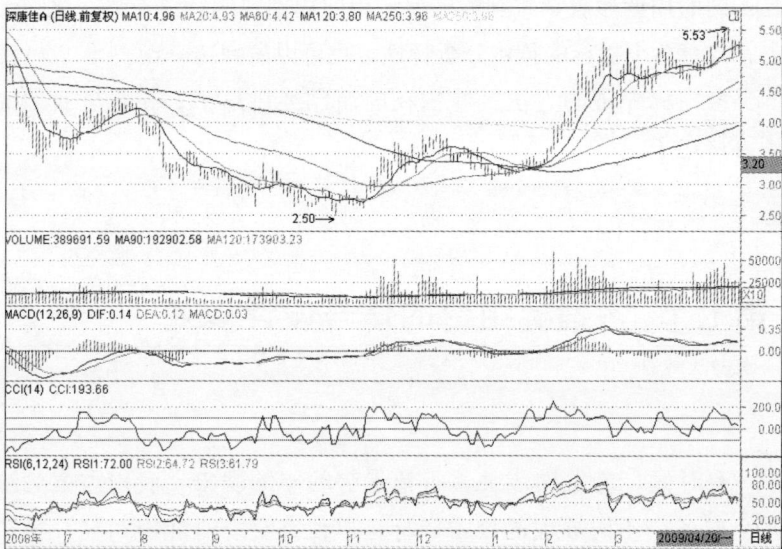

图2-7-1

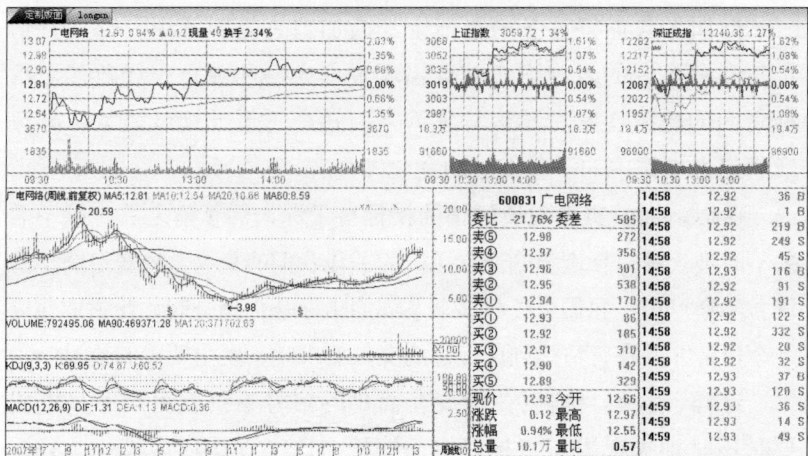

图2-7-2

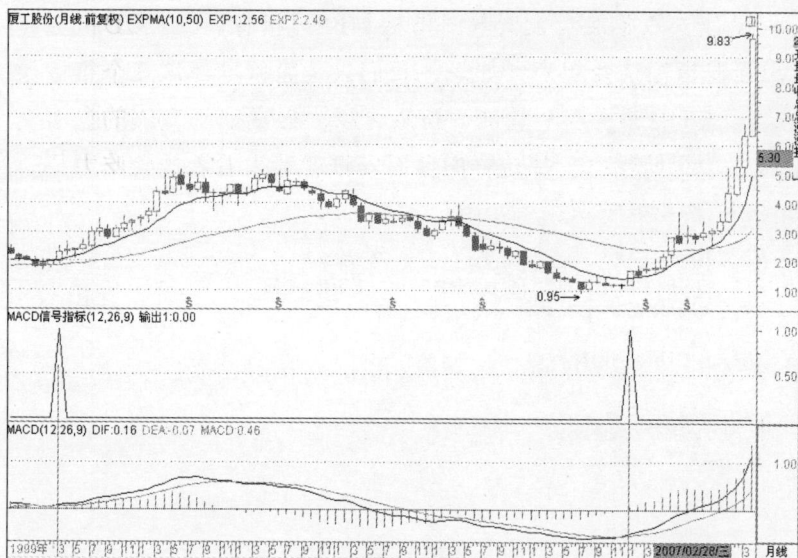

图2－7－3

当然，有些投机者的盘面比这个还要复杂。所以，当投机者对这些指标的使用功能都深入了解之后，就可以将其融合到一起，让这些指标只是在达到交易要求时发出某种买卖信号就可以了。

接下来，我们就来讲解一下怎样编写这样的信号型指标。

首先，我们先来学习一下如何编写简单的信号指标。这一步虽然比较容易，但也非常重要。我们以MACD指标的金叉信号为例，即当MACD指标的DIF线上穿DEA线时，就属于一个胜算较高的买入信号。我们看一下图2－7－3中所示的MACD信号指标。

从图示中我们可以看到，每当MACD指标中的DIF线上穿DEA线时，MACD信号指标也同时发出尖锐的信号，提示投机者MACD指标发出黄金交叉了。我们是如何做到这一点的呢？

方法非常简单，我们只需要将MACD指标原先的公式用"＝"隐藏起来，然后打开指标编辑器中的函数列表，插入代表上穿的函数"CROSS"，并在代表这一函数的式中输入MACD指标的交叉条件即可。如图2－7－4～图2－7－6中所示。

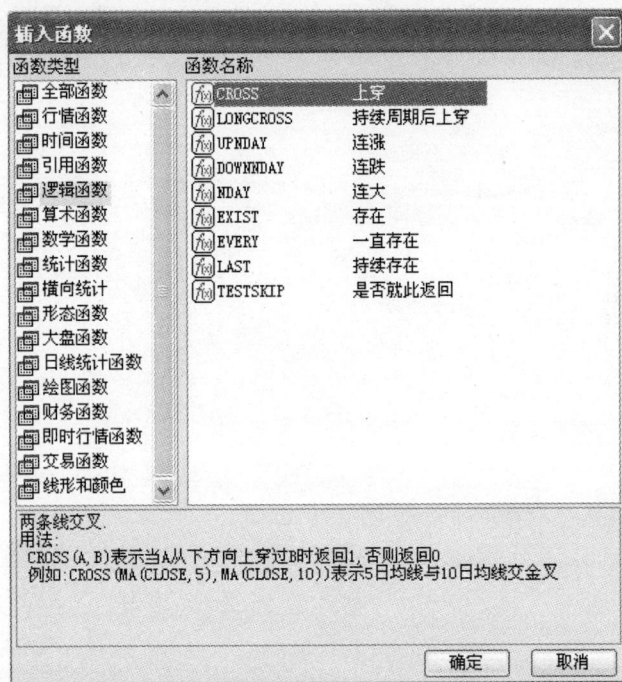

图2-7-4

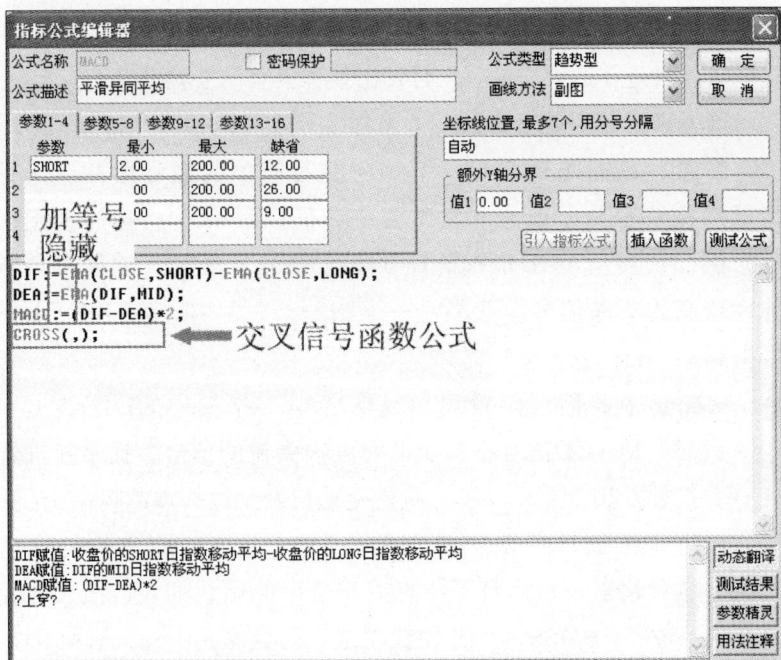

图2-7-5

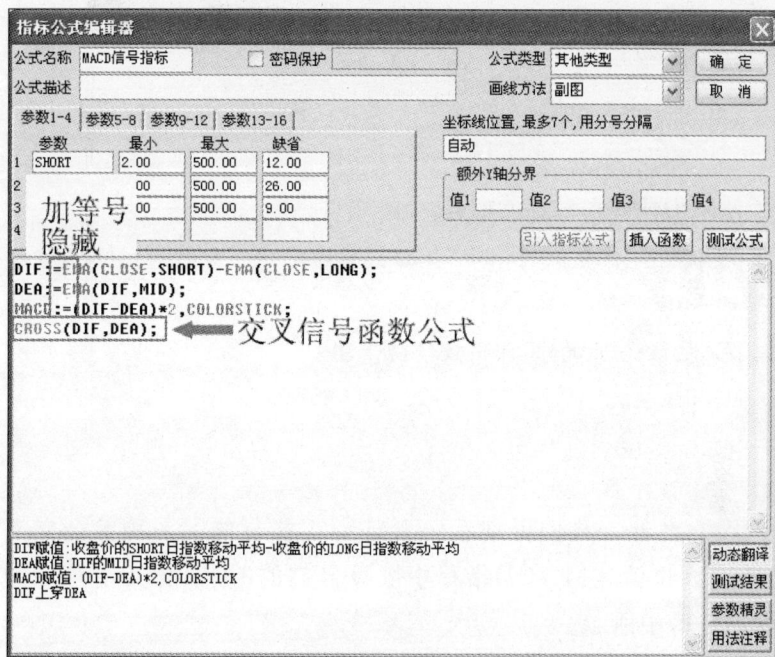

图2-7-6

从图示中我们可以看到，我们在原先的MACD指标源码的
"："之后，各自加上了一个等号"＝"，这个等号"＝"在
指标公式中所代表的含义就是隐藏不显示的意思，所以当我们
插入CROSS函数之后，我们就会在公式编辑器中看到一个函数
短句"CROSS（，）"，这个短句的意思就是要我们添加形成
交叉的两个条件。你也可以把它读作"X上穿X"。我们知道
MACD指标的黄金交叉是DIF线上穿DEA线，所以我们只需要在
这一短句"CROSS（，）"括号中的"，"前面和后面分别输
入DIF和DEA即可。这样，这个短句就变成了"CROSS（DIF，
DEA）"。然后，我们再在这个函数短句的后面加上一个"；"
作为结束的符号，这个短句的意思就代表了MACD指标的DIF线上
穿DEA线，即黄金交叉信号。公式源码也变成了如下状态。

MACD信号指标源码：

DIF：＝EMA（CLOSE，SHORT）－EMA（CLOSE，LONG）；

```
DEA: =EMA (DIF, MID);
MACD: = (DIF—DEA) *2, COLORSTICK;
CROSS (DIF, DEA);
```

MACD信号指标动态翻译：

DIF赋值：收盘价的SHORT日指数移动平均－收盘价的LONG日指数移动平均

DEA赋值：DIF的MID日指数移动平均

MACD赋值：（DIF—DEA）*2，COLORSTICK

DIF上穿DEA

除此之外，我们再来看一下MACD指标的另一种黄金交叉的形式，也就是MACD指标中胜算最高的0轴线交叉信号。如图2－7－7中所示。

从图示中我们可以看到，每当MACD指标中的DIF线上穿0轴线时，MACD信号指标也同时发出尖锐的信号，提示投机者MACD指标发出黄金交叉了。要做到这一点，方法也非常简

图2－7－7

单，我们只需要将前面公式中的"CROSS（DIF，DEA）"改为"CROSS（DIF，0）"即可。如此公式意思就变成了DIF线上穿0轴线了，是不是非常简单呢？

在上面，我们知道了如何隐藏指标线形，设置信号函数，让指标发出一些简单的信号。接下来，我们要学的就是如何将多个指标结合起来，让它们发出统一的信号，但不显示指标线形。

我们先来学习如何将两个指标的条件统一起来，让系统同时发出买卖信号。我们以MACD指标和KDJ指标为例，其系统信号的原理是：当MACD指标与KDJ指标同时发出金叉时，则系统发出尖锐形买入信号。我们把这一信号指标命名为"狼巡信号指标"。于是公式的源码就变成了如下所示（为了便于读者区分不同的指标，我们将不t同的指标分别以空行分开）。

狼巡信号公式源码：

```
DIF：=EMA（CLOSE，12）—EMA（CLOSE，26）；
DEA：=EMA（DIF，9）；
MACD：=（DIF—DEA）*2，COLORSTICK；
A1：=CROSS（DIF，DEA）；

RSV：=（CLOSE—LLV（LOW，21））／（HHV（HIGH，21）—
LLV（LOW，21））*100；
K：=SMA（RSV，5，1）；
D：=SMA（K，5，1）；
J：=3*K—2*D；
A2：=CROSS（J，D）；
A1 AND A2；
```

狼巡信号动态翻译：

DIF赋值：收盘价的12日指数移动平均—收盘价的26日指数移动平均

DEA赋值：DIF的9日指数移动平均

MACD赋值：（DIF－DEA）＊2，COLORSTICK

A1赋值：DIF上穿DEA

RSV赋值：（收盘价－21日内最低价的最低值）／（21日内最高价的最高值－21日内最低价的最低值）＊100

K赋值：RSV的5日［1日权重］移动平均

D赋值：K的5日［1日权重］移动平均

J赋值：3＊K－2＊D

A2赋值：J上穿D

A1 AND A2

　　通过上面的公式源码和动态翻译，我们可以看到公式中前4句源码是MACD指标的信号源码，接下来的5句源码则是KDJ指标的信号源码。

　　从公式中我们还看到，我们把MACD指标的金叉信号源码"CROSS（DIF，DEA）"命名为A1，把KDJ指标的金叉信号源码"CROSS（J，D）"命名为A2，并都加上"＝"隐藏起来了。这是因为，信号的设计只要求显示MACD指标金叉和KDJ指标金叉同步出现的尖锐信号，并据此最大限度地过滤虚假信号，最大限度地提高指标信号的准确率。而能够帮助我们达到这一目的的公式源码，就是公式中最后一句"A1 AND A2"。我们知道A1代表的是MACD指标的金叉信号，A2代表的是KDJ指标的金叉信号，所以，我们在A1和A2之间用逻辑函数AND连接起来，这样，这句公式所代表的意思就是当MACD指标金叉和KDJ指标金叉同步出现时，发出信号。

　　我们来看一下将MACD指标和KDJ指标组成一个信号指标后的实用效果如何。如图2－7－8和图2－7－9中所示。

　　从图示中我们可以看到，信号指标所发出的买入信号一共有8个，其中有6个信号属于有交易价值的信号，有2个信号属于没有交易价值的信号。但是对于成熟的投机者而言，顺势而为是胜算最高的交易方法，即在牛市中关注那些上涨信号。这样，我们就有了进一步剔除缺乏交易价值信号和进一步提升信号有效概率的

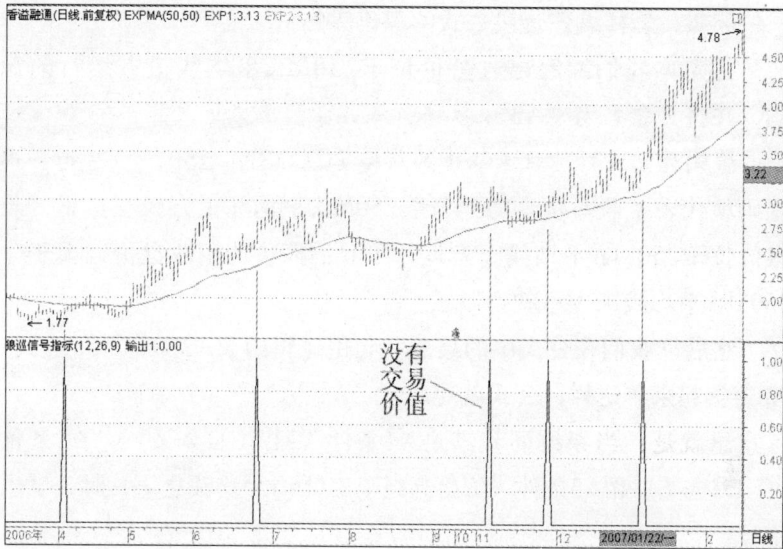

图2-7-8

图2-7-9

条件了，那就是采用顺势而为的方式来发出交易信号。

其方法就是确定一条长期的MA平均线，作为行情走势的牛市和熊市的分水岭，当股价运行于长期的MA平均线上方，MACD指标和KDJ指标同步交叉时，发出交易信号。

那么，怎样编些这段公式的源码呢？

首先，我们编写出收盘价位于250MA平均线上方运行的源码，并将其命名为"A3"。

源码为：A3：＝CLOSE＞MA（CLOSE，250）。这句公式源码就代表了收盘价走势运行于250MA平均线上方，在这里"收盘价位于250MA平均线上方运行"我们简单的用收盘价"大于"250MA平均线来表示就可以了。

然后，我们在公式中的最后一句用逻辑函数AND将A1、A2、A3连接起来。这样，公式就变成了"A1 AND A2 AND A3"，其意思就是：当系统同步满足A1条件（MACD金叉）、A2条件（KDJ金叉）和A3条件（价格运行于250MA平均线之上）时，发出信号。

公式源码：

```
DIF：＝EMA（CLOSE，12）－EMA（CLOSE，26）；
DEA：＝EMA（DIF，9）；
MACD：＝（DIF－DEA）*2，COLORSTICK；
A1：＝CROSS（DIF，DEA）；

RSV：＝（CLOSE－LLV（LOW，21））／（HHV（HIGH，21）－
LLV（LOW，21））*100；
K：＝SMA（RSV，5，1）；
D：＝SMA（K，5，1）；
J：＝3*K－2*D；
A2：＝CROSS（J，D）；
A3：＝CLOSE＞MA（CLOSE，250）；
A1 AND A2 AND A3；
```

我们来看一下修改之后的指标准确率。如图2－7－10和图2－7－11中所示。

从图示中我们可以看到，这一回一共有12个买入信号，其中

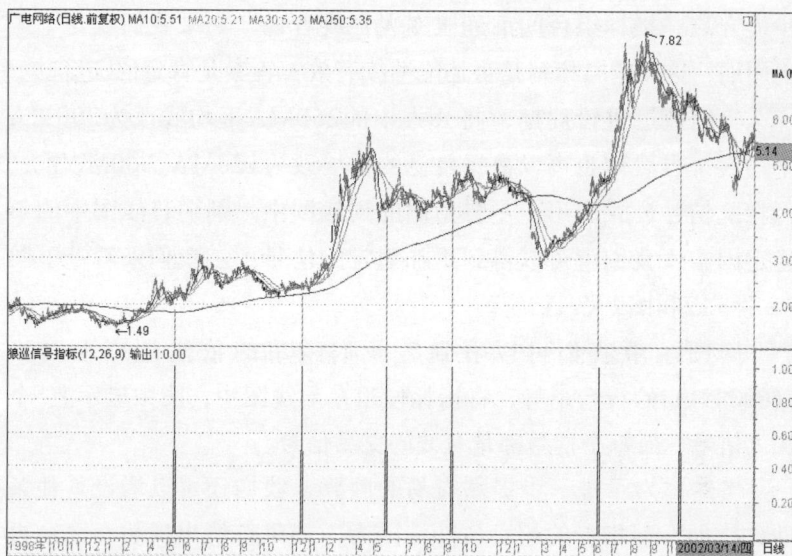

图2-7-10

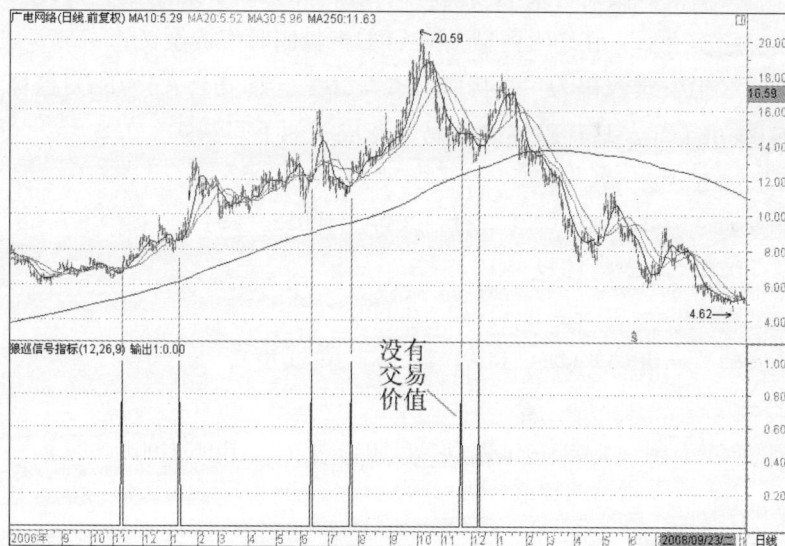

图2-7-11

只有一个信号是无交易价值的信号,其他的信号都或多或少能够盈利。只要投机者在建仓之前,能够提前确定止损位,那么基本上是不会出现大幅度亏损的,并多少可以有些盈利。

难道这样就可以了吗?我们能不能改变一下应用周期,进一步提升这一指标组合的准确概率呢？或者说，如果我们改变了应用周期，这一信号指标是否还能继续有效？答案是肯定的。

我们通过重设周期，将公式中的250MA平均线改为200MA平均线（当然你也可以根据自己的需要改为120MA、60MA），再将此信号公式应用于走势稳健的周线图中，削弱日线图中的不稳定因素，我们就可以得到更加稳定的信号了。我们来看一下图2-7-12和图2-7-13。

从图示中我们可以看到，我们采用的依然是广电网络（600831）的行情走势，将指标使用在周线图中，图中显示有5个买入信号，而每个信号都是有效的交易信号。

当然，为了进一步提高交易的胜算，我们还可以增设其他条件，比如KDJ指标的超卖条件。因为，如果行情出现超卖之后再出现金叉，我们的胜算不就进一步提高了吗？

接下来，我们再来继续编写信号指标的第4个条件A4，即KDJ指标超卖之后，在超卖区域与MACD指标同时形成金叉。

这句公式源码为"A4：=J<=20"，即条件A4为KDJ指标的J线小于20。这样整体的源码就变成了如下写法：

```
DIF：=EMA (CLOSE, 12) -EMA (CLOSE, 26) ;
DEA：=EMA (DIF, 9) ;
MACD：= (DIF-DEA) *2, COLORSTICK;
A1：=CROSS (DIF, DEA) ;

RSV：= (CLOSE-LLV (LOW, 21) ) / (HHV (HIGH, 21) -
LLV (LOW, 21) ) *100;
K：=SMA (RSV, 5, 1) ;
D：=SMA (K, 5, 1) ;
J：=3*K-2*D;
A2：=CROSS (J, D) ;

A3：=CLOSE>MA (CLOSE, 200) ;
A4：=J<=20;
```

图2-7-12

图2-7-13

A1 AND A2 AND A3 AND A4;

我们再来看一下修改之后的信号指标使用效果如何。如图2-7-14~图2-7-16中所示。

图 2-7-14

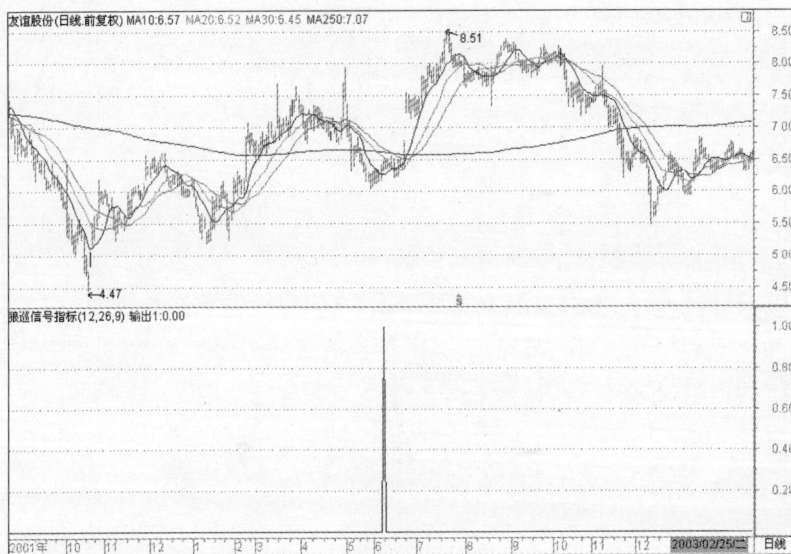

图 2-7-15

从图示中我们可以看到，图中的信号已经少了很多，似乎也更加准确了。所以，如果你还有其他更多的条件想要同步确认，那就依此类推继续添加你所需要的其他条件即可。

但我要提醒投机者一点的是，虽然上面的信号胜算较高，但

图2-7-16

这并不代表只要按照这些信号死板地买入，就可以稳定盈利了。这些信号只是很多信号中的极少数，我们只是抓住了很多机会中的一种，并非百发百中。投机者必须知道，没有任何一套工具可以抓住行情波动中的所有机会，也不可能百分之百准确。

所以，如果你看不懂行情大势，而在行情已经处于过度的高位买入，并忽略风险没有设置止损点，在出现亏损时固执死扛，你依然有可能将先前辛辛苦苦赚来的钱赔进去。

这意味着，投机者在采用信号模式进行交易时，必须胸怀大局，并恪守交易规则。如果你见到一个交易信号，就想当然地认为行情一定会上涨，一旦情况不妙，你可能就会因为不知变通而"挨了板子"。这并不是在告诉你要怀疑规则，而是告诉你信号只是一种可能性，无论多么可靠的信号，你都必须做出充分的避险准备，在买入之前就要确定好止损的标准，不要无视风险，等到风险袭来之时只能坐以待毙。如乔治·索罗斯所言："聪明的人在买入之前，就知道什么时候退出交易。"

请记住，投机者的信号条件设计得越苛刻、条件越多，信号发出的频率就越少，但效果却未必就能好多少。不要误认为信号发出的频率越小效果越好。过犹不及，繁多而苛刻的条件并不能真正提高交易的胜算，过度的量化会让投机者放弃很多良机。所以，只有将合理的少数可靠条件相互结合起来，并适当放宽一些，才能够既提高交易的胜算，又尽可能多地把握机会。这要求投机者必须不断地修正、检验信号指标中的有效条件和有效参数。

第八节 最新热门指标设计实例

Section8

　　前面我们讲述了指标编写中的一些基本方法和应用要则，在这一节中，我们就来针对不同的市场现象、规律，通过实际编写一些新指标，来系统地学习一下各种最新热门指标的编写方法。

一 背离型指标的设计方法

　　指标的背离是指价格虽然能够不断创出新高，但指标却出现了一波低于一波的走势。实际上，这一指标现象描述的是行情的既定走势正在逐步衰退，逐步向均价线靠拢。行情走势一旦出现这样的现象，通常都意味着股价上涨和下跌力量正在逐步衰弱，属于既定的行情走势即将面临变化的征兆。行情走势的这种现象，就是我们在MACD指标、KDJ指标、CCI指标和RSI指标等众多指标中经常提到的顶背离和底背离的现象。

　　我们先以MACD指标为例，来说明一下MACD指标的顶背离和底背离的原因。如图2-8-1和图2-8-2中所示。

　　从图示中我们可以看到，当主图中的股价走势创出新高，但其下方的MACD指标却不创新高时，股价的走势就会与MACD指标的走势形成明显的顶背离信号。

　　仔细观察图中的股价和MACD指标的表现，我们就可以看到，其实MACD指标的顶背离现象正像我们上面所说的那样，是因为股价的这一波行情的阶段平均上涨幅度，小于前一波行情的阶段平均

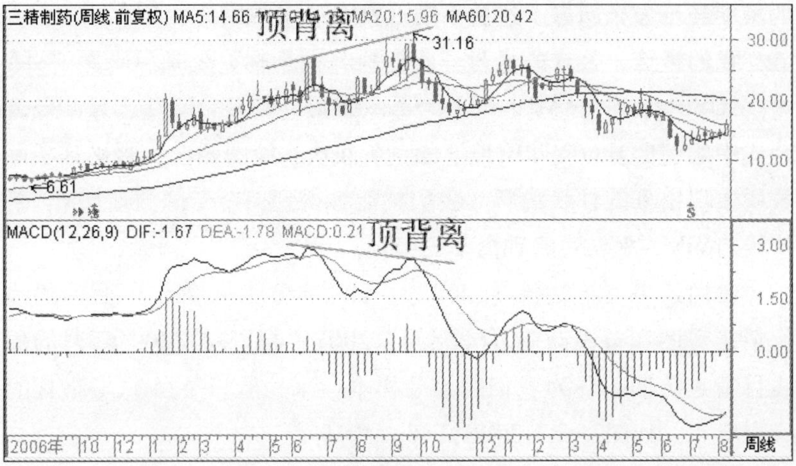

图2-8-1

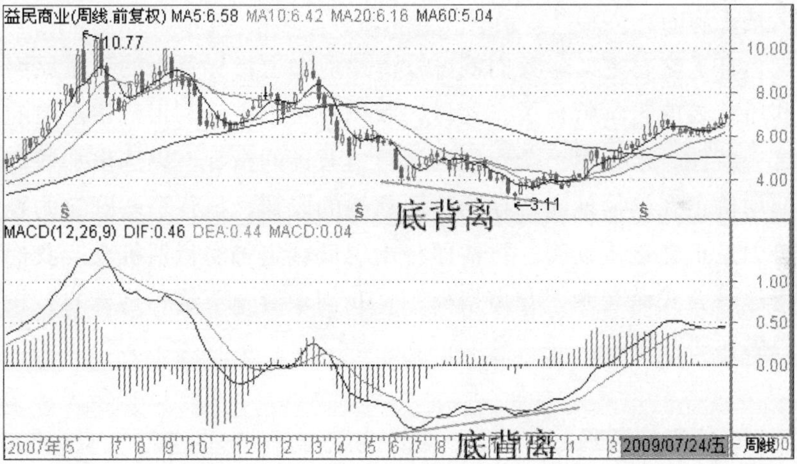

图2-8-2

上涨幅度。所以，行情开始逐步向60MA平均线靠拢，致使短期的股价与60MA平均线的乖离幅度逐波减小，导致MACD指标这一波的DIF线和DEA线的上涨幅度小于前一波的上涨幅度，于是MACD指标便出现了DIF线、DEA线的走势与股价走势倒挂的现象。

接下来，我们就编写一个公式来验证一下这一说法。公式的原理就是用10日均价与60日均线相减。通过计算短期均价与中长期均价之间的乖离情况，我们就可以明显地看到顶背离和底背离现象到底是怎么回事了，从而彻底打消心中的疑虑。

我们将这一公式命名为"背离检验"指标，公式源码为"MA（CLOSE，10）－MA（CLOSE，60），COLORSTICK；"。公式中的"COLORSTICK"是一个柱状线绘图函数，利用这个函数所表现出来的柱状线形，我们就能够得到一个专门测量10MA平均线与60MA平均线的乖离率的指标。

我们还用三精制药（600829）2006年8月～2008年8月的周线行情走势图和益民商业（600824）2007年4月～的2009年7月的周线行情走势图，作为我们的检验样本，来检验一下MACD指标的背离形态。如图2-8-3和图2-8-4中所示。

通过图示我们可以看到，背离检测指标中也出现了顶背离和底背离的现象，这再一次证明了前面我们对指标背离的说法和定义是正确的。

有了这一定义，我们就可以清楚地知道指标背离的真正原因和所代表的行情特征了。这样，我们就可以充分利用行情走势的这一特性，来编写一个专门测试行情背离的指标，以选出那些短期均价正在偷偷地向长期均价区靠拢的股票，抓住那些既定的趋势力量正在逐步衰竭、行情即将出现反转走势的行情机会。我们将这一公式命名为"背离指标"。我们来看一下这一指标的公式源码和动态翻译。

公式指标源码：

A1：＝（OPEN＋CLOSE＋HIGH＋LOW）／4；
A2：EMA（A1，7）－EMA（A1，21）；
中线：0；

动态翻译：

A1赋值：（开盘价＋收盘价＋最高价＋最低价）／4
输出A2：A1的7日指数移动平均－A1的21日指数移动平均
输出中线：0

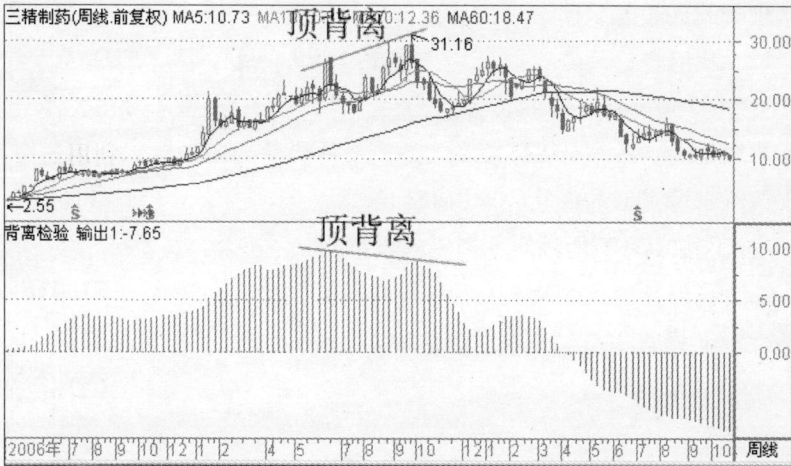

图2-8-3

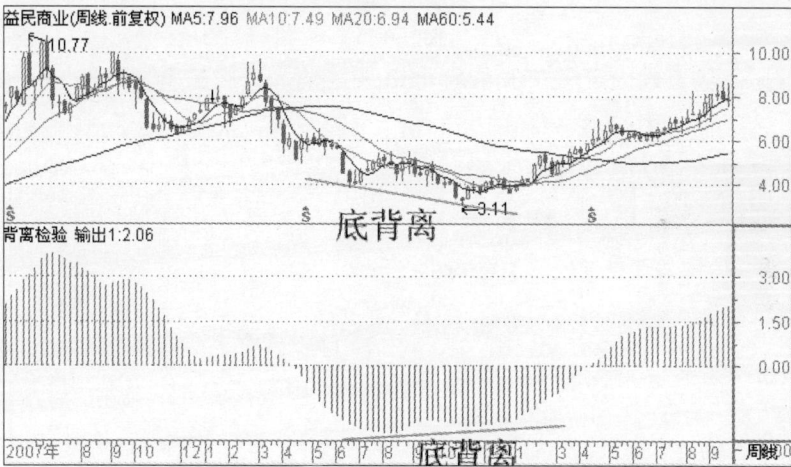

图2-8-4

　　通过上面的公式源码和动态翻译，我们知道了公式中的第一个
条件是开盘价、收盘价、最高价和最低价的平均值，我们将其命名
为当日均价，所以A1＝（OPEN＋CLOSE＋HIGH＋LOW）／4是
我们这个指标的第一个条件。通过接下来的计算公式，我们知道
了这一指标的意思就是，用当日平均价的7日移动平均，减去当日
平均价的21日移动平均，所得出来的差就是7日均价线与21日均价
线的乖离值。如果21日周期内的乖离值在逐波减小，背离指标就

图2-8-5

图2-8-6

会与主图中的价格走势出现背离现象；如果21日周期内的乖离值没有逐波减小，那就没有背离现象。我们来看一下图2-8-5～图2-8-8。

通过这些图示我们可以看到，基于对比前一波行情的高低点与

图2-8-7

图2-8-8

　　周期内均线之间的乖离率这一原理，所编写出来的背离指标是有效的。换言之，背离指标的编写方法其实就是将当下行情的波动幅度与前一波行情的波动幅度进行比较，然后根据其波动幅度的乖离率的大小来确定行情走势是否背离。我们所使用的很多指标中，都有意无意地采用了这种方式，来评估行情上涨和下跌的力量是否处于逐渐衰弱的状态，并据此判断行情最有可能出现的变化。

所以，投机者在实际交易中，若要根据行情走势的背离来编写一套判断行情转折点的指标，那么乖离对比就是很有效的理论方法。

二　超买超卖型指标的设计方法

超买超卖指标是基于行情中的超买超卖现象所编写的一种测量行情波动幅度的量化指标。如KD指标、KDJ指标、CCI指标、WR威廉指标等，都属于超买超卖指标。其计算方法基本上是用当日内价格乖离与多日内价格乖离相比较，以判断行情的买卖力道和超买超卖情况。

在这一节中，我们就应用这一原理来编写一个新的超买超卖指标。公式的设计思路为：用当日内的最高价和最低价的平均值作为当日价格波动的第一个基数，命名为A1，然后再用这个基数与N日内的最低价的最低值相减，以求出当日平均价格的涨跌幅度，再用这个涨跌幅度除以N日内最高价的最高值和最低价的最低值之间的差，就可以求出当日平均价格的涨跌幅度与N日内价格的涨跌幅度的比值了。比值越大乖离就越大，说明超买超卖越严重；比值越小乖离就越小，说明市场中的超买超卖不严重，属于合理范围。我们将这一算式命名为A2。

为了能够得到更加稳健的数据，我们沿用A2的计算方法，再用收盘价与N日内的最低价的最低值相减，以求出目前收盘价格的涨跌幅度，再用这个涨跌幅度除以N日内最高价的最高值和最低价的最低值之间的差，就可以求出当日收盘价的涨跌幅度与N日内价格的涨跌幅度的比值了，我们将这一算式命名为A3。然后我们将A2和A3进行平均，取得一个稳健的乖离平均值，将其命名为A4。最后我们再将A4进行指数移动平滑，以削弱杂波的干扰。这样我们就可以按照上面的构思，编写出一个超买超卖指标了。

我们来看一下按照这一构思，编写出来的超买超卖指标的公式源码和动态翻译。

公式源码：

A1：= (HIGH+LOW) ／2；

A2：= (A1－LLV (LOW, N)) ／ (HHV (HIGH, N) －LLV (LOW, N)) ；

A3：= (CLOSE－LLV (LOW, N)) ／ (HHV (HIGH, N) －LLV (LOW, N)) ；

A4：(A2＋A3) ／2*100；

A5：EMA (A4, N1) ；

50；

20；

80；

其中最大值为300～500，最小值为2，默认值：N＝30，N1＝10。

动态翻译：

A1赋值：（最高价＋最低价）／2

A2赋值：（A1－N日内最低价的最低值）／（N日内最高价的最高值－N日内最低价的最低值）

A3赋值：（收盘价－N日内最低价的最低值）／（N日内最高价的最高值－N日内最低价的最低值）

输出A4：(A2＋A3) ／2*100

输出A5：A4的N1日指数移动平均

50

20

80

在这个指标中，A1就是最高价与最低价的平均值，所代表的是当日股价的平均值；A2就是当日平均价格的涨跌幅度与N日内价格的涨跌幅度的比值了，这一步的目的是求出当下行情上涨（下跌）了多少。比如，我们用30日作为一个周期档位。那这个公式的意思就是：当日的平均价减去30日内的最低价，就得出了现在价格的涨跌幅度；用30日内最高价与30日内最低价相减，就得出了30日内的总涨跌幅度；用现在的价格涨跌幅度，除以30日内的行情涨跌幅度，我们就知道了目前涨跌幅度与30日内的总涨跌幅度的比值，我们就根据这个比值来判断行情在30日内的超买超卖情况。

A3的意思与A2一样，只是我们采用收盘价作为基准，计算的是收盘价与30日内的最低价相减的差，求出收盘价的涨跌幅度，然后再用收盘价的涨跌幅度与30日的总涨跌幅度相比较，求出其乖离比值。

A4的意思是将A2和A2的值进行平均，这样就可以得出一个相对稳定的平均乖离值，其后面乘以100的意思就是将这个平均值放大100倍，以便于我们确定这一乖离值的标准。

A5的意思就是将这一个值进行10日指数移动平均，这样我们就可以得出这个值的10日指数平均线，将这一指标展示为2条线，一条是快速线，一条是慢速线，以便更好地观察这个值的"趋势"走向。

而50、20、80这三个数字，就是这一指标的乖离量化标准，也就是说，我们需要根据这一量化标准，确定指标的应用规则。即当指标到达80的高位区时就属于超买，当指标处于20的低位区时，就属于超卖，50则是30日周期内的乖离走向分水岭。如果指标上穿50中线，则表示行情脱离了均价走势，倾向于上涨；如果指标下穿50中线，则表示行情脱离均价走势，倾向于下跌。因为这一指标与KDJ指标类似，并同属于超买超卖指标，所以指标的应用方法基本与KDJ指标相同，也是以不同的交叉形态作为不同的交易方式。我们来看一下这一指标的基本应用规则：

1.当超买超卖指标中的A4线在90左右向下交叉A5线时，行情下跌概率较大，我们视之为卖出信号；

2.当超买超卖指标中的A4线在10左右向上交叉A5线时，行情上涨概率较大，我们视之为买入信号；

3.当超买超卖指标中的A5线大于80时，行情回档概率较大，我们视之为下跌信号；

4.当超买超卖指标中的A5线小于20时，行情反弹概率较大，我们视之为上涨信号；

5.当超买超卖指标中的A4线大于100时，行情容易反转下跌，我们视之为下跌信号；

6.当超买超卖指标中的A4线小于0时，行情容易反转上升，我们视之为上涨信号；

7.超买超卖波动于50左右，并围绕50中线上下穿越时，就属于等待方向确认的信号，我们通常称之为持币信号；

8.当超买超卖指标在80以上的超买区出现钝化现象时，属于上涨行情走势持续的信号，当钝化结束，A4线下穿80超买线时，为卖出信号；

9.当超买超卖指标在20以下的超买区出现钝化现象时，属于下跌行情走势持续的信号，当钝化结束，A4线上穿80超买线时，为买入信号；

10.如果股价创新高，而超买超卖指标没有创新高，为顶背离，属于卖出信号；反之，股价创新低，而超买超卖指标没有创新低，为底背离，属于买入信号。

其他方面的应用规则均可参照KDJ指标。

我们再来看一下这一指标的实用效果如何，看看能不能达到我们的预期。如图2-8-9~图2-8-11中所示。

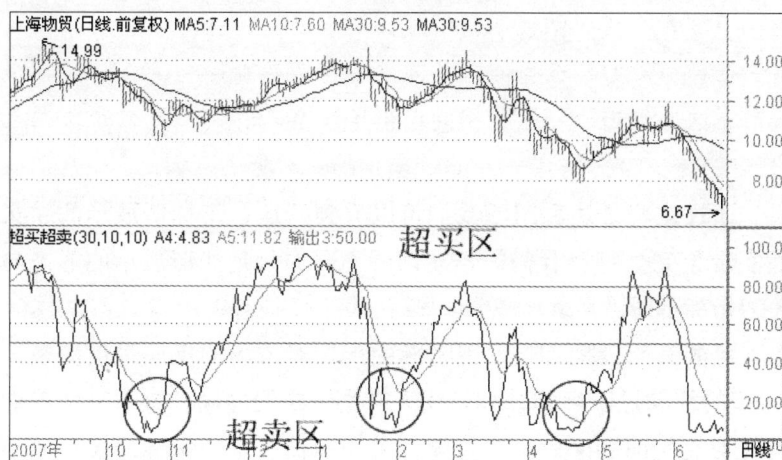

图2-8-9

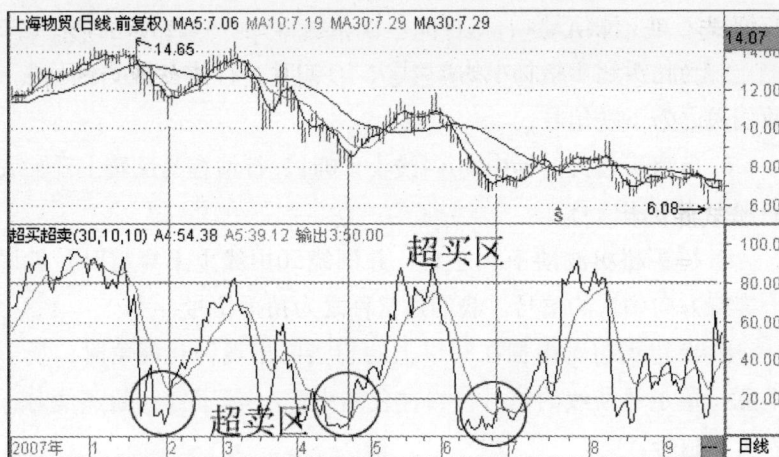

图2－8－10

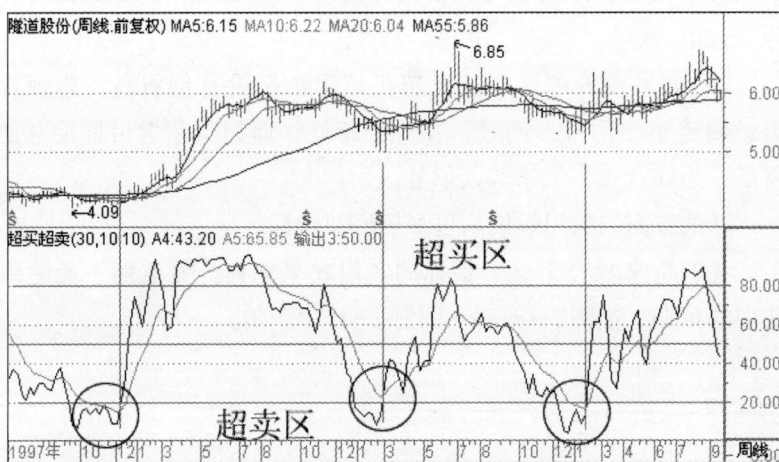

图2－8－11

通过这些讲述和图示我们可以看到，这一指标所展示的超买超卖现象完全符合我们的预期，所不同的只是线形展示的形态与KDJ指标不同。

可能有的投机者会发现上面的指标对市场的反应过度敏锐，A4线的波动过于频繁，容易让人产生一定的冲动。接下来，我们就针对这一问题来做一个修改，进一步提高这一指标的实用性和"战斗力"。

首先，我们将A4进行M日的二次指数平均，这样A4的形态就有了很大的改观，不再那样敏感了。我们来看一下修改后的公式源码和动态翻译。

公式源码：

A1：=（HIGH+LOW）/2；

A2：=（A1-LLV（LOW，N））/（HHV（HIGH，N）-LLV（LOW，N））；

A3：=（CLOSE-LLV（LOW，N））/（HHV（HIGH，N）-LLV（LOW，N））；

A4：EMA（（A2+A3）/2*100，M）；

A5：EMA（A4，N1）；

50；

20；

80；

其中最大值为300～500，最小值为2，默认值：N=30，N1=5，N2=10。

动态翻译：

A1赋值：（最高价+最低价）/2

A2赋值：（A1-N日内最低价的最低值）/（N日内最高价的最高值-N日内最低价的最低值）

A3赋值：（收盘价-N日内最低价的最低值）/（N日内最高价的最高值-N日内最低价的最低值）

输出A4：（A2+A3）/2*100的M日指数移动平均

输出A5：A4的N1日指数移动平均

50

20

80

最后来看一下指标修改后的实用图示，如图2-8-12~图2-8-14中所示。

从这些图示和公式源码中，我们知道了超买超卖指标的编写方法，知道了超买超卖指标的设计原理就是将当下行情的涨跌幅度与周期内行情的涨跌幅度进行比较，然后确定当下行情的乖离幅度，并依此来作为判断市场超买超卖的依据和标准。

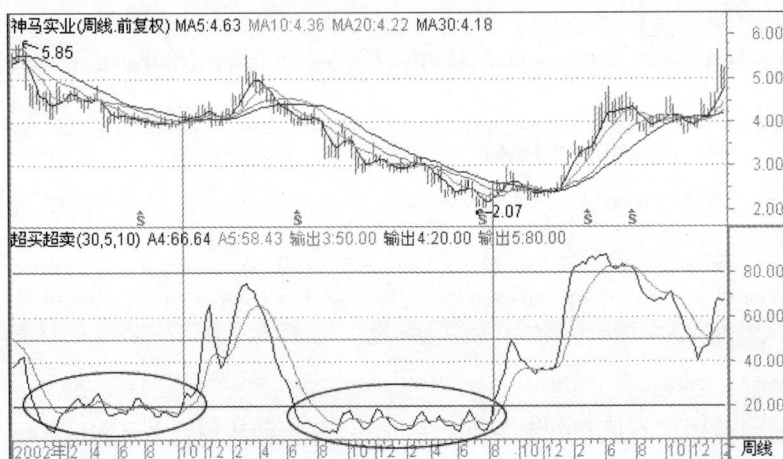

图2-8-12

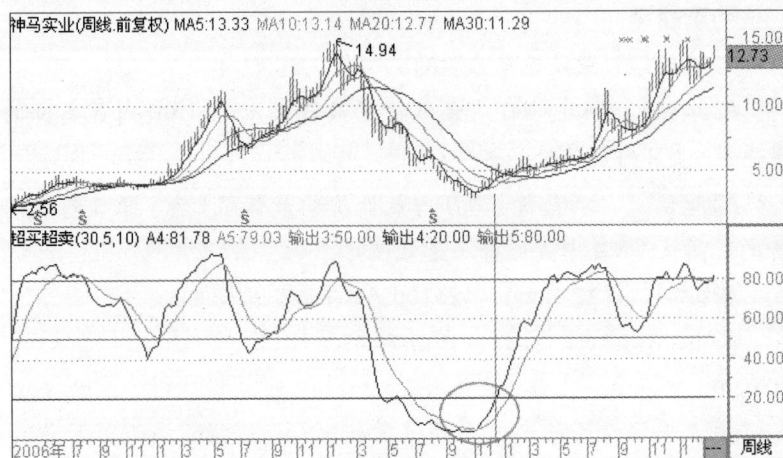

图2-8-13

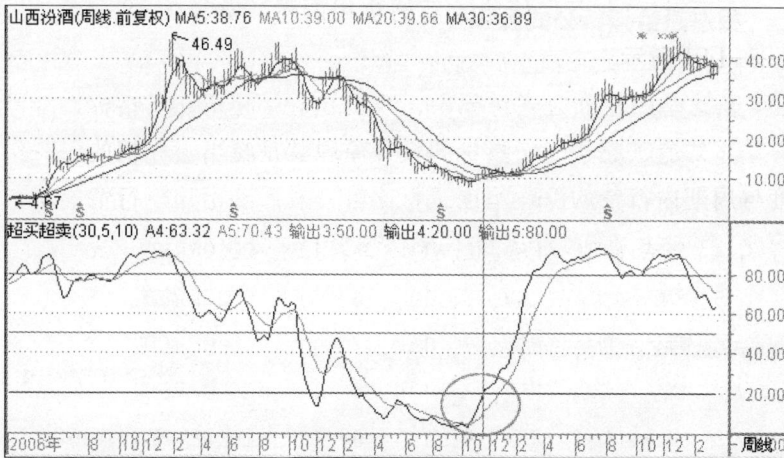

图2-8-14

三　趋势型指标的设计方法

趋势型指标通常指的是均线类指标系统，比如MA平均线指标、SMA平均线指标、EMA平均线指标、成本均线指标等具有明显的趋势特征的指标。

当然为了能够进一步符合市场的趋势走向，我们也可以根据自己对市场、对趋势的了解和认识，开发出自己的趋势指标。

在这一节中，我们就以狼巡趋势指标为例，来讲述一下趋势指标的设计思路和公式源码的具体编写方法。

首先，我们要先确定一条能够代表长期趋势走向的均价线。在这个指标中，我们就采用100、150、200日的1日权重移动平均线来作为长期趋势的确认标的。接下来，我们再确定一条能够代表中期趋势走向的均价线作为中期趋势的确认标的。在这个指标中，我们用50日的1日权重移动平均线作为中期趋势的确认标的。

最后，我们将2日的1日权重移动平均线～10日的1日权重移动平均线分别进行二次平滑，以抹去SMA移动平均线中的杂波，做成SMA平均线流的形式，并显示红色，让均线趋势既平滑又流畅，准确展示中短期行情趋势的运行方向。

我们来看一下按照这一设计思路编写的公式源码和动态翻译。

狼巡趋势指标公式源码：

RSV：＝（HIGH＋LOW＋OPEN＋CLOSE）／4；

M1：SMA（SMA（RSV，2，1），2，1），COLOR006600；

M2：SMA（SMA（RSV，3，1），3，1），COLORRED；

M3：SMA（SMA（RSV，4，1），4，1），COLORRED；

M4：SMA（SMA（RSV，5，1），5，1），COLORRED；

M5：SMA（SMA（RSV，6，1），6，1），COLORRED；

M6：SMA（SMA（RSV，7，1），7，1），COLORRED；

M7：SMA（SMA（RSV，8，1），8，1），COLORRED；

M8：SMA（SMA（RSV，9，1），9，1），COLORRED；

M9：SMA（SMA（RSV，10，1），10，1），COLOR006600，
LINETHICK2；

M10：SMA（CLOSE，50，1），COLORFF00FF；

M11：SMA（CLOSE，100，1），COLOR0000FF；

M12：SMA（CLOSE，150，1），COLORBLUE；

M13：SMA（CLOSE，200，1），COLORBROWN；

狼巡趋势指标动态翻译：

SV赋值：（最高价＋最低价＋开盘价＋收盘价）／4

输出M1：RSV的2日［1日权重］移动平均的2日［1日权重］移动平均，COLOR006600

输出M2：RSV的3日［1日权重］移动平均的3日［1日权重］移动平均，画红色

输出M3：RSV的4日［1日权重］移动平均的4日［1日权重］移动平均，画红色

输出M4：RSV的5日［1日权重］移动平均的5日［1日权重］移动平均，画红色

输出M5：RSV的6日［1日权重］移动平均的6日［1日权重］移动平均，画红色

输出M6：RSV的7日［1日权重］移动平均的7日［1日权重］移动平均，画红色

输出M7：RSV的8日［1日权重］移动平均的8日［1日权重］移动平均，画红色

输出M8：RSV的9日［1日权重］移动平均的9日［1日权重］移动平均，画红色

输出M9：RSV的10日［1日权重］移动平均的10日［1日权重］移动平均，COLOR006600，LINETHICK2

输出M10：收盘价的50日［1日权重］移动平均，COLORFF00FF

输出M11：收盘价的100日［1日权重］移动平均，COLOR0000FF

输出M12：收盘价的150日［1日权重］移动平均，画蓝色

输出M13：收盘价的200日［1日权重］移动平均，画棕色

接下来，我们就将这一指标引入系统中，看一下这一指标在实际行情中的应用效果如何。如图2－8－15～图2－8－20中所示。

从这些图示中我们可以看到，当股价随着SMA平均线流逐步上穿200SMA平均线后，行情通常都会在不久之后步入牛市，而投机者要做的就是：关注那些股价随着SMA平均线流上穿200SMA

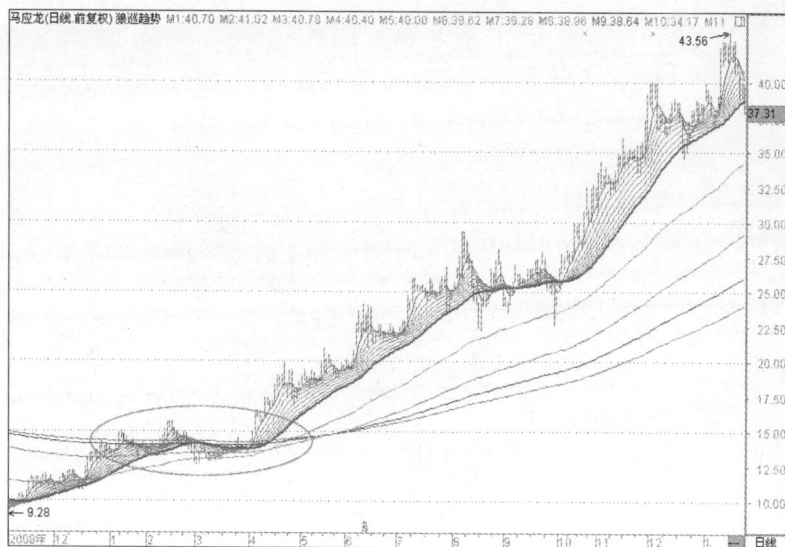

图2－8－15

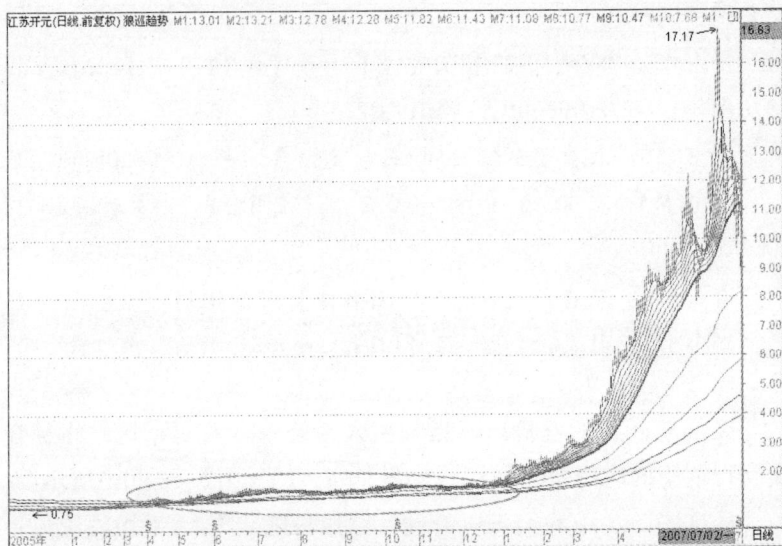

图2-8-16

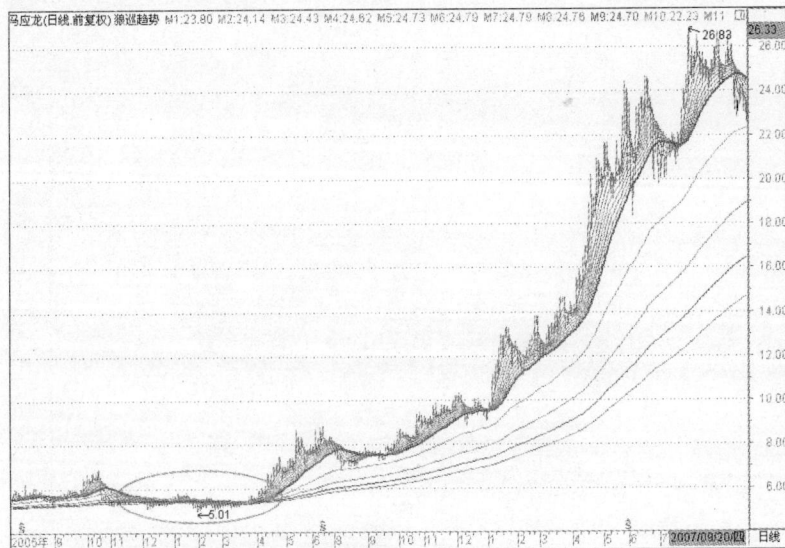

图2-8-17

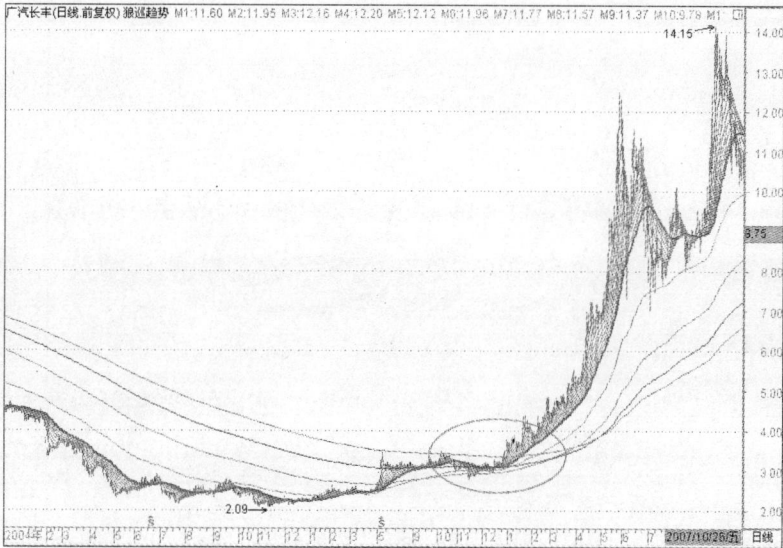

图2-8-18

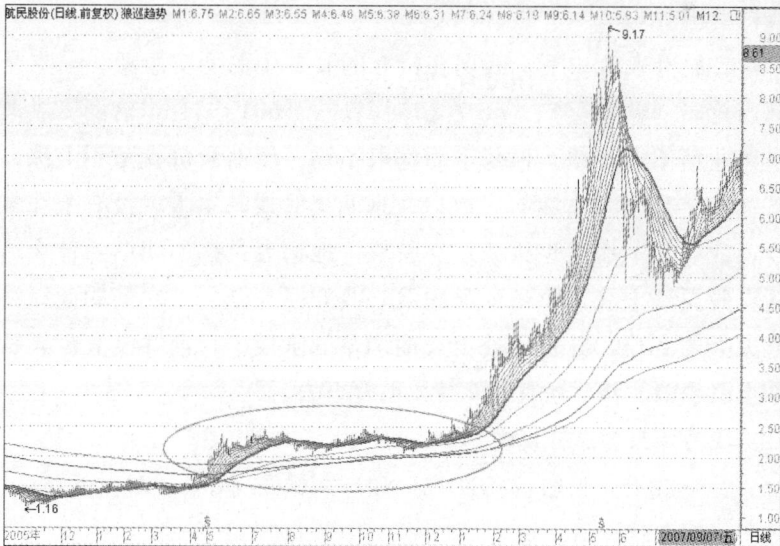

图2-8-19

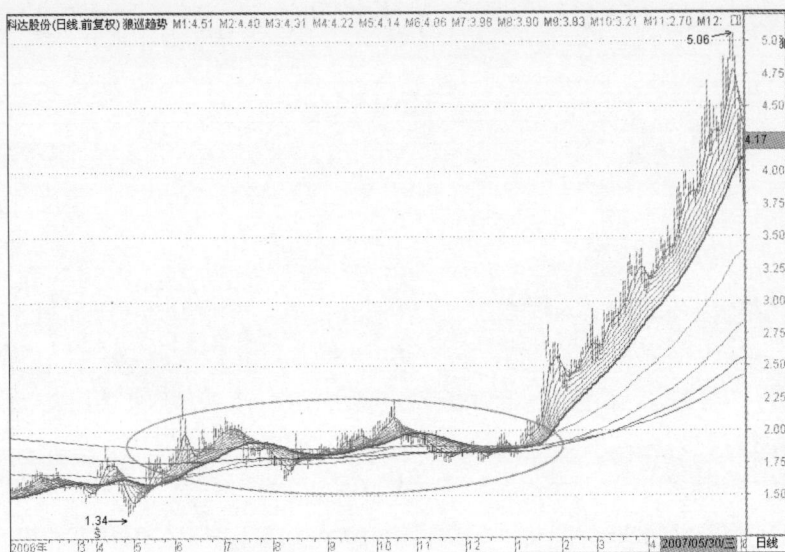

图2-8-20

平均线的股票。当这些股票形成上涨信号时，就可以择机买进，设好止损点，长期持有，一直持有到趋势出现明显衰退的时候再择机卖出。

我们再来看一下，我现在持有的股票中的两支股票，一支是招商轮船（601872），一支是广深铁路（601333），这两支股票虽然业绩不太理想，但基本面都很不错，然而股价就是不上涨，从2008年12月左右我买入之后，这两支股票基本上就没有上涨多少。我有几个朋友也买了这支股票，他们老是搞不明白为什么这两支股票不上涨，于是便来问我，我的回答是："它们的业绩没有太大的变化，并且还处于长期调整的阶段，目前并没有步入长期上涨趋势，甚至还有可能持续调整下去。"

我为什么会这样说呢？

看一看招商轮船（601872）和广深铁路（601333）的行情走势图，问题就一清二楚了。如图2-8-21和图2-8-22中所示。

通过图示我们可以看到，招商轮船（601872）和广深铁路（601333）依然处在长期的震荡整理行情之中。所以如果你是一位趋势交易者，那么目前来说，这样的股票走势是不适合参入

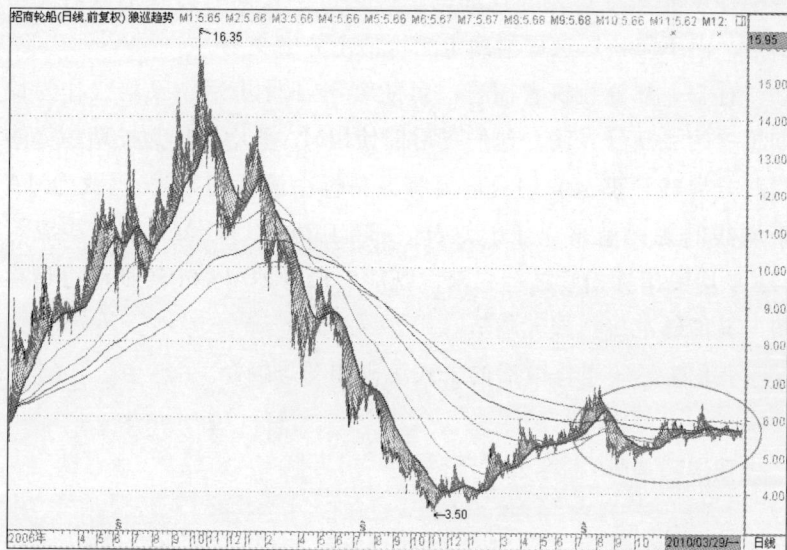

图2-8-21

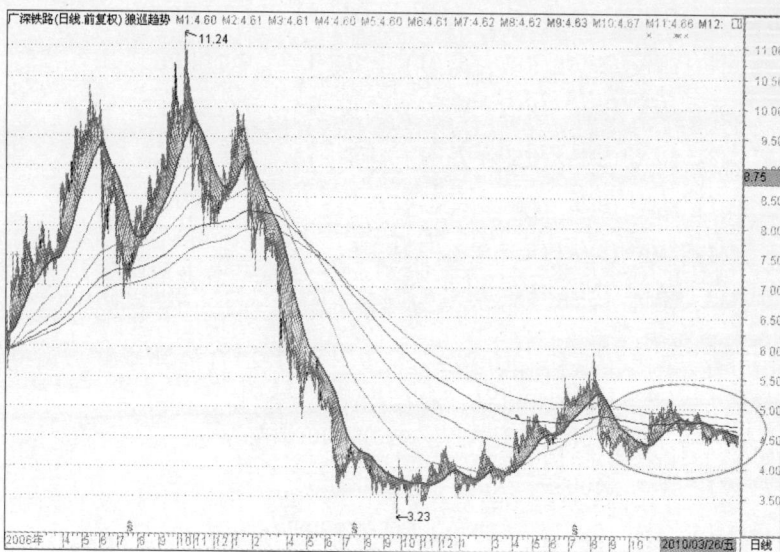

图2-8-22

的。因为我们根本就不知道行情还会整理多长时间，什么时候才能上涨。除非你像我一样，是一个彻头彻尾的低价长期持有者，否则你就应该尽量去寻找那些已经运行于长期趋势线上方的交易信号，而不应该在这样不确定的行情走势中交易。

对于一部分投机者而言，可能会不习惯以SMA平均线作为长期趋势的涨跌分界线，他们更习惯使用MA平均线作为长期趋势的涨跌分界线。那么我们只需要将原指标中最后的4句源码改为MA平均线的源码就可以了。这样，我们就可以将SMA平均线流与MA平均线指标相互结合起来，既能够很好地观察中短期的行情趋势，又能够准确把握大趋势。

我们来看一下修改后的公式源码和动态翻译。

狼巡趋势MA指标公式源码：

```
RSV: = (HIGH+LOW+OPEN+CLOSE) /4;
M1: SMA (SMA (RSV, 2, 1) , 2, 1) , COLOR006600;
M2: SMA (SMA (RSV, 3, 1) , 3, 1) , COLORRED;
M3: SMA (SMA (RSV, 4, 1) , 4, 1) , COLORRED;
M4: SMA (SMA (RSV, 5, 1) , 5, 1) , COLORRED;
M5: SMA (SMA (RSV, 6, 1) , 6, 1) , COLORRED;
M6: SMA (SMA (RSV, 7, 1) , 7, 1) , COLORRED;
M7: SMA (SMA (RSV, 8, 1) , 8, 1) , COLORRED;
M8: SMA (SMA (RSV, 9, 1) , 9, 1) , COLORRED;
M9: SMA (SMA (RSV, 10, 1) , 10, 1) , COLOR006600,
LINETHICK2;
M10: MA (CLOSE, 60) , COLORFF00FF;
M11: MA (CLOSE, 120) , COLOR0000FF;
M12: MA (CLOSE, 250) , COLORBLUE;
M13: MA (CLOSE, 320) , COLORBROWN;
```

狼巡趋势MA指标动态翻译：

RSV赋值：（最高价+最低价+开盘价+收盘价）/4

输出M1：RSV的2日［1日权重］移动平均的2日［1日权重］移动平均，COLOR006600

输出M2：RSV的3日［1日权重］移动平均的3日［1日权重］移动平均，画红色

输出M3：RSV的4日［1日权重］移动平均的4日［1日权重］移动平均，画红色

输出M4：RSV的5日［1日权重］移动平均的5日［1日权重］移动平均，画红色

输出M5：RSV的6日［1日权重］移动平均的6日［1日权重］移动平均，画红色

输出M6：RSV的7日［1日权重］移动平均的7日［1日权重］移动平均，画红色

输出M7：RSV的8日［1日权重］移动平均的8日［1日权重］移动平均，画红色

输出M8：RSV的9日［1日权重］移动平均的9日［1日权重］移动平均，画红色

输出M9：RSV的10日［1日权重］移动平均的10日［1日权重］移动平均，COLOR006600，LINETHICK2

输出M10：收盘价的60日简单移动平均，COLORFF00FF

输出M11：收盘价的120日简单移动平均，COLOR0000FF

输出M12：收盘价的250日简单移动平均，画蓝色

输出M13：收盘价的320日简单移动平均，画棕色

通过上面的修改，我们就可以将以长期SMA平均线作为长期涨跌分界线的趋势指标，改为以长期MA平均线作为长期涨跌分界线的趋势指标了。我们将这一指标命名为"狼巡趋势MA"指标。我们来看一下修改后的指标应用效果如何。如图2－8－23～图2-8-28中所示。

通过这些图示和指标解析，我们可以看到狼巡趋势MA指标的效果与狼巡趋势SMA指标的效果是类似的，都可以清楚地区分出行情长期的趋势走向，让投机者始终遵循顺势而为的投机法则，

进行高胜算的交易。

除了上面的趋势指标之外，我们再来讲解另一种形式的趋势型指标——狼巡成本均线指标。狼巡成本均线即市场平均成本趋

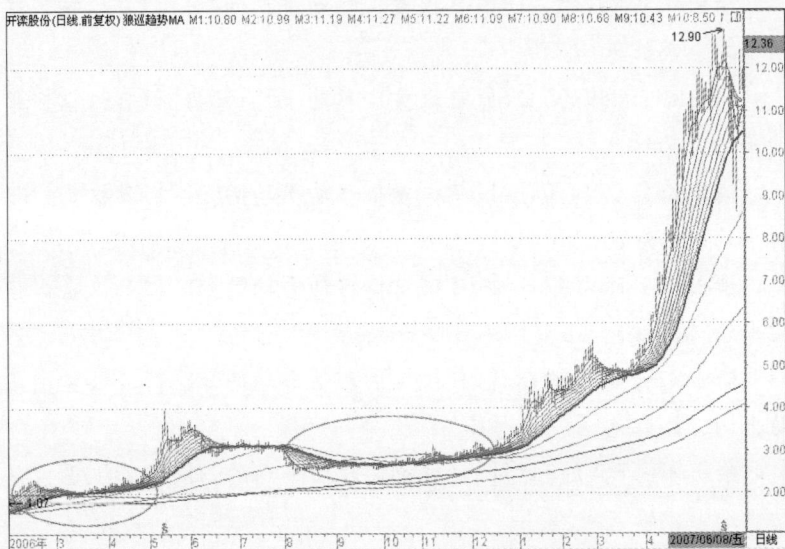

图2-8-23

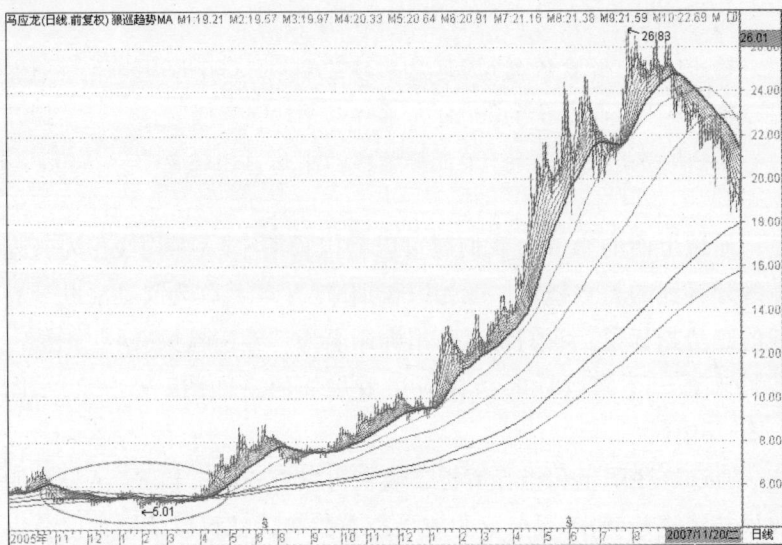

图2-8-24

势线，这也是我开发并比较热衷的一种趋势线。我们先来看一下
其公式源码和动态翻译。

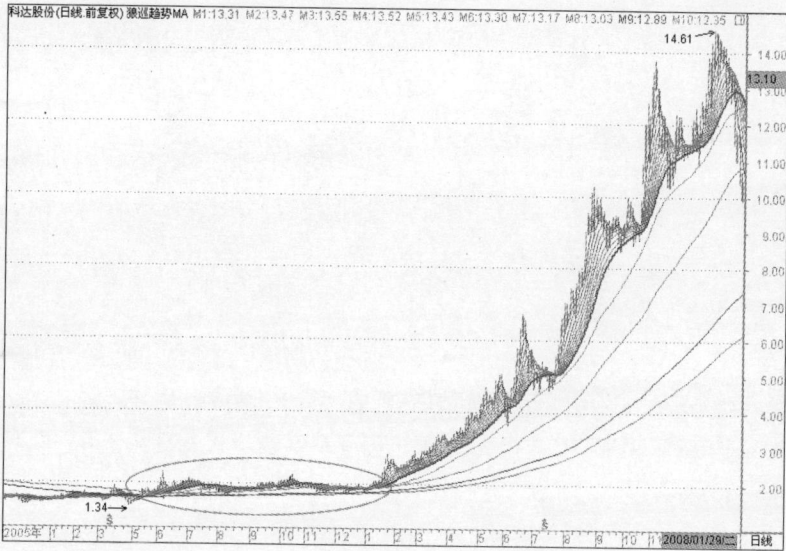

图2-8-25

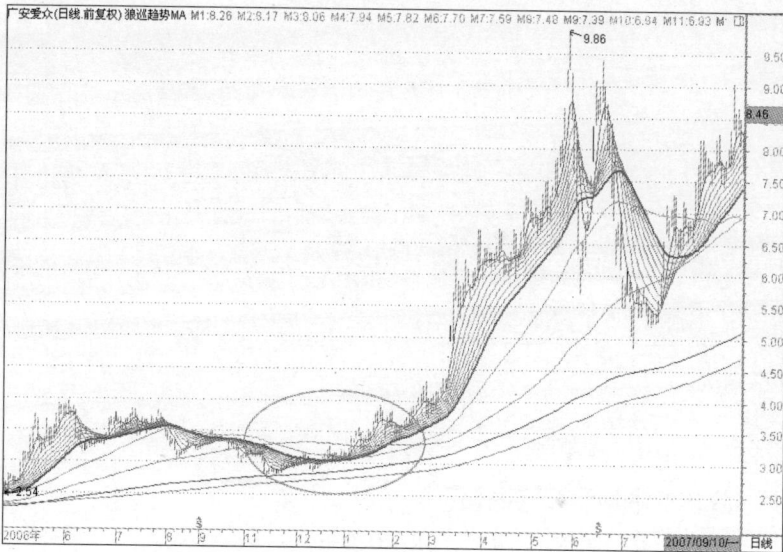

图2-8-26

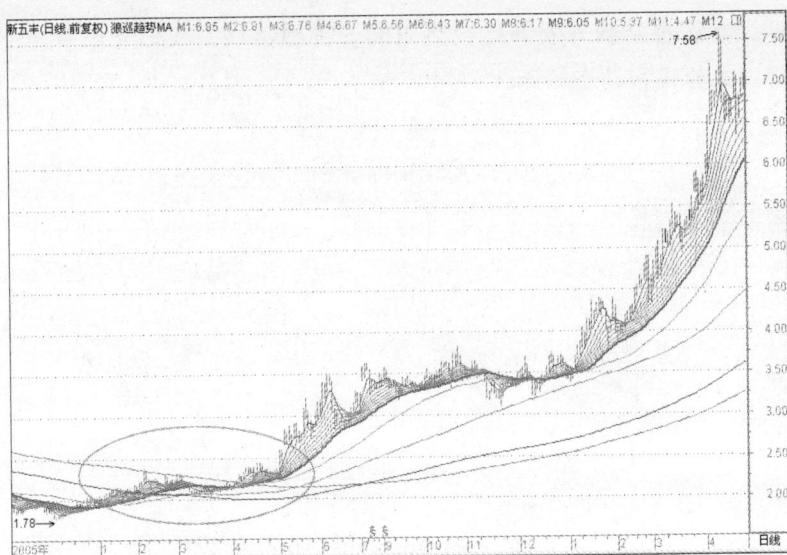

图2-8-27

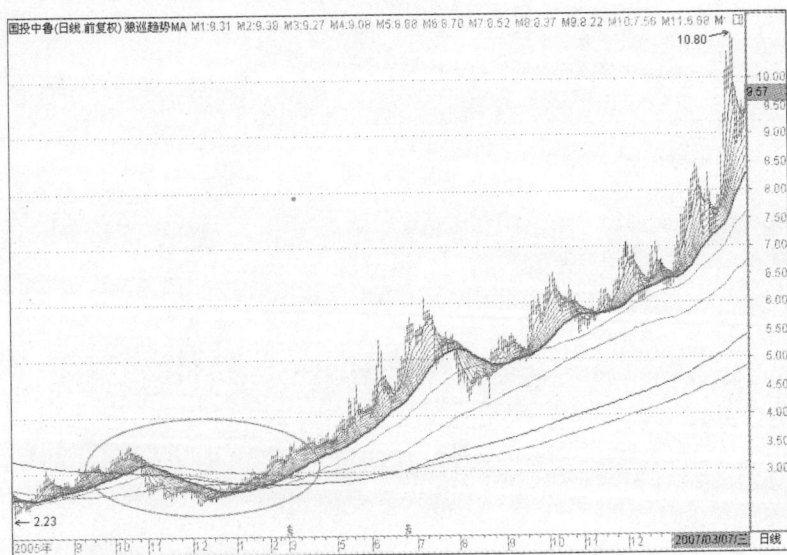

图2-8-28

狼巡成本均线公式源码：

RSV：= (HIGH＋LOW＋OPEN＋CLOSE) ／4；

A1：= (SUM (RSV＊AMOUNT，360) ／SUM (AMOUNT，

```
360) ) ;
    A2: = (SUM (RSV*AMOUNT, 350) / SUM (AMOUNT,
350) ) ;
    A3: = (SUM (RSV*AMOUNT, 340) / SUM (AMOUNT,
340) ) ;
    A4: = (SUM (RSV*AMOUNT, 330) / SUM (AMOUNT,
330) ) ;
    A5: = (SUM (RSV*AMOUNT, 320) / SUM (AMOUNT,
320) ) ;
    A6: = (SUM (RSV*AMOUNT, 310) / SUM (AMOUNT,
310) ) ;
    A7: = (SUM (RSV*AMOUNT, 300) / SUM (AMOUNT,
300) ) ;
    A8: = (SUM (RSV*AMOUNT, 270) / SUM (AMOUNT,
270) ) ;
    A9: = (SUM (RSV*AMOUNT, 260) / SUM (AMOUNT,
260) ) ;
    A10: = (SUM (RSV*AMOUNT, 250) / SUM (AMOUNT,
250) ) ;
    A11: = (SUM (RSV*AMOUNT, 240) / SUM (AMOUNT,
240) ) ;
    A12: = (SUM (RSV*AMOUNT, 230) / SUM (AMOUNT,
230) ) ;
    A13: = (SUM (RSV*AMOUNT, 220) / SUM (AMOUNT,
220) ) ;
    A14: = (SUM (RSV*AMOUNT, 210) / SUM (AMOUNT,
210) ) ;
    A15: = (SUM (RSV*AMOUNT, 180) / SUM (AMOUNT,
180) ) ;
    A16: = (SUM (RSV*AMOUNT, 170) / SUM (AMOUNT,
170) ) ;
```

A17：= (SUM (RSV*AMOUNT, 160) / SUM (AMOUNT, 160)) ;

A18：= (SUM (RSV*AMOUNT, 150) / SUM (AMOUNT, 150)) ;

A19：= (SUM (RSV*AMOUNT, 140) / SUM (AMOUNT, 140)) ;

A20：= (SUM (RSV*AMOUNT, 130) / SUM (AMOUNT, 130)) ;

A21：= (SUM (RSV*AMOUNT, 120) / SUM (AMOUNT, 120)) ;

A22：= (SUM (RSV*AMOUNT, 90) / SUM (AMOUNT, 90)) ;

A23：= (SUM (RSV*AMOUNT, 80) / SUM (AMOUNT, 80)) ;

A24：= (SUM (RSV*AMOUNT, 70) / SUM (AMOUNT, 70)) ;

A25：= (SUM (RSV*AMOUNT, 60) / SUM (AMOUNT, 60)) ;

A26：= (SUM (RSV*AMOUNT, 50) / SUM (AMOUNT, 50)) ;

A27：= (SUM (RSV*AMOUNT, 40) / SUM (AMOUNT, 40)) ;

A28：= (SUM (RSV*AMOUNT, 30) / SUM (AMOUNT, 30)) ;

B1： (A1+A2+A3+A4+A5+A6+A7) / 7;

B2： (A8+A9+A10+A11+A12+A13+A14) / 7;

B3： (A15+A16+A17+A18+A19+A20+A21) / 7;

B4： (A22+A23+A24+A25+A26+A27+A28) / 7;

狼巡成本均线动态翻译：

RSV赋值： （最高价+最低价+开盘价+收盘价）/4

A1赋值： （RSV*成交额（元）的360日累和／成交额（元）的360日累和）

A2赋值： （RSV*成交额（元）的350日累和／成交额（元）的350日累和）

A3赋值： （RSV*成交额（元）的340日累和／成交额（元）的340日累和）

A4赋值： （RSV*成交额（元）的330日累和／成交额（元）的

330日累和)

A5赋值：（RSV*成交额（元）的320日累和/成交额（元）的320日累和）

A6赋值：（RSV*成交额（元）的310日累和/成交额（元）的310日累和）

A7赋值：（RSV*成交额（元）的300日累和/成交额（元）的300日累和）

A8赋值：（RSV*成交额（元）的270日累和/成交额（元）的270日累和）

A9赋值：（RSV*成交额（元）的260日累和/成交额（元）的260日累和）

A10赋值：（RSV*成交额（元）的250日累和/成交额（元）的250日累和）

A11赋值：（RSV*成交额（元）的240日累和/成交额（元）的240日累和）

A12赋值：（RSV*成交额（元）的230日累和/成交额（元）的230日累和）

A13赋值：（RSV*成交额（元）的220日累和/成交额（元）的220日累和）

A14赋值：（RSV*成交额（元）的210日累和/成交额（元）的210日累和）

A15赋值：（RSV*成交额（元）的180日累和/成交额（元）的180日累和）

A16赋值：（RSV*成交额（元）的170日累和/成交额（元）的170日累和）

A17赋值：（RSV*成交额（元）的160日累和/成交额（元）的160日累和）

A18赋值：（RSV*成交额（元）的150日累和/成交额（元）的150日累和）

A19赋值：（RSV*成交额（元）的140日累和/成交额（元）的140日累和）

A20赋值：（RSV＊成交额（元）的130日累和／成交额（元）的130日累和）

A21赋值：（RSV＊成交额（元）的120日累和／成交额（元）的120日累和）

A22赋值：（RSV＊成交额（元）的90日累和／成交额（元）的90日累和）

A23赋值：（RSV＊成交额（元）的80日累和／成交额（元）的80日累和）

A24赋值：（RSV＊成交额（元）的70日累和／成交额（元）的70日累和）

A25赋值：（RSV＊成交额（元）的60日累和／成交额（元）的60日累和）

A26赋值：（RSV＊成交额（元）的50日累和／成交额（元）的50日累和）

A27赋值：（RSV＊成交额（元）的40日累和／成交额（元）的40日累和）

A28赋值：（RSV＊成交额（元）的30日累和／成交额（元）的30日累和）

输出B1：（A1＋A2＋A3＋A4＋A5＋A6＋A7）／7

输出B2：（A8＋A9＋A10＋A11＋A12＋A13＋A14）／7

输出B3：（A15＋A16＋A17＋A18＋A19＋A20＋A21）／7

输出B4：（A22＋A23＋A24＋A25＋A26＋A27＋A28）／7

接下来，我们就来解释一下这一指标的设计原理和基本架构。

在我出版了《如何选择超级牛股》一书之后，很多投机者来信询问狼巡成本均线指标的原理，在这里我们就来讲述一下。这里我们采用的是经过进一步优化之后的狼巡成本均线。

首先，我们来解释一下指标的第一句源码：RSV：＝（HIGH＋LOW＋OPEN＋CLOSE）／4。通过动态翻译，我们可以知道这一源码其实就是：最高价、最低价、开盘价、收盘价这4个价格的平均值。我们将它作为一个基本条件，并命名为RSV。我们为什么要这样呢？直接用收盘价不就行了吗？

答案是：也可以用收盘价，但为了达到最平均的效果，我们采用这4个价格的平均值。

我们再来看第二句源码：A1：＝（SUM（RSV*AMOUNT，360）／SUM（AMOUNT，360））。通过动态翻译，我们可以知道，这句源码其实是：第一个条件RSV和成交额（元）的360日累和的乘积与成交额（元）的360日累和的比值。可能你会说，这个算式是不是有些重复了？RSV先乘以成交额（元）的360日累和，然后再除以成交额（元）的360日累和，这样岂不是有些罗嗦，我们直接用RSV不就行了吗？

答案是：不行！

因为用RSV乘以成交额（元）的360日累和，我们可以得出一条价格和成交额（元）的360日累和的乘积平均线，所以我们必须要再除以成交额（元）的360日累和，才可以得出一条包含成交金额之后的价格走势平均线，即一条展示价格和成交金额的走势变化的平均线。这条价格走势线会根据价格平均值和成交额（元）的360日累和的变化而发生变化：价格平均值与成交额（元）的360日累和的值越高，说明市场成本越高；价格平均值与成交额（元）的360日累和的值越低，说明市场成本越低。所以，我们将其称为成本均线，其代表的是360日的成本走势。

而下面的A2～A28中的源码都是与此相同的计算方法，只不过各自代表的周期不同罢了，这些源码公式的计算方法都是与A1一样的，我就不再一一讲了。

我们再来讲一下输出B1的源码：B1：（A1＋A2＋A3＋A4＋A5＋A6＋A7）／7。这句源码非常好理解，就是将7条价格走势平均线相加之后，再进行平均，我们就会得出一条非常平整的成本均线。为什么要进行平均呢？直接用不行吗？

答案是：也可以用，但不能很好地展现趋势。

这是因为，如果我们不通过这种形式将相邻周期的均线进行平均，不同成本周期的成本线会因为周期、价格和成本的不同产生较大的起伏。而将相近的成本线相加之后再进行平均，能够抚平不同周期的差异波动，让成本均线更加平整顺滑，这样有助于判断长期成本趋势的走向。如图2-8-29~图2-8-32中所示。

从这些图示中我们可以看到，当股价在狼巡成本均线上方运

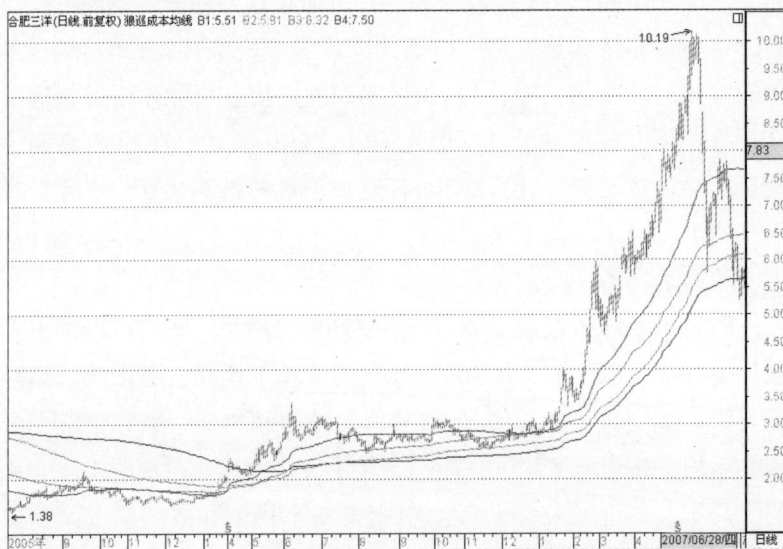

图2-8-29

图2-8-30

行，短期的成本均线反转到长期成本均线的上方时，通常都是一些胜算较高的上涨趋势。投机者顺应这样的成本趋势线，买入那些回调之后再次上涨的股票，就是在做胜算最高的交易了，这样

图2-8-31

图2-8-32

的交易方法不但获利比例大，而且成功的概率也很高。

在以前，我采用长期狼巡成本均线进行交易的时候，为了更好地把握那些行情大幅回调之后的买入时机，我开发了狼巡RK2指标和狼巡OBWM指标。狼巡RK2指标实际上就是一个超买超卖指标，其作用是判断行情的阶段性超卖，以评估行情的回调幅度。而狼巡OBWM指标则相当于一个趋势摆荡指标，用来评估买入时机（在后面的自动选股章节中我会讲述这两个指标）。

当然，你也可以将MACD指标的参数各增加一倍，设置为24、52、18，将KDJ指标的参数设置为42、16、10，以KDJ指标来判断行情回调时的阶段性超卖情况，以MACD指标来确认超买之后的买入时机，其效果与狼巡RK2指标和狼巡OBWM指标是一样的。如图2-8-33~图2-8-36中所示。

通过这些图示我们可以看到，当股价运行于狼巡成本均线上方，并在上涨的过程中形成一定时间的回调之后，如果KDJ指标的J线从20以下的低位超卖区止跌反升，与K线和D线在50中线以下的位置交叉，而MACD指标的DIF线能够紧贴0轴线或在0轴线附近上穿DEA线，与KDJ指标同时形成黄金交叉，这通常是一个胜算较高的长线买入时机。这说明一波中长期的大型回调结束了，新的上涨行情正在形成。

由于这本书的主要目的是教给投机者如何开发自己的指标，所以为了让你能够深入地认识指标的设计原理和编写方法，我们继续讲解实例。

下面的这个狼巡筹码指标就属于一个稍微复杂一点的技术指标了。我们先来看一下这一指标的公式源码和动态翻译。

狼巡筹码指标公式源码：

```
AMM：＝REF (CLOSE, 1)；
AMN：＝REF (CLOSE, 120)；
RC1：＝ (CLOSE＋AMM) ／2；
RC2：＝ (AMN＋AMM＋CLOSE) ／3；
RC3：＝ (RC2*RC1)；
```

RC4：=EMA（RC3，40）—EMA（RC3，120）；

OO：=WINNER（OPEN）*RC4；

CC：=WINNER（CLOSE）*RC4；

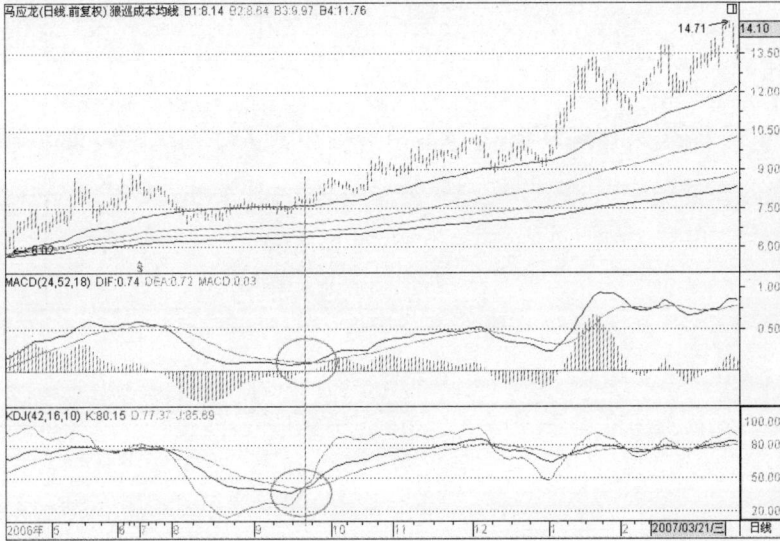

图2-8-33

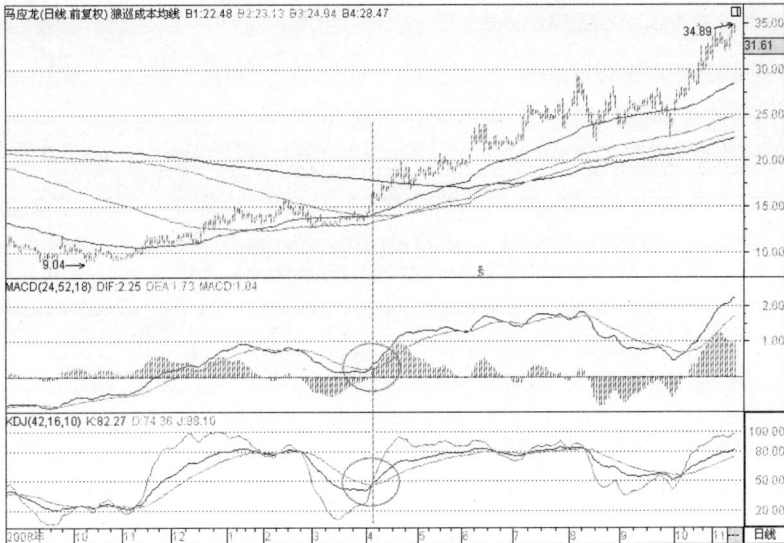

图2-8-34

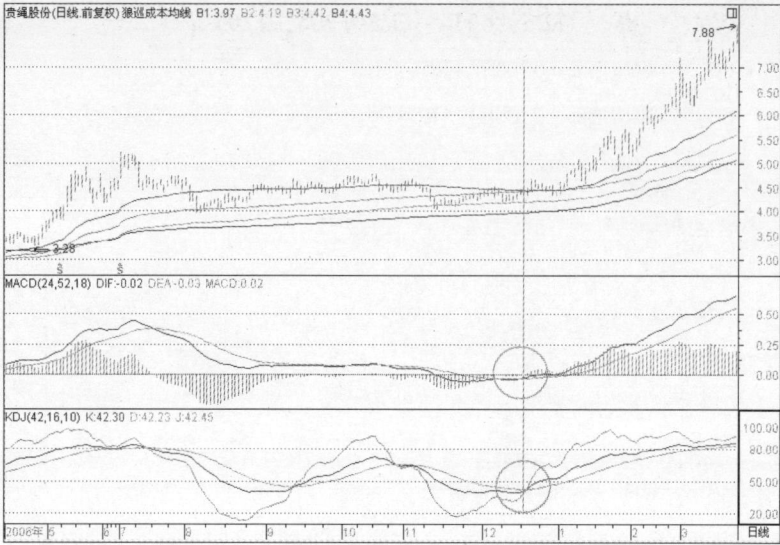

图2-8-35

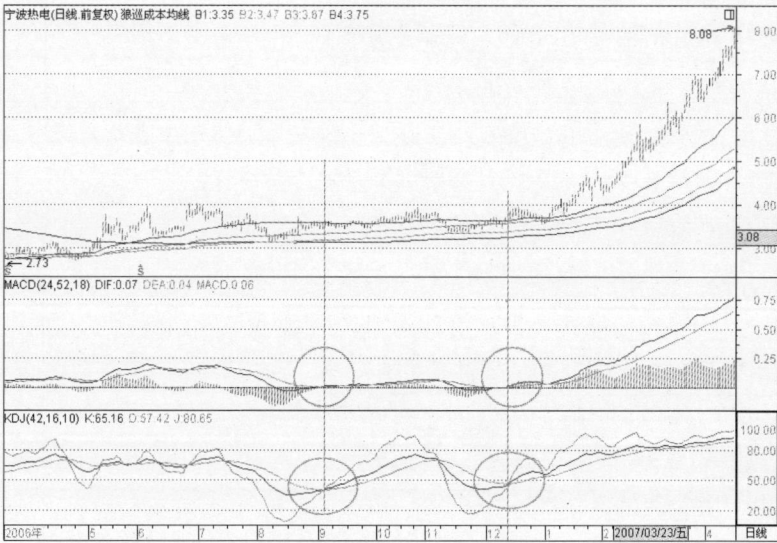

图2-8-36

```
HH: =WINNER (HIGH) *RC4;

LL: =WINNER (LOW) *RC4;

CO: = (OO+CC+LL+HH) /4;

STICKLINE (CO>=0.50, HH, LL, 0, 0), COLORRED;
```

STICKLINE (CO>＝0.50, CC, OO, 5, 1), COLORRED;

STICKLINE (CO<0.50, HH, LL, 0, 0), COLORBLUE;

STICKLINE (CO<0.50, CC, OO, 5, 1), COLORBLUE;

STICKLINE (CO<0, HH, LL, 0, 0), COLOR008800;

STICKLINE (CO<0, CC, OO, 5, 1), COLOR008800;

CMA: EMA (CO, 10);

中轨: 0, COLORRED;

上轨: 0.50, COLOR008800;

下轨: -0.50, COLOR008800;

狼巡筹码指标动态翻译：

AMM赋值：昨日收盘价

AMN赋值：120日前的收盘价

RC1赋值：（收盘价＋AMM）／2

RC2赋值：（AMN＋AMM＋收盘价）／3

RC3赋值：（RC2*RC1）

RC4赋值：RC3的40日指数移动平均－RC3的120日指数移动平均

OO赋值：以开盘价计算的获利盘比例*RC4

CC赋值：以收盘价计算的获利盘比例*RC4

HH赋值：以最高价计算的获利盘比例*RC4

LL赋值：以最低价计算的获利盘比例*RC4

CO赋值：（OO＋CC＋LL＋HH）／4

当满足条件CO＞＝0.50时，在HH和LL位置之间画柱状线，宽度为0，0不为0则画空心柱.，画红色

当满足条件CO＞＝0.50时，在CC和OO位置之间画柱状线，宽度为5，1不为0则画空心柱.，画红色

当满足条件CO＜0.50时，在HH和LL位置之间画柱状线，宽度为0，0不为0则画空心柱.，画蓝色

当满足条件CO＜0.50时，在CC和OO位置之间画柱状线，宽度为5，1不为0则画空心柱.，画蓝色

当满足条件CO＜0时，在HH和LL位置之间画柱状线，宽度为0，

0不为0则画空心柱., COLOR008800

当满足条件CO＜0时，在CC和OO位置之间画柱状线，宽度为5，1不为0则画空心柱., COLOR008800

输出CMA：CO的20日指数移动平均

输出中轴：0，画红色

输出上轨：0.50，COLOR008800

输出下轨：－0.50，COLOR008800

下面，我们就来解释一下这一指标的设计原理。

这一指标的设计原理是通过对比短期获利筹码与长期获利筹码的变化情况，来判断行情上涨动力的趋向指标。

我们先来看这一指标的头六句源码：

AMM：＝REF（CLOSE，1）；

AMN：＝REF（CLOSE，120）；

RC1：＝（CLOSE＋AMM）/2；

RC2：＝（AMN＋AMM＋CLOSE）/3；

RC3：＝（RC2*RC1）；

RC4：＝EMA（RC3，40）－EMA（RC3，120）；

通过指标的动态翻译，我们知道，第一句源码的意思是：AMM等于昨天的收盘价。

第二句源码的意思是：AMN等于120日以前的收盘价。

第三句源码的意思是：RC1等于收盘价与AMM（昨日收盘价）的平均值。

为什么要平均一下呢？

这主要是为了防止某一日的行情涨跌幅度过大，导致收盘价过高，出现过度的波动。我们用平均的方法可以削弱这种波动，尽量让价格走势的中心值稳定顺畅。

第四句源码的意思是：RC2等于120日前的收盘价、昨日收盘价和今日收盘价的平均值。

我们这样做的目的是要让目前的价格走势与120日中长期的周期内的价格走势尽量保持一致，避免出现过度的起伏。

第五句源码的意思是：RC3等于RC1和RC2相乘的积。这样，我们就可以将两条"线"进行融合，得到一条相对稳健的价格中枢线，这条中枢线是不会因为每日的细微波动而产生起伏的。换言之，RC3就相当于这一指标的负重线，如果行情没有太大的波动，它是不会轻易被短期的行情走势影响到的。只有行情的走势中心线明显变化时，它的走向才会有所改变。这就是我们这个指标的基本条件，一条120日周期的价格走势负重线。

接着，我们再来看一下RC4。

通过动态翻译，我们知道RC4其实就是RC3的40日指数移动平均与RC3的120日指数移动平均的差。

在前面我们讲过用一个短期的价格均价减去长期的价格均价，得出来的就是短期平均价格走势与长期平均价格走势之间的乖离情况。所以，我们的目的就是要通过这一步来计算相对短期的40日RC3的均价走势与长期的120日的RC3的均价走势之间的乖离情况，以确定短期的行情重心有没有出现明显的乖离，如果其出现了明显的下跌乖离，并达到一定的幅度，我们就可以判断出其是否出现严重超卖现象，利用这一原理，我们就可以找到那些经过大幅度的回调之后，出现反升的买入机会了。

按理说，这个指标到此也就结束了。可是，为了能够捕捉到更多的市场信息变化，我们将市场中的获利盘函数也一起融入到这个指标了，并根据获利盘的变化，绘制成具有超买超卖特性的筹码型指标，这样获利盘的走势就会与行情趋势的走势融为一体，明确地反映行情价格走势与市场中的获利盘的综合变化。于是，我们就有了下面的5句源码：

OO：=WINNER（OPEN）*RC4；
CC：=WINNER（CLOSE）*RC4；
HH：=WINNER（HIGH）*RC4；
LL：=WINNER（LOW）*RC4；
CO：=（OO+CC+LL+HH）/4；

这5句源码中，OO代表的是开盘价与RC4的乘积，CC是收盘价与RC4的乘积，HH是最高价与RC4的乘积，LL则是最低价与

RC4的乘积。

这样一来，我们就可以知道每一个价格的获利盘与RC4相乘之后的趋向值，我们就以这个值为基础来评估行情走势和市场中的获利盘的综合变化。而CO则是这四个价位的获利盘乘积的平均值。我们就根据这一获利盘的平均趋向值的变化，来观察行情价格走向和获利盘变化的综合情况，通过这两个方面来综合判断买入时机，并将其按照K线图的样子显示出来。这就是下面的六句源码的内容：

STICKLINE（CO>=0.50，HH，LL，0，0），COLORRED；

STICKLINE（CO>=0.50，CC，OO，5，1），COLORRED；

STICKLINE（CO<0.50，HH，LL，0，0），COLORBLUE；

STICKLINE（CO<0.50，CC，OO，5，1），COLORBLUE；

STICKLINE（CO<0，HH，LL，0，0），COLOR008800；

STICKLINE（CO<0，CC，OO，5，1），COLOR008800；

通过动态翻译，我们知道了上面的六句源码各自的含义。

第一句源码：

STICKLINE（CO>=0.50，HH，LL，0，0），COLORRED；

意思是，当CO>=0.50时，在HH和LL之间画一条单线条的红色柱状线，即在HH的最高点与LL的最高点之间的画一条红色直线连接，代表一根阳K线的上影线和下影线。

第二句源码：

STICKLINE（CO>=0.50，CC，OO，5，1），COLORRED；

意思是，当CO>=0.50时，在CC和OO之间画一条宽度为5的红色空心柱状线。这样经过两次画线处理，一个红色的获利盘K线蜡烛图就画出来了。

为什么我们要设置CO大于等于0.50呢？

因为0.50以下就是我们所设定的超卖区，当行情经过大幅下挫之后，获利盘就会不断减少，CO就会进入超卖区；当获利盘指标大于0.50的时候则说明行情上涨了，已经超越了超卖区，获利盘又在不断增加，属于行情上涨的信号。

第三句和第四句源码的意思也是一样的，只是画线的条件和颜色不同。

第三句源码：

STICKLINE（CO＜0.50，HH，LL，0，0），COLORBLUE；

意思是，当CO＜0.50时，在HH和LL之间画一条单线条的蓝色柱状线。

第四句源码：

STICKLINE（CO＜0.50，CC，OO，5，1），COLORBLUE；

意思是：当CO＜0.50时，在CC和OO之间画一条宽度为5的蓝色空心柱状线。

这样一个蓝色的获利盘K线蜡烛图就画出来了。即当获利盘指标小于0.50时，则说明行情已经进入超卖区，所以我们用蓝色线来表示。

我们综合一下这两句源码的意思就可以知道，当CO小于0.50的时候则说明CO已经进入超卖区，此时就是可以关注和买入的最佳时机了。

而第五句和第六句的意思与上述的大致相同，只是画线的条件和颜色不同，满足这一条件画出来的是绿色线图。我们再来解释一下这两句源码。

第五句源码：

STICKLINE（CO＜0，HH，LL，0，0），COLOR008800；

意思是，当CO＜0时，在HH和LL之间画一条单线条的绿色柱状线。

第六句源码：

STICKLINE（CO＜0，CC，OO，5，1），
COLOR008800；

意思是：当CO＜0时，在CC和OO位置之间画一条宽度为5的绿色空心柱状线。

当CO小于0时，指标就会画出一个绿色的获利盘K线蜡烛图。

我们综合一下这两句源码的意思就可以知道，当CO小于0的时候则说明CO已经进入下跌趋势了，此时就应该是卖出所有股票的最后时机，而不再是买入或持有的最佳时机了。

但是为了更好地实现获利盘线形的趋势走向，更加准确地把握最佳的买入时机，我们在公式中给这一指标加了一条EMA平均线，也就是公式中的倒数第4句源码"CMA：EMA（CO，10）"，作为简单的趋势标示。

而最下面的三句源码：

中轨：0，COLORRED；

上轨：0.50，COLOR008800；

下轨：－0.50，COLOR008800；

则是我们为了能够清楚地看到行情的超买超卖区，而加上去的三条区域标识线而已。

综合上面的讲述，我们知道了这一指标的设计思路和编写方法。据此我们就可以大致掌握狼巡筹码的基本状态和使用方法，那就是：在行情走势经过大幅回调之后，若回调幅度足够大，指标中的获利盘蜡烛图就会进入超卖区，并且此时的获利盘蜡烛图就会变成蓝色的，此时就是投机者择机买入的时期；当行情再次上涨，并向上突破超卖区时，获利盘的蜡烛图就会变成红色的，此时就是投机者坚定持有的时期；而当行情向下击破0线时，获利盘的蜡烛图就会变成绿色的，这说明行情有可能从此步入长期下跌的走势之中，属于空仓持币的时机。

我们来看一下这一指标在现实中的实用效果如何。如图2－8－37～图2－8－40中所示。

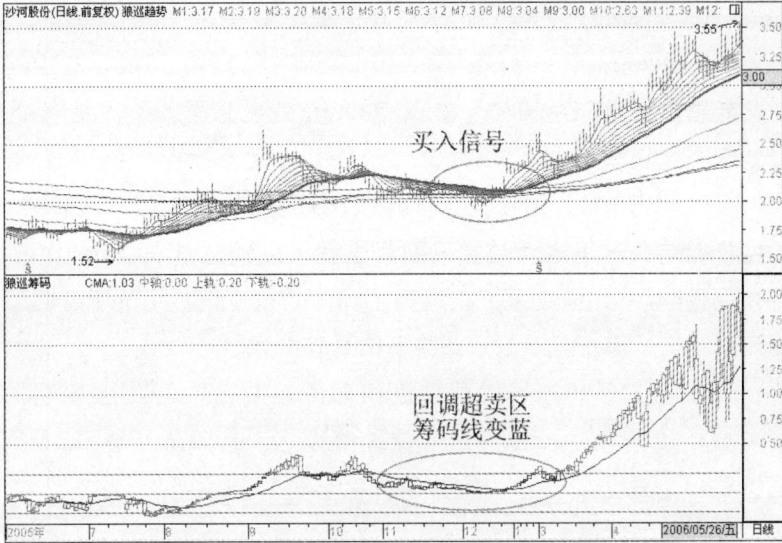

图2-8-37

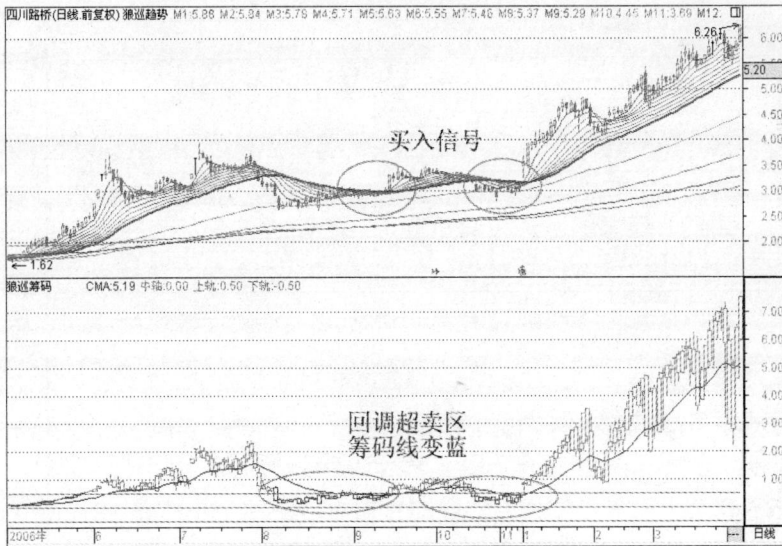

图2-8-38

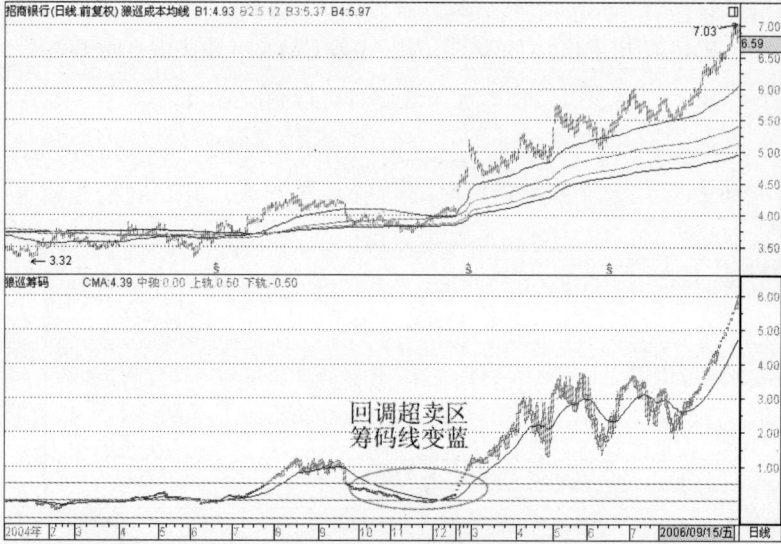

图2-8-39

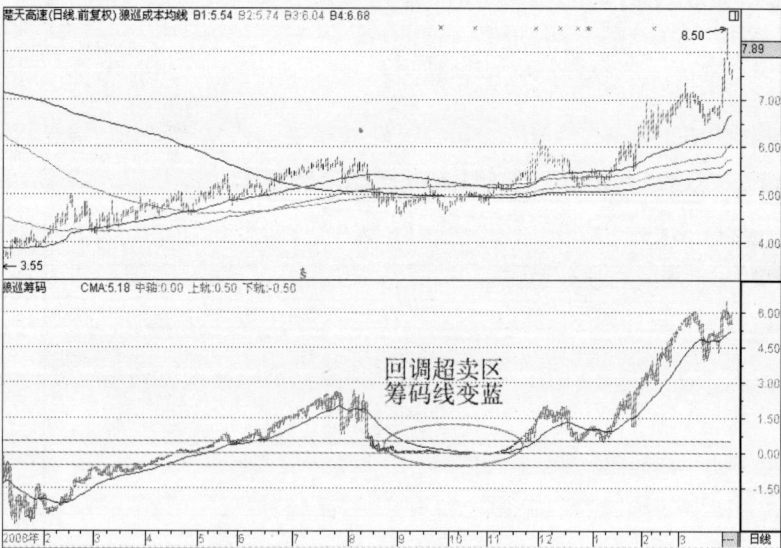

图2-8-40

从这些图示中我们可以看到，当行情走势刚刚进入长期趋势之时，若出现大幅度的回调，狼巡筹码指标就会进入超卖区，此时指标就会发出蓝色信号，提示投机者可以关注行情的进一步发展；当狼巡筹码线在超卖区内的0线上方，上穿CMA平均线时，就属于一个胜算较高的买入信号，投机者在此时可以建立仓位。

通过上面的图示和讲述，我们知道了如何编写趋势指标和趋势辅助指标，以及编写指标时的一些基本方法，并且我们也知道了如何将这些指标结合起来实际应用。

我们将上面所述的内容综合一下，做一个简明扼要的总结，那就是：趋势指标实际上就是在编写一个周期内的平均价格或成本平均价格等具有平均意义的趋向指标，属于具有明显的趋向性指标。

四　通道型指标的设计方法

最具代表性的通道指标就是我们所熟悉的BOLL布林指标，也叫保力加通道指标，这一指标的设计及原理依赖的就是我们在前面曾提到的通道原理，即价格始终在某一区域内围绕某一均价线上下波动：当通道收缩时，说明行情的波动在不断缩小，行情倾向于稳定；当行情价格由收口处不断放大时，意味着行情的走势正处于上涨或下跌之中；当通道的上下轨道开始收缩时，则意味着行情上涨和下跌的走势不久将出现停止，甚至会出现反转。

在所有的通道指标计算中，因为BOLL布林指标中引进了统计学中的标准差概念，涉及中轨线（MB）、上轨线（UP）和下轨线（DN）的计算，所以BOLL布林指标的计算方法也显得较为复杂。我们来看一下以短期日线BOLL布林指标的计算方法。

BOLL布林指标的计算过程：

（1）计算MA

MA＝N日内的收盘价之和÷N

（2）计算标准差MD

MD＝平方根N日的（C－MA）的两次方之和除以N

（3）计算MB、UP、DN线

MB＝（N－1）日的MA

$$UP = MB + 2 \times MD$$
$$DN = MB - 2 \times MD$$

通过BOLL布林指标的计算过程，我们知道了这一指标的运算是非常复杂的，在现实当中我们不需要如此复杂地每日计算行情的估算标准差，我们只需要将估算标准差的函数STD直接插入到公式中即可。于是，这一指标的公式源码就会变得非常简单了，如下所示。

BOLL布林指标的公式源码：

```
BOLL：MA (CLOSE, N)；
UPPER：BOLL + 2*STD (CLOSE, N)；
LOWER：BOLL - 2*STD (CLOSE, N)；
```

BOLL布林指标的动态翻译：

输出BOLL：收盘价的N日简单移动平均

输出UPPER：BOLL + 2*收盘价的N日估算标准差

输出LOWER：BOLL - 2*收盘价的N日估算标准差

在上面，我们简单了解了BOLL布林指标的设计原理和计算方法，但我并不打算讲述一些常用指标的应用方法，本书的宗旨是要教给投机者一些开发新指标的方法和步骤。所以，接下来我们就来讲述一下如何利用BOLL布林指标的设计原理，重新开发另一个新指标，让其与趋势指标相互彰显，各展所长，让投机者不但能够更好地把握趋势，还能够根据通道的收缩把握最佳的交易时机。其设计方法就是将我们平常所见的平均线公式与BOLL布林指标融在一起，并将250MA平均线作为日线图中的通道中轨，这样我们就可以很好地判断市场的长期趋势走向，以及行情在通道内的波动情况了。我们暂将这一指标命名为狼巡压力通道。公式源码如下：

狼巡压力通道公式源码：

```
RSV：= (HIGH + LOW + OPEN + CLOSE) / 4；
MA1：MA (RSV, 250)，LINETHICK2；
```

MA2：MA（RSV，120）；

MA3：MA（RSV，60）；

MA4：MA（RSV，20）；

MA5：MA（RSV，10）；

MA6：MA（RSV，5）；

UP：MA1＋2*STDP（HIGH，250）；

LW：MA1－2*STDP（LOW，250）；

狼巡压力通道动态翻译：

RSV赋值：（最高价＋最低价＋开盘价＋收盘价）／4

输出MA1：RSV的250日简单移动平均，LINETHICK2

输出均线：RSV的120日简单移动平均

输出MA3：RSV的60日简单移动平均

输出MA4：RSV的20日简单移动平均

输出MA5：RSV的10日简单移动平均

输出MA6：RSV的5日简单移动平均

输出UP：MA1＋2*最高价的250日总体标准差

输出LW：MA1－2*最低价的250日总体标准差

我们再来看一下这一指标在实际交易中的应用效果如何。如图2－8－41～图2－8－44中所示。

从这些图示中我们可以看到，当长期的BOLL通道收缩至250中轴价格的30%以内时（这一比例越小越好），若行情运行于250中轴线上方或上穿中轴线，并形成上涨趋势，且中短期的均线全部向上发散时，就属于胜算较高的买入信号。

上面我们讲述的是BOLL布林指标在日线图中的使用方法，接下来，我们再讲一下这一指标在周线图中的使用方法。

在《如何选择超级黑马》一书中，我曾讲述过日线图与周线图之间的周期转换关系，即日线中的250MA平均线实际上就相当于周线图中的50MA平均线，120MA平均线实际上就相当于周线图中的24MA平均线，50MA平均线实际上就相当于周线图中的10MA平均

图2-8-41

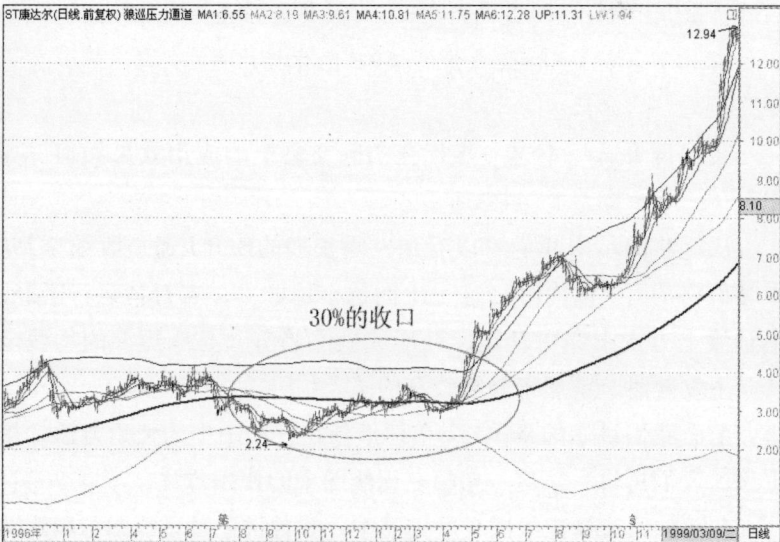

图2-8-42

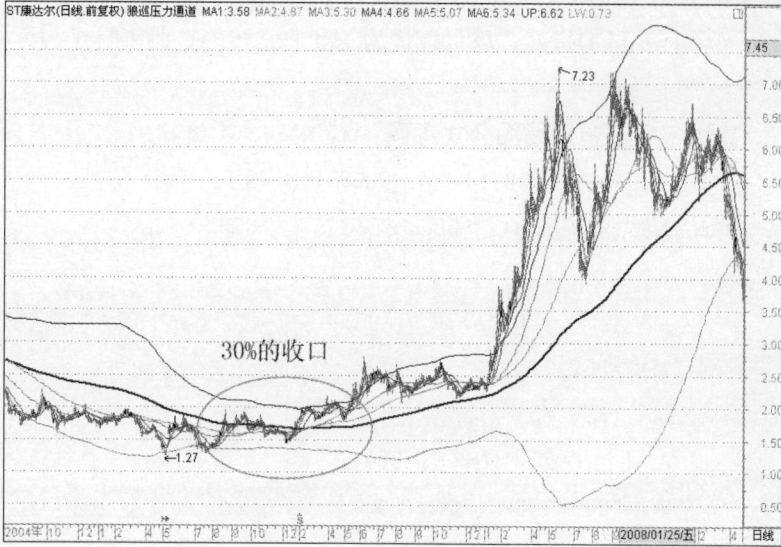

图2-8-43

图2-8-44

线，30MA平均线实际上就相当于周线图中的6MA平均线。通过这样的周期转换，我们也可以将这一指标应用到周线图中，我们只需要将BOLL布林指标的参数简单地设置为5、10、20、30、50即可。然后配合上MACD指标，就可以成为一套非常棒的选股工具了。

狼巡压力通道周线图公式源码：

```
RSV：＝（HIGH＋LOW＋OPEN＋CLOSE）／4；
MA1：MA（RSV，50），LINETHICK2；
MA2：MA（RSV，30）；
MA3：MA（RSV，20）；
MA4：MA（RSV，10）；
MA5：MA（RSV，5）；
UP：MA1＋2.1*STDP（HIGH，50）；
LW：MA1－2.1*STDP（LOW，50）；
```

我们将指标引入系统中，看一下应用效果如何。如图2－8－45～图2－8－50中所示。

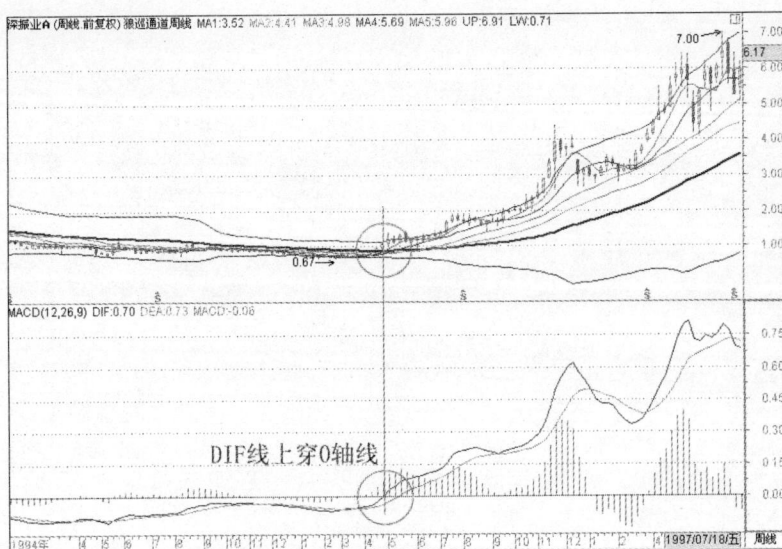

图2－8－45

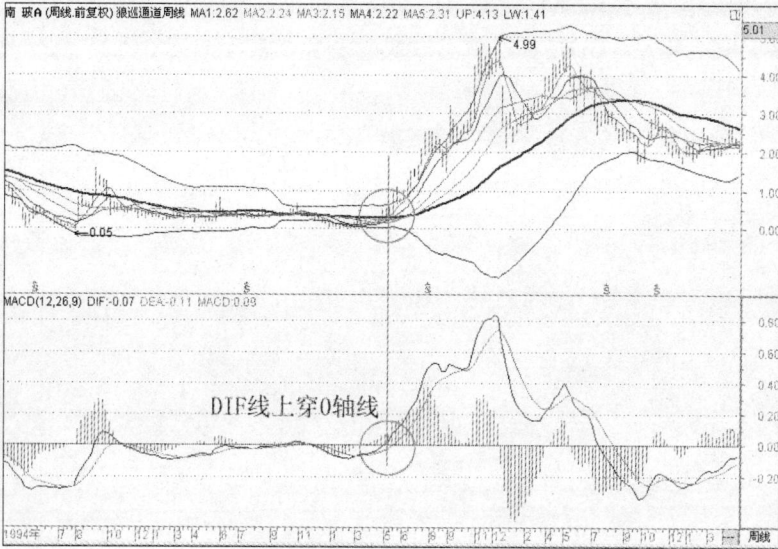

图2-8-46

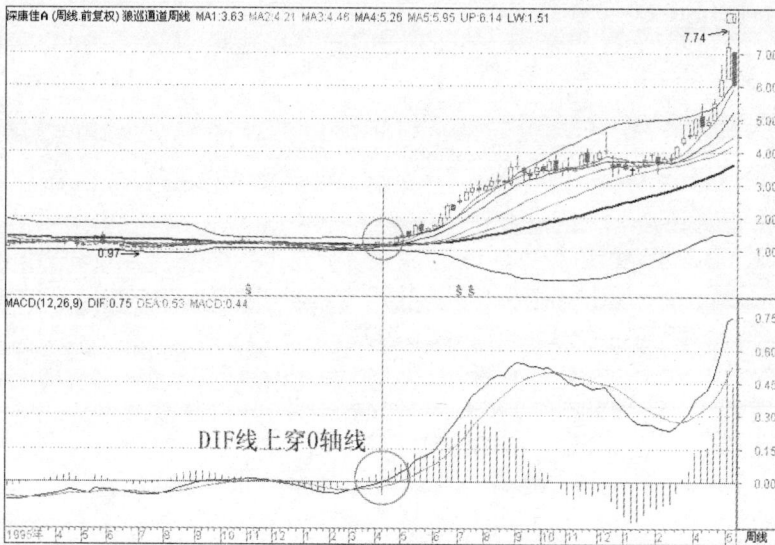

图2-8-47

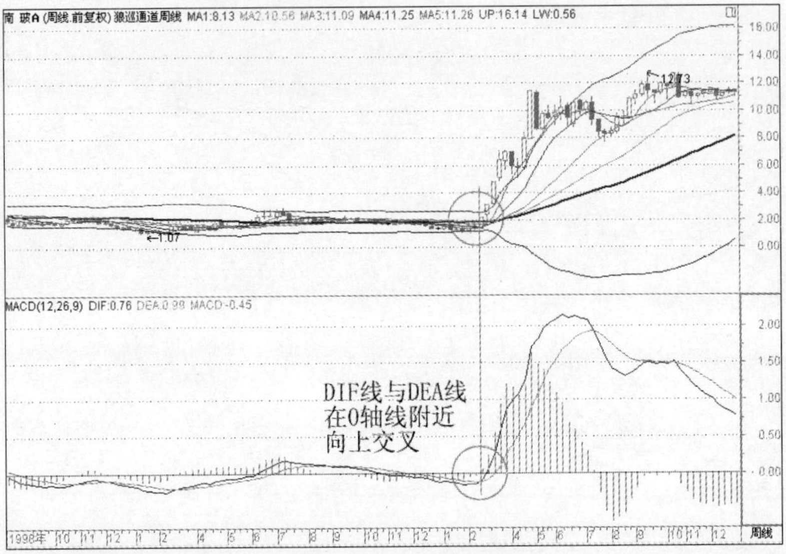

图2-8-48

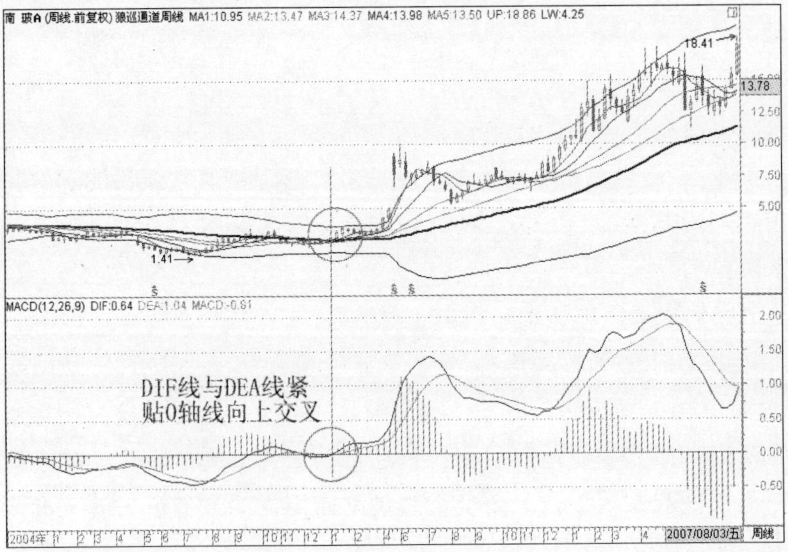

图2-8-49

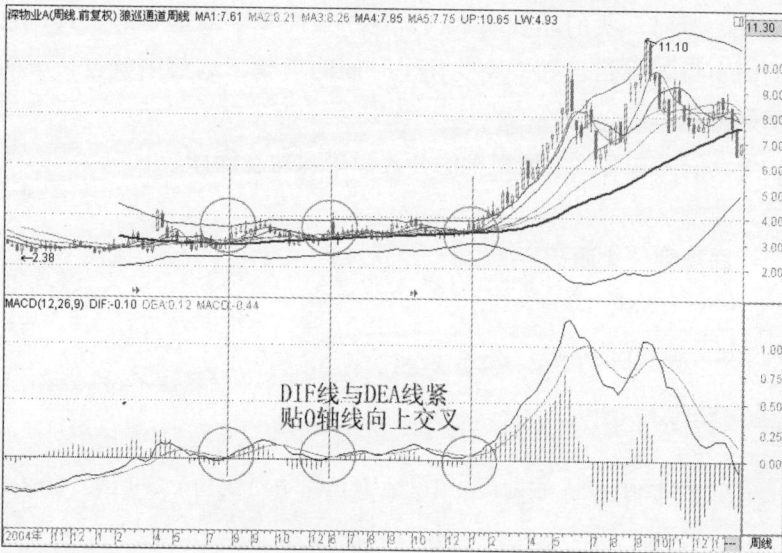

图2-8-50

　　从这些图示中我们可以看到，当通道指标的收口处为中轴价格的30%以内时，若此时其主图下方的MACD指标的DIF线上穿0轴线，或在0轴线附近或紧贴0轴线形成黄金交叉时，就属于一个胜算较高的长线买入信号。

　　上面我们讲述的是通道指标与趋势指标相互结合的一种实用的交易系统，接下来，我再为投机者讲解一种非常实用的通道型指标周规则指标与一种抛物线止损指标SAR指标相互结合的系统开发技巧。

　　我们先来简单认识一下周规则指标。

　　周规则也称为周价格管道，是由理查德·唐迁（Richard Donchian）发明的，它是一种追随趋势的自动交易系统。周规则的使用方法非常简单：只要价格超出前四周内的最高价，就平掉空头仓位转做多头；只要价格跌破前四周内的最低价，就平掉多头仓位转做空头。

　　在过去十年中，随着计算机技术的进步，越来越富于想象力的系统和指标频频出现，技术指标也开始变得越来越复杂。当然这其中也有些不妥的倾向，人们往往忽视那些最简单、最基本的工具。然而，我们却必须承认，这些最简单、最基本的工具，它们的实用效果相当好，经受住了时间的考验，这其中就包括了周规则指标。

我们先来看一下周规则的公式源码和动态翻译。

周规则公式源码：

```
HHV (HIGH, N1) ;
LLV (LOW, N2) ;
DRAWICON (CLOSE>REF (HHV (HIGH, N1) , 1) , HHV (HIGH,
N1) , 5) ;
DRAWICON (CLOSE<REF (LLV (LOW, N2) , 1) , LLV (LOW,
N2) , 6) ;
```

周规则动态翻译：

N1日内最高价的最高值

N2日内最低价的最低值

当满足条件最高价＞昨日N1日内最高价的最高值时，在N1日内最高价的最高值位置画5号图标

当满足条件最低价＜昨日N2日内最低价的最低值时，在N2日内最低价的最低值位置画6号图标

在实际应用当中，投机者也可以对周规则进行修正，比如当行情突破4周时，就是建仓信号，但为了尽可能多地保护利润不会流失，也可以将最低价的周期参数设置为2周，作为平仓的信号。也可以将周规则的参数值改为8和4，换言之，建仓时必须要等到行情出现了"8周突破"时才能建立头寸，但是只要朝相反方向突破4周的最低点，就是一个平仓信号。之后，投机者一直等到下一个四周突破或8周突破信号出现时再重新入市。

下面就是周规则的实际应用情况。如图2－8－51和图2－8－52中所示。

从图示中我们可以看到，当行情突破8周最高价的最高值时，

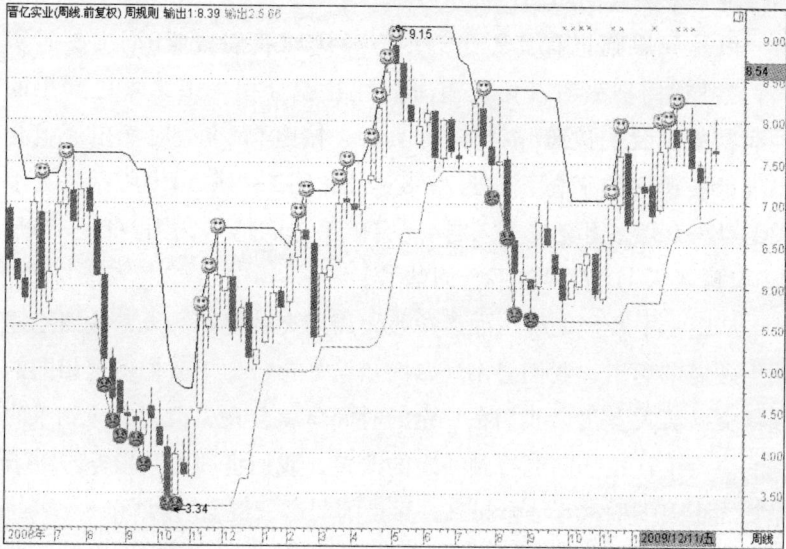

图2－8－51

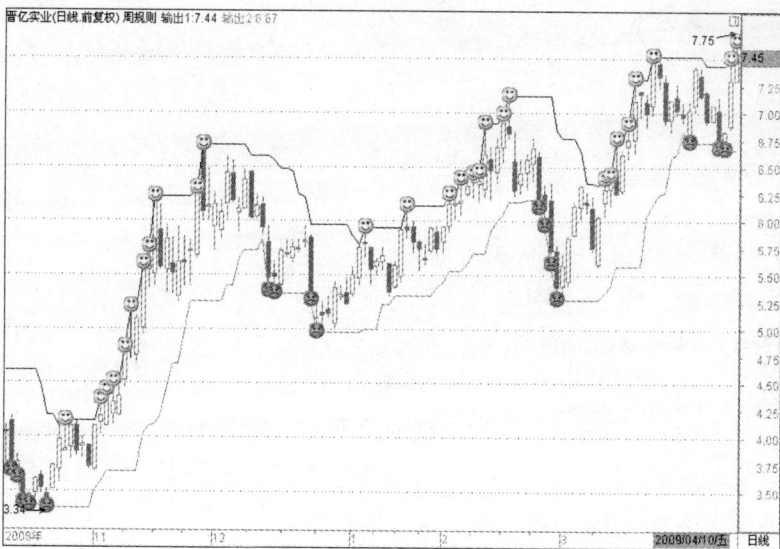

图2－8－52

周规则的上轨处就会出现一个笑脸图形，提示投机者可以建仓买入了；当行情向下突破8周最低价的最低值时，周规则的下轨处就会出现一个哭脸的图形，提示投机者平仓。

但是周规则也有其不足的地方，比如我们按照8周突破时买入，按照8周突破时卖出，有时候往往就会损失很多本已到手的利润；如果我们按照8周突破时买入，按照4周突破时卖出，就会出现很多错误的平仓。如图2-8-53和图2-8-54中所示。其中图2-8-53是8周突破买入与4周突破平仓的信号，图2-8-54是8周突破买入与8周突破平仓的信号。

从图示中我们发现，如果按照大周期突破规则买入，按照小周期突破规则卖出，我们会出现多次错误平仓；如果我们按照相同的周期突破买入卖出，我们在一定的时间里就会丧失很多本应到手的利润。为了让这一问题得到一定的改善，我们将周规则指标与SAR抛物线止损指标相互结合起来，尽量削弱这一现象的影响。

我们先来看一下融入SAR抛物线止损指标之后的周规则公式源码和动态翻译。

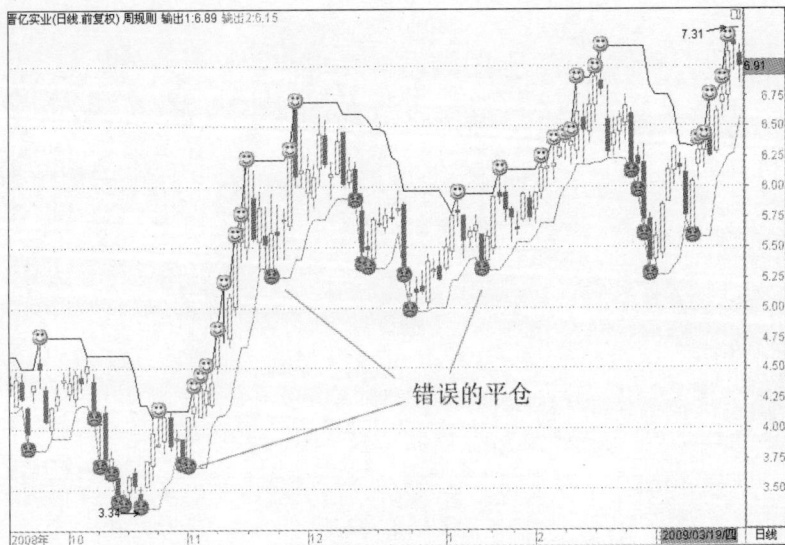

图2-8-53

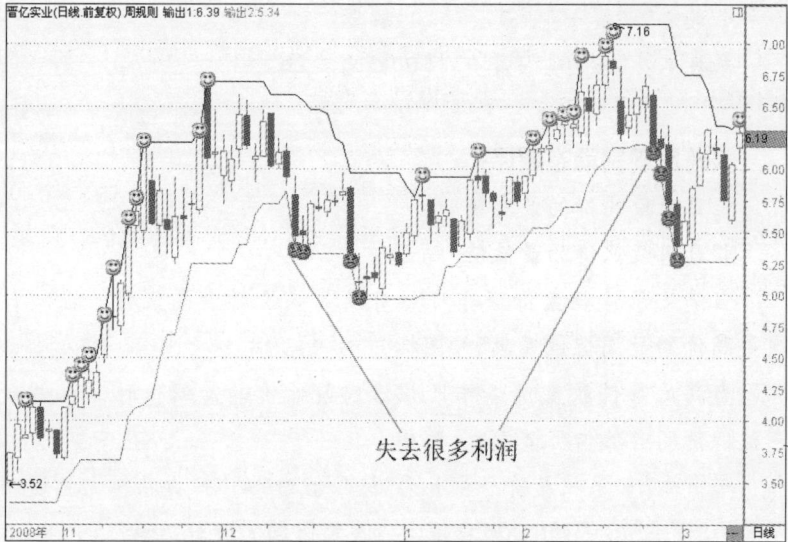

图2-8-54

狼巡周规则公式源码:

HHV (HIGH, N1) ;

LLV (LOW, N2) ;

DRAWICON (CLOSE＞REF (HHV (HIGH, N1) , 1) , HHV (HIGH, N1) , 5) ;

DRAWICON (CLOSE＜REF (LLV (LOW, N2) , 1) , LLV (LOW, N2) , 6) ;

A: IF (CLOSE＞SAR (N, S, M) , SAR (N, S, M) , DRAWNULL) , COLORRED;

B: IF (CLOSE＜SAR (N, S, M) , SAR (N, S, M) , DRAWNULL) , COLORGREEN;

SAR1: SAR (N, S, M) , LINETHICK0;

DRAWICON (SAR1＞=H, SAR1, 2) ;

DRAWICON (SAR1＜=L, SAR1, 1) ;

参数名: N1最小: 1最大: 100缺省: 8

参数名: N2最小: 1最大: 100缺省: 8

参数名: N最小: 1最大: 100缺省: 4

参数名：S最小：1最大：100缺省：1

参数名：M最小：1最大：100缺省：20

狼巡周规则动态翻译：

N1日内最高价的最高值

N2日内最低价的最低值

当满足条件收盘价＞昨日N1日内最高价的最高值时，在N1日内最高价的最高值位置画5号图标

当满足条件收盘价＜昨日N2日内最低价的最低值时，在N2日内最低价的最低值位置画6号图标

输出A：如果收盘价＞步长为S极限值为M的N日抛物转向，返回步长为S极限值为M的N日抛物转向，否则返回无效数，画红色

输出B：如果收盘价＜步长为S极限值为M的N日抛物转向，返回步长为S极限值为M的N日抛物转向，否则返回无效数，画绿色

输出SAR1：步长N为极限值为M的S日抛物转向，LINETHICK0

当满足条件SAR1＞＝最高价时，在SAR1位置画2号图标

当满足条件SAR1＜＝最低价时，在SAR1位置画1号图标

我们再来看一下融入SAR抛物线止损指标之后的指标实际效果。如图2-8-55和图2-8-56中所示。

通过图示我们可以看到，经过改良之后的周规则指标的确在卖出时机上得到了一定的改善。但我还需要说明一点的是，这种改善也不是绝对的，它可能在有些地方得到改善，但在另一方面也会出现一些弊端，所以我们在应用这一指标的时候，应尽量综合考量。

记住，善断者，不独断。善于作出最终决策的人，通常都是综合多种条件之后才作出最终决断的。比如，我们在应用这一系统的过程中，如果行情处于长期上涨的趋势之中，并且出现了明显的超买情况，系统也发出了SAR卖出信号（指标中的向下的绿色箭头）时，投机者应考虑减少仓位以防风险，一直等到周规则出现哭脸卖出信号时，再全部平仓。如果周规则没有出现哭脸卖出信号，或再次出现上涨笑脸，就属于继续持有剩余仓位的时

图2-8-55

图2-8-56

期；如果SAR卖出信号和周规则的哭脸卖出信号同时出现，那么及时出局就是最好的策略。买入也是如此，如果系统也发出了SAR买入信号（指标中的向上的红色箭头）时，投机者应考虑少量建仓以防风险，一直等到周规则出现了笑脸买入信号时，再加码买进。如果周规则没有出现笑脸买入信号，而是出现下跌哭脸，就属于平掉所建仓位的止损信号。总之，我们要采用一定的策略和规则，来弥补指标中出现的不足。

<table>
<tr><td>五</td><td>大盘对比指标的设计方法</td></tr>
</table>

将个股的走势与大盘的走势相互对比，可以很容易地选出那些领先大盘上涨的股票。可是很多行情软件中的大盘指标，只能够简单地叠加到主图行情中，无法通过准确的量化的标准，对个股和大盘的行情走势进行全面而细致的对比，并进行具有实质意义的机会判断。所以，为了得到准确的行情对比结果，投机者不得不来来回回地翻看大盘行情，非常不方便。

那么，我们能不能想一个办法，将完整的大盘走势图和MA平均线融合在一起，编写出一个可以量化的附图指标，叠加到行情软件的附图中，随时对比个股行情走势与大盘行情走势之间的关系呢？

答案是肯定的。

接下来，我们就来讲述一下如何应用大盘函数，将大盘的走势叠加到行情软件的附图中。

首先，我们要引用绘图函数STICKLINE和大盘函数INDEXC（大盘收盘价）、INDEXO（大盘开盘价）、INDEXH（大盘最高价）、INDEXL（大盘最低价）。

接着，我们就在公式编辑器中插入绘图函数STICKLINE，这时候，公式编辑器中会出现"STICKLINE（，，，，）"字符串，这个字符串的意思就是：当满足X条件时，在X和X位置之间画柱状线，以及画多宽的空心柱。

例1：STICKLINE（CLOSE＞OPEN，CLOSE，OPEN，0.8，1）表示当收盘价大于开盘价的时候，就在收盘价和开盘价之间，画K线中阳线的空心柱体部分。

例2：STICKLINE（CLOSE>OPEN，HIGH，LOW，0，1）表示当收盘价大于开盘价的时候，就在最高价和最低价之间，画K线中阳线的实心线状柱体部分，也就是上下影线。

通过这两句实例的解释，我们知道了如何采用绘图函数STICKLINE来画一根完整的K线。大盘K线的画法也与此相同，我们只需要将大盘函数INDEXC（大盘收盘价）、INDEXO（大盘开盘价）、INDEXH（大盘最高价）、INDEXL（大盘最低价）各自引入到不同的绘图函数中即可。

我们来看一下，如何利用大盘函数和绘图函数来绘制大盘走势的K线图。

大盘K线公式源码：

```
STICKLINE (INDEXC>=INDEXO，INDEXH，INDEXL，0，1)，
COLORRED；
    STICKLINE (INDEXC>=INDEXO，INDEXC，INDEXO，0.8，1)，
COLORRED；
    STICKLINE (INDEXC<=INDEXO，INDEXH，INDEXL，0，1)，
COLOR008800；
    STICKLINE (INDEXC<=INDEXO，INDEXC，INDEXO，0.8，1)，
COLOR008800；
```

大盘K线动态翻译：

当满足条件收盘价>=开盘价时，在最高价和最低价位置之间画柱状线，宽度为0，1不为0则画空心柱.，画红色

当满足条件收盘价>=开盘价时，在收盘价和开盘价位置之间画柱状线，宽度为0.8，1不为0则画空心柱.，画红色

当满足条件收盘价<=开盘价时，在最高价和最低价位置之间画柱状线，宽度为0，1不为0则画空心柱.，COLOR008800

当满足条件收盘价<=开盘价时，在收盘价和开盘价位置之间画柱状线，宽度为0.8，1不为0则画空心柱.，COLOR008800

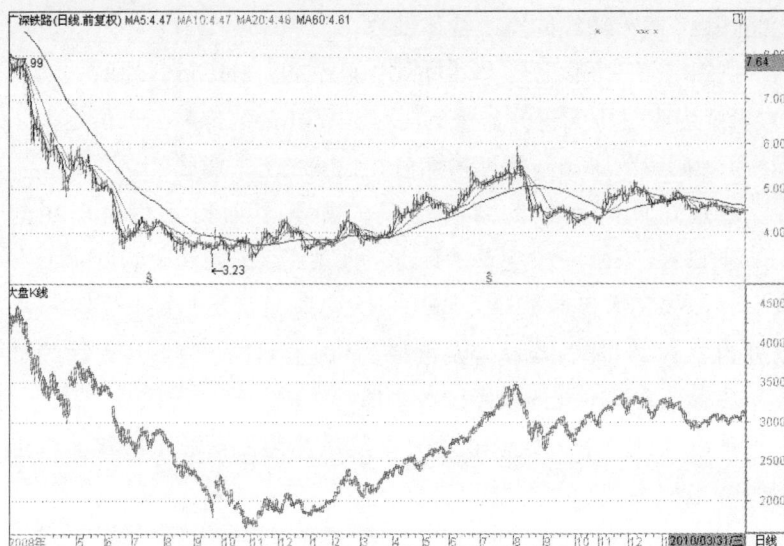

图2-8-57

　　我们再来看一下新编写的大盘K线图指标叠加到行情软件附图中的效果如何，看看能不能达到我们的预期。如图2-8-57中所示。

　　通过图示我们看到，新编写的大盘K线附图指标与实际的大盘走势完全一致。但是，这个大盘行情指标中没有MA平均线，所以它无法给我们提供一个精准的、可量化的行情趋势的变化标准。为了弥补这种不足，我们再将MA平均线趋势指标引入其中，将两者完美地结合起来。这样，就相当于把整个大盘的行情走势图全都搬到附图中来了。我们只需要将大盘和个股的MA平均线参数设置成相同的周期（参数设置为5、10、20、60、120、250），然后再将两者的行情走势相互对比一下，就可以准确地对比出个股与大盘的强弱，找到那些走势强于大盘的强势股了。而这个融入MA平均线之后的大盘指标，就是我在《如何选择超级黑马》一书中所讲述的一个选股指标，其公式源码如下：

狼巡大盘叠加指标MA公式源码：

```
STICKLINE (INDEXC>=INDEXO, INDEXH, INDEXL, 0, 1),
```

```
COLORRED;
    STICKLINE (INDEXC > = INDEXO, INDEXC, INDEXO, 0.8, 1),
COLORRED;
    STICKLINE (INDEXC < = INDEXO, INDEXH, INDEXL, 0, 1),
COLOR008800;
    STICKLINE (INDEXC < = INDEXO, INDEXC, INDEXO, 0.8, 1),
COLOR008800;
    MA30: MA (INDEXC, 5);
    A30: MA (INDEXC, 10);
    MA60: MA (INDEXC, 20);
    MA120: MA (INDEXC, 60);
    MA250: MA (INDEXC, 120);
    MA350: MA (INDEXC, 250);
```

我们再来看一下这一指标的实际效果如何。如图2-8-58和图2-8-59中所示。

从图示中我们可以看到，此时附图中的大盘行情走势图与个

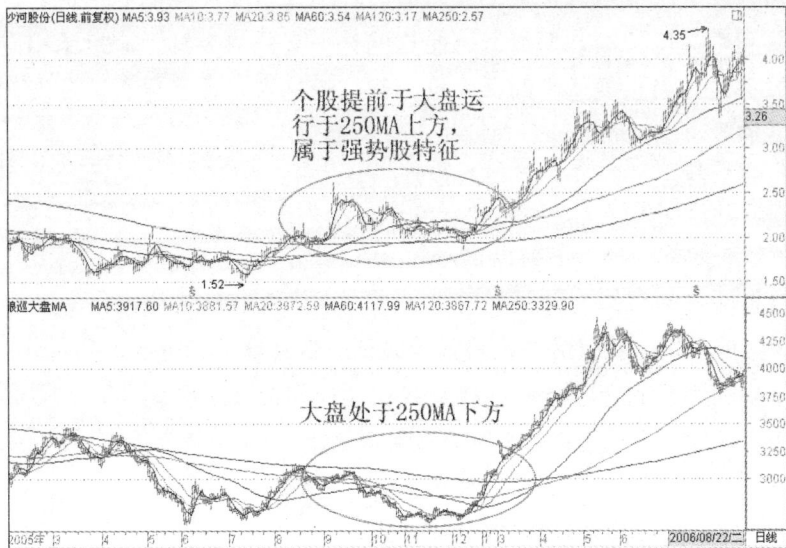

图2-8-58

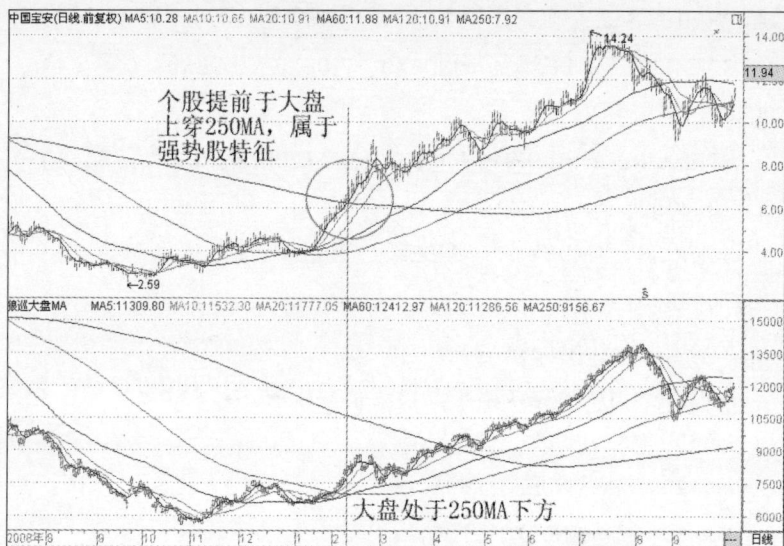

中国宝安(日线,前复权) MA5:10.28 MA10:10.65 MA20:10.91 MA60:11.88 MA120:10.91 MA250:7.92

个股提前于大盘
上穿250MA，属于
强势股特征

银迹大盘MA MA5:11309.80 MA10:11532.30 MA20:11777.05 MA60:12412.97 MA120:11286.56 MA250:9156.67

大盘处于250MA下方

图2-8-59

股行情走势图完全处于同一平台，我们只需要拉动行情软件中的
箭头左右拖动一下，就能够清楚地对比出个股与大盘的强弱了。
当个股的走势强于大盘，提前于大盘运行于120MA、250MA平均
线上方或上穿120MA、250MA平均线的时候，就说明个股的走势
是领先于大盘进入长期上涨趋势的。如果这支股票的业绩优秀，
盈利率又比较高，那很有可能这就是一支强势黑马，应给予相应
的关注，当出现适当的买入机会时，投机者可适当建仓。反之，
我们就可以判断其为走势弱于大盘的弱势股。

第三章

Chapter3

让你的指标发出买卖信号

在设计指标的时候，有些指标的编写会比较复杂，需要多个条件，如果都使用相同的线形发出交易信号，就会非常混乱，因为各指标条件的计算方法不同，会导致数值之间的线形显示相互遮掩，或出现数值较大的条件过度挤压数值较小的条件的现象。为了能够清楚地展示多个不同的指标信号，我们就要采用绘图函数，来绘制不同形态的指标信号。这样，指标中的各种信号就能够一目了然了，不会产生不必要的混淆。

当然，除此之外，很多投机者为了让自己的指标更具特点，清楚地展示行情走势的变化，也会采用绘图函数，将自己的指标打扮得漂漂亮亮、充满个性。

在这一章中，我们就来详细讲述如何让你的指标更有个性，更能明确展示指标信号的变化。

第一节 交叉信号的设计方法

Section1

交叉信号是投机者最常用也最简单的信号设计方法。因为它没有过多的条件设计，只需要用逻辑交叉函数CROSS将指标的不同周期的线形进行交叉即可。我们以MACD指标的黄金交叉为例。我们设定MACD指标的DIF线在底部上穿DEA线为黄金交叉买入信号。此时的公式源码就应如下。

MACD指标底部金叉信号公式源码：

```
DIF：=EMA (CLOSE, 12) -EMA (CLOSE, 26) ;
DEA：=EMA (DIF, 9) ;
MACD：= (DIF-DEA) *2;
A1：=DIF<-1;
A2：=DEA<-1;
CROSS (DIF, DEA) AND A1 AND A2;
```

MACD指标底部金叉信号动态翻译：

DIF赋值：收盘价的12日指数移动平均－收盘价的26日指数移动平均

DEA赋值：DIF的9日指数移动平均

MACD赋值：（DIF－DEA）*2

A1赋值：DIF＜－1

A2赋值：DEA＜－1

DIF上穿DEA AND A1 AND A2

　　我们来看一下这种信号模式在实际应用中的效果如何。如图3－1－1～图3－1－4中所示。

　　从上面的公式源码中我们可以看到，我们将MACD指标的源码隐藏以后，在下面加了如下3句源码字符：

A1：＝DIF＜－1；

A2：＝DEA＜－1；

CROSS（DIF，DEA）AND A1 AND A2；

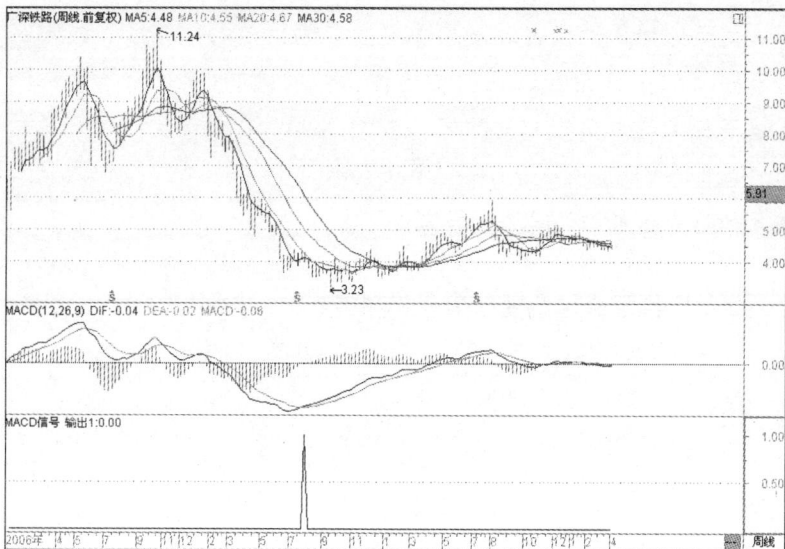

图3－1－1

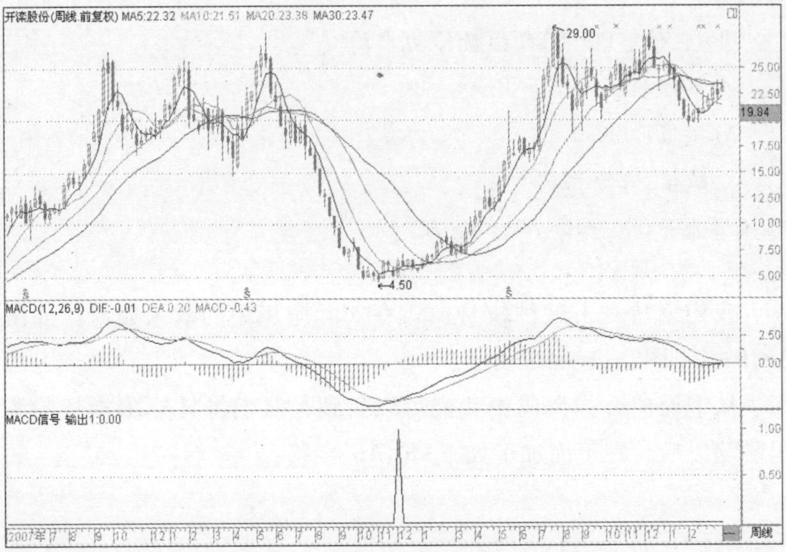

图3-1-2

图3-1-3

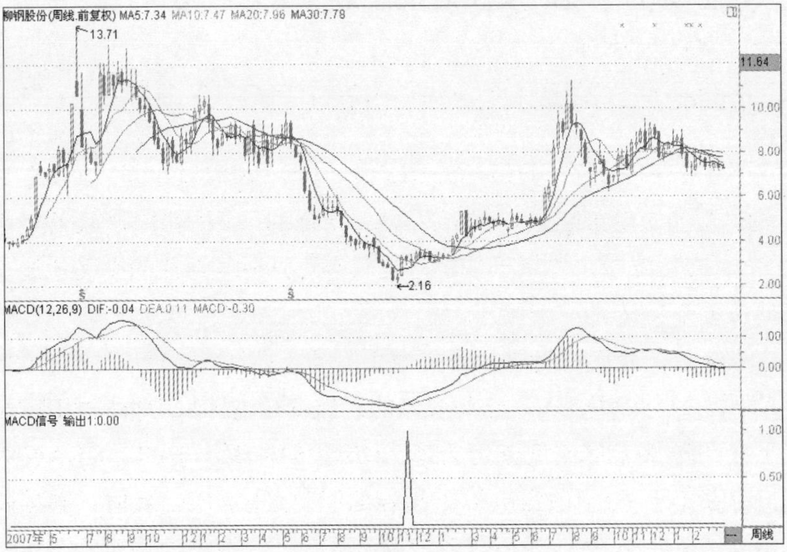

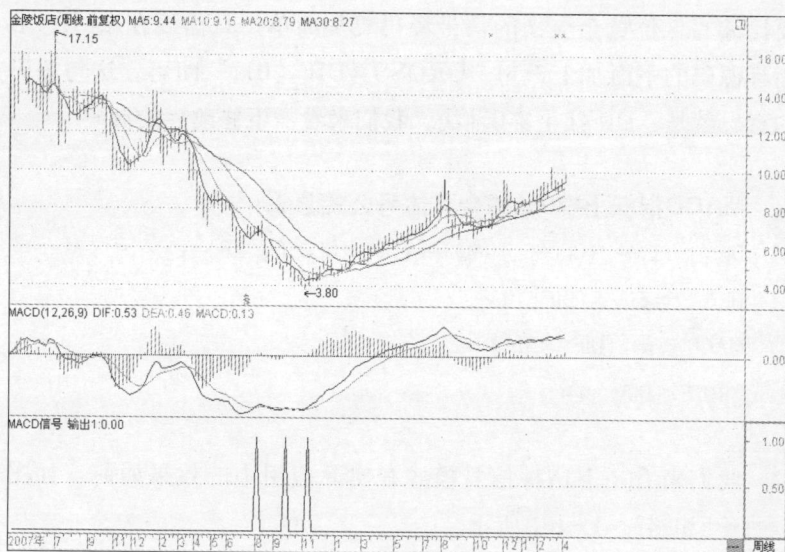

图3-1-4

我们来解释一下这三句源码的含义。

其中，A1的输出条件为DIF＜－1，这句源码的意思就是要求DIF线要小于－1；A2的输出条件为DEA＜－1，这句源码的意思就是要求DEA线也要小于－1。这是因为，我们需要DIF线和DEA线在一个相对的低位出现黄金交叉，这才是低位黄金交叉的定义。我们将MACD指标的DIF线和DEA线的值小于－1设定为MACD指标的低位，即只有MACD指标的DIF线和DEA线处于小于－1的位置时，才属于低位，也只有在这时候形成的交叉才属于低位黄金交叉。

于是，我们就将这一公式源码写为：CROSS（DIF，DEA）AND A1 AND A2。这句源码的意思就是当MACD指标的DIF线上穿DEA线，形成黄金交叉时，DIF线的值要小于－1，DEA线的值也要小于－1。即当MACD指标的DIF线上穿DEA线时，必须同步满足条件A1和A2，所以我们用函数AND将这三个同步的条件连接起来。这样，一个低位黄金交叉的信号系统就完成了。

MACD指标中还有一种黄金交叉形式，就是0轴线黄金交叉，即DIF线上穿0轴线时的黄金交叉。编写这样的黄金交叉信号源码要比编写低位黄金交叉的信号源码更加简单,只需要在原MACD指标源码的下面加上一句"CROSS(DIF,0)"即可。这句源码的意思就是:DIF线上穿0轴线。我们来看一下修改后的源码。

MACD指标上穿0轴线金叉信号公式源码:

DIF:=EMA(CLOSE,12)—EMA(CLOSE,26);

DEA:=EMA(DIF,9);

MACD:=(DIF—DEA)*2;

CROSS(DIF,0);

我们来看一下这种信号模式在实际应用中的效果如何。如图3-1-5和图3-1-6中所示。

最后,我们再来讲述一下MACD指标的第三种黄金交叉的信号设计方法,即DIF线与DEA线在0轴线上方紧贴0轴线发出的黄金交叉信号。

在设计这一信号之前,我们要先知道这种黄金交叉的量化标准,即我们要先为这一信号模式设定一个比较合理的交叉范围,

图3-1-5

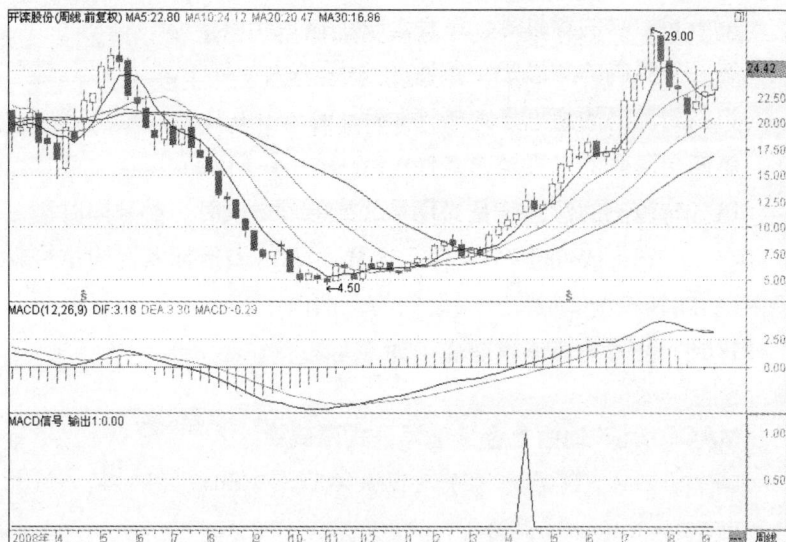

图3－1－6

因为我们很希望MACD指标的DIF线和DEA线能够紧贴0轴线向上交叉。但如果是这样的话，条件的设定就会显得过于苛刻，因为如果一定要设定DIF线紧压0轴线交叉，这一量化数值就会非常狭小。事实上，MACD指标的DIF线和DEA线紧压0轴线交叉还会有很多形式，如果我们采用一种过于苛刻的固定的量化标准，MACD指标很可能会在很长一段时间里都发不出信号，甚至放弃很多优秀的机会。所以，我们应将这一标准设定一个范围，以扩大信号的发生率。在这里，我们可以将出现这一黄金叉的位置，设定为0轴线上0.3之内，即在0轴线至0轴线上0.3之间的范围内发出的黄金交叉为0轴线黄金交叉。这样，我们只需要在MACD指标信号的源码下面加上如下一段源码即可：

```
A1：＝DIF＞＝0；
A2：＝DEA＞＝0；
A3：＝DIF＜0.3；
A4：＝DEA＜0.3；
CROSS (DIF，DEA) AND A1 AND A2 AND A3 AND A4；
```

第一句源码的意思是，条件A1为DIF大于等于0；

第二句源码的意思是，条件A2为DEA大于等于0；

第三句源码的意思是，条件A3为DIF小于0.3；

第四句源码的意思是，条件A4为DEA小于0.3；

第五句源码的意思就是当DIF线上穿DEA线时，必须同时满足A1、A2、A3、A4这四个条件。这样，MACD指标发出的信号就会限制在0轴线至0轴线上0.3之间的范围内了。

这时，公式的源码就变成了如下写法。

MACD指标0轴线上金叉信号公式源码：

```
DIF：=EMA (CLOSE, 12) -EMA (CLOSE, 26) ;
DEA：=EMA (DIF, 9) ;
MACD：= (DIF-DEA) *2;
A1：=DIF>=0;
A2：=DEA>=0;
A3：=DIF<0.3;
A4：=DEA<0.3;
CROSS (DIF, DEA) AND A1 AND A2 AND A3 AND A4;
```

我们再来看一下这一信号模式的实际应用效果如何。如图3-1-7和图3-1-8中所示。

从图示中我们可以看到，当轴线图中的股价走势经过充分的回调整理之后，如果MACD指标紧贴0轴线向上交叉，信号基本上能够准确无误地发出买入信号。

那么，我们能不能将这三种金叉信号形式，全部罗列到一个信号指标中，并有秩序地发出不同的警示呢？

答案当然是肯定的。我们只需要将上述的交叉条件，全部加入到同一个信号指标中，并将不同的条件重新修改成不同的条件名称，不致重复即可。现在，我们就将这一指标的不同的信号编写出来，公式源码如下。

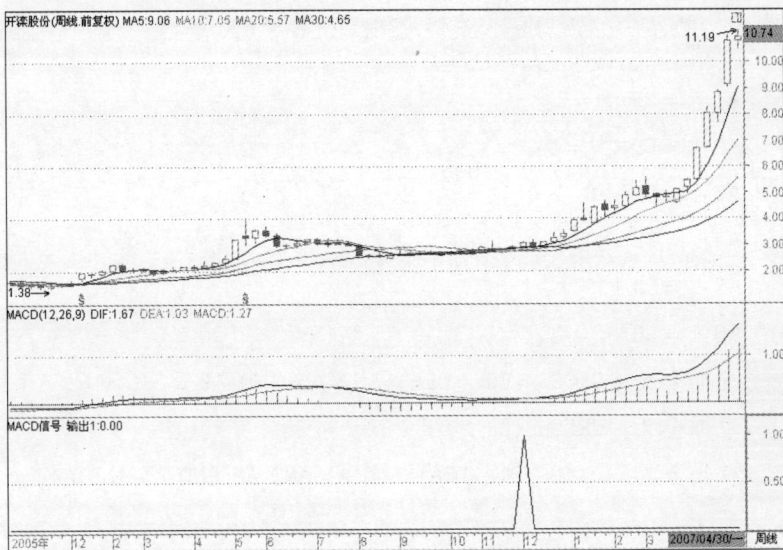

图3－1－7

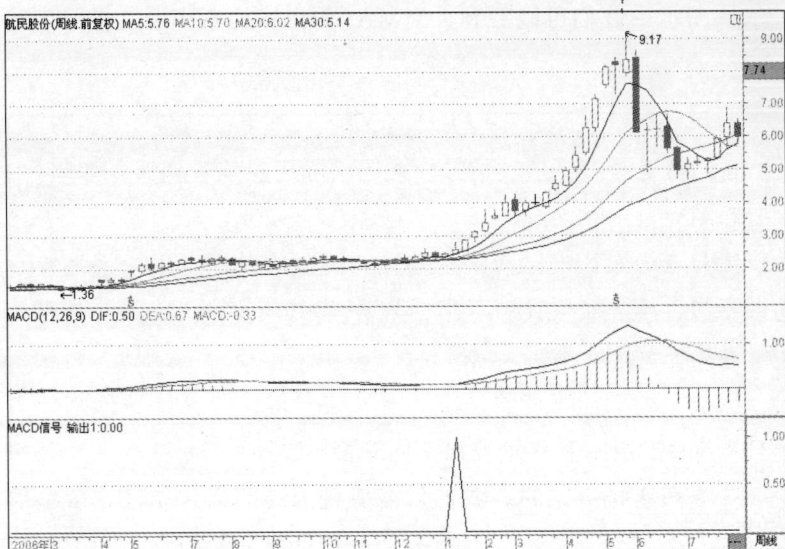

图3－1－8

MACD多信号系统公式源码：

DIF：＝EMA（CLOSE，12）－EMA（CLOSE，26）；

DEA：＝EMA（DIF，9）；

MACD：＝（DIF－DEA）＊2；

A1：＝DIF＞＝0；

A2：＝DEA＞＝0；

A3：＝DIF＜0.3；

A4：＝DEA＜0.3；

A5：＝DIF＜－1；

A6：＝DEA＜－1；

底部金叉：CROSS（DIF，DEA）AND A5 AND A6；

中部金叉：CROSS（DIF，0）；

轴线金叉：CROSS（DIF，DEA）AND A1 AND A2 AND A3 AND A4；

我们来看一下将所有信号合并到一起的MACD信号指标在实际应用中的表现如何。如图3－1－9和图3－1－10中所示。

从图示中我们可以看到，当MACD指标的不同金叉信号发出

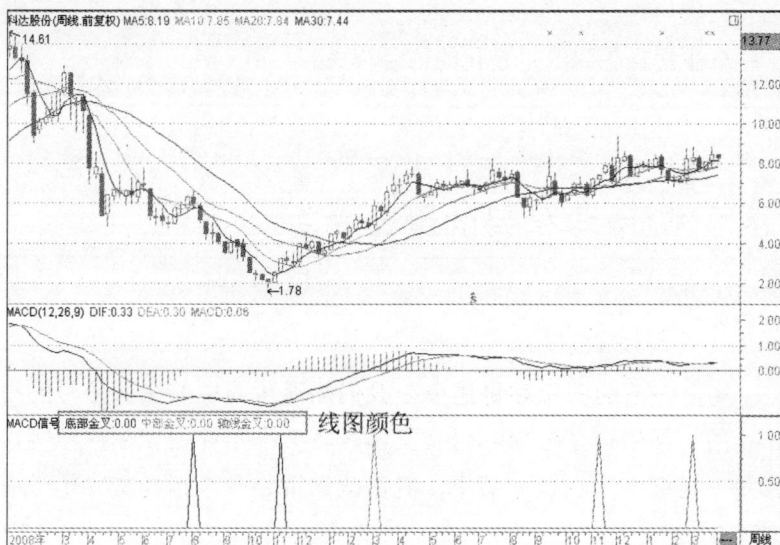

图3－1－9

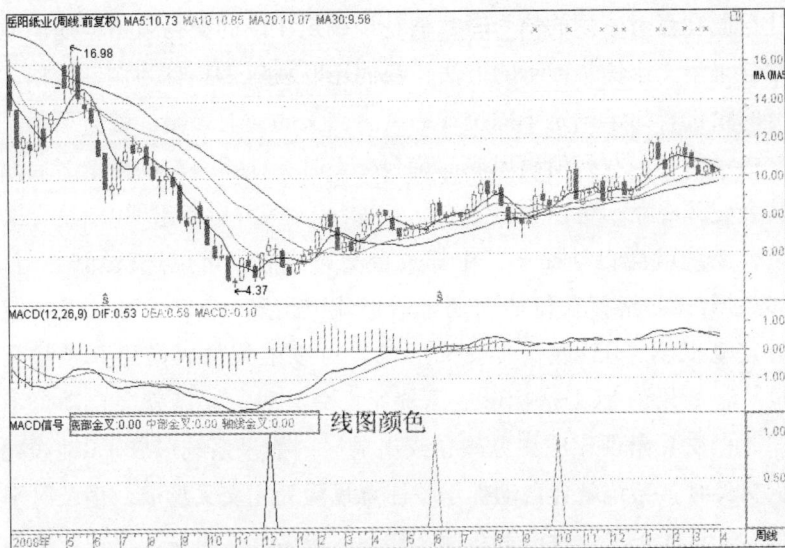

图3－1－10

时，系统会根据不同的条件发出不同颜色的金叉信号，所以，我们只需要在公式中按照不同的信号条件，列出不同的金叉名称即可。这样，我们就可以根据信号名字中所显示的线图颜色，来区分不同区域中的金叉信号。投机者只要通过不同颜色的黄金交叉信号，就可以知道不同的黄金交叉所处的位置。这为投机者提供了一个非常直观的绝对量化的信号模式。

第二节 文字信号的设计方法
Section2

　　从上一节的图示和讲述中，我们知道了简单的交叉信号的设计方法，并知道了如何利用交叉函数将多个条件的指标信号融入到同一指标中。在这一节中，我们就来讲述一下指标文字信号的编写方法。
　　文字信号是投机者非常重视的策略提示信号。有的投机者为了让自己在面对不同的信号时，清楚地确定正确的交易策略，他们通常会采用文字信号提示的方法。我们还以MACD指标为例，比如，有的投机者为了确定不同位置的黄金交叉的应对策略，就会采用文字提示信号，在行情出现底部黄金交叉时，让系统自动提示"底部黄金交叉成立，可以少量建仓"；如果MACD指标出现0轴线交叉时，系统就会自动提示"中部黄金交叉成立，可以进行加码"；如果MACD指标在行情回调之后形成0轴线黄金交叉时，系统就会自动提示"0轴线黄金交叉形成，可以继续加码或建立顺势仓位"；如果MACD指标形成高位死亡交叉时，系统就会自动提示"死亡交叉出现，应注意减仓或出局"；如果系统形成了0轴线死亡交叉时，系统就会自动提示"注意风险死亡交叉形成，请及时平仓"。这样一来，投机者在什么样的区域做什么事情，出现什么信号应该如何应对，通过文字信号的提示就一目了然了。

要想很好地利用文字语言信号来充分说明不同信号策略，就要好好学习如何使用文字函数DRAWTEXT。它的意思就是，当满足条件X时，在X位置书写文字。换言之，与上面的各种指标的编写一样，我们要先设定下充足的文字书写条件，然后系统才能根据我们所建立的条件，来显示相对应的文字信号。

接下来，我们就来编写一下MACD指标的文字信号公式源码。

MACD指标的文字信号公式源码：

```
DIF: EMA (CLOSE, SHORT) － EMA (CLOSE, LONG) ;
DEA: EMA (DIF, MID) ;
MACD: (DIF－DEA) *2, COLORSTICK;
A1: ＝DIF＞＝0;
A2: ＝DEA＞＝0;
A3: ＝DIF＜0.5;
A4: ＝DEA＜0.5;
A5: ＝DIF＜－1;
A6: ＝DEA＜－1;
A7: ＝CROSS (DEA, DIF) ;
```

A8：=CROSS（0，DIF）；

A9：=CROSS（DIF，DEA）AND A5 AND A6；

A10：=CROSS（DIF，0）；

A11：=CROSS（DIF，DEA）AND A1 AND A2 AND A3 AND A4；

DRAWTEXT（A7，DEA，'死亡交叉出现应注意减仓或出局'），COLORBLUE；

DRAWTEXT（A8，DEA，'注意风险死亡交叉形成，请及时平仓'），COLORMAGENTA；

DRAWTEXT（A9，DEA，'底部黄金交叉成立，可以少量建仓'），COLORGRAY；

DRAWTEXT（A10，DEA，'中部黄金交叉成立，可以进行加码'），COLORRED；

DRAWTEXT（A11，DEA，'0轴线黄金交叉形成，可以加码或建立顺势仓位'），COLORRED；

MACD指标的文字信号动态翻译：

输出DIF：收盘价的SHORT日指数移动平均－收盘价的LONG日指数移动平均

输出DEA：DIF的MID日指数移动平均

输出平滑异同平均：（DIF－DEA）*2，COLORSTICK

A1赋值：DIF＞＝0

A2赋值：DEA＞＝0

A3赋值：DIF＜0.5

A4赋值：DEA＜0.5

A5赋值：DIF＜－1

A6赋值：DEA＜－1

A7赋值：DEA上穿DIF

A8赋值：0上穿DIF

A9赋值：DIF上穿DEA AND A5 AND A6

A10赋值：DIF上穿0

A11赋值：DIF上穿DEA AND A1 AND A2 AND A3 AND A4

当满足条件A7时，在DEA位置书写文字，画蓝色

当满足条件A8时，在DEA位置书写文字，画洋红色

当满足条件A9时，在DEA位置书写文字，画深灰色

当满足条件A10时，在DEA位置书写文字，画红色

当满足条件A11时，在DEA位置书写文字，画红色

我们来看一下这一信号模式在实际应用中的效果如何。如图3-2-1和图3-2-2中所示。

从图示中我们可以看到，MACD指标的文字信号显示情况，完全能够真实、准确地表达MACD指标各种不同的交叉信号的实际意思。当然在现实应用中，特别是日线图中，我们就不能采用如此长的句子来表述多个信号的含义了，因为这样的长句子很容易在信号频繁发出的时候密集地叠加到一起，影响使用效果。所以，为了避免这一情况，我们可以根据不同信号的含义，采用言简意赅的词汇将信号的意思表示出来。比如，采用"少量建仓"、"加码"、"减仓"、"平仓"等简单的术语就会改善这种情况。当然，我们还可以采用字母"A"和"V"以及字母"B"

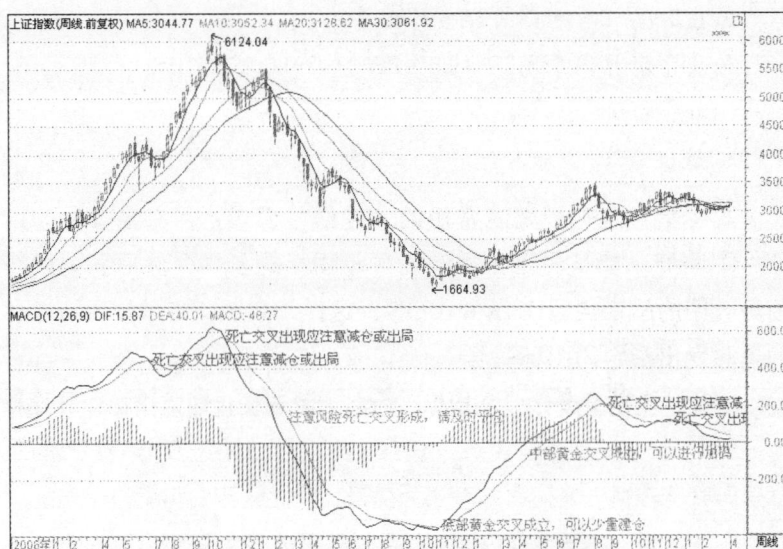

图3-2-1

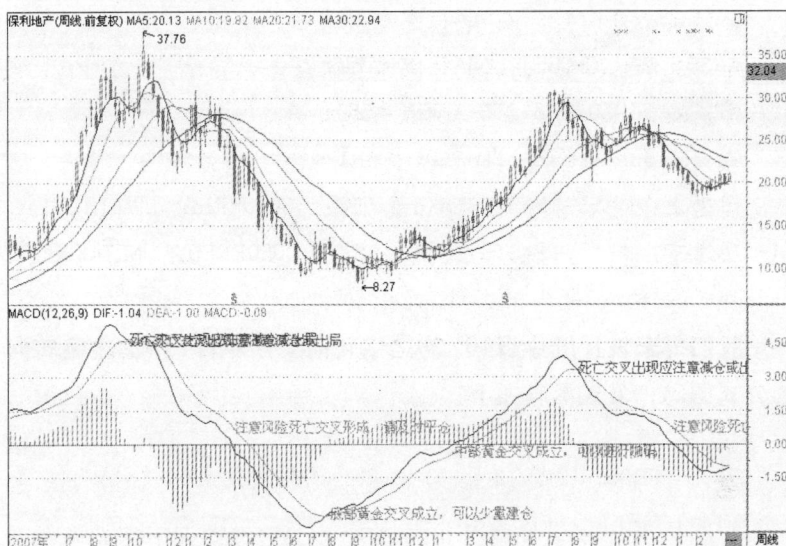

图3-2-2

和"S"等不同的字母，来表示不同的买卖含义。希望我们这一节中所讲述的内容，能够为喜欢文字信号的投机者抛砖引玉。

第三节 图标信号的设计方法

Section3

　　图标信号也是投机者常用的一种信号模式，与文字信号的设计方式相同，都是先设定好需要显示图标的条件，然后再引用绘图函数中的图标函数DRAWICON，这样，系统就可以按照投机者的设想发出指定的图标信号。

　　比如，我们要设计一个指标，命名为狼巡操盘通道指标，其指标的原理就是，在通道内如果今日10%的之字转向上穿昨日10%的之字转向时，行情会发出图标型买入信号，反之，则发出卖出信号。

　　首先，我们要设计好指标的通道源码。我们以55日MA中轨的BOLL布林指标为例。公式源码如下：

```
MA55：MA（CLOSE，55），LINETHICK2；
A1：MA55＋0.618*STD（HIGH，55）；
A2：MA55－0.618*STD（LOW，55）；
通道上：MA55＋2*STD（HIGH，55），COLORRED，LINETHICK2；
通道下：MA55－2*STD（LOW，55），COLORRED，LINETHICK2；
```

我们再来设计好今日10%的之字转向上穿昨日10%的之字转向的公式源码。公式源码如下：

```
A3：＝CROSS（ZIG（3，10），REF（ZIG（3，10），1））；
A4：＝CROSS（REF（ZIG（3，10），1），ZIG（3，10））；
```

式中，A3是上穿信号的公式源码，A4是下穿信号的公式源码。

接着，我们将这一源码引入通道指标的公式源码中。这就是狼巡操盘通道指标的源码编写方式。总的来说，先编写出通道源码，我们可以采用55日内的最低价标准差和最高价标准差的2倍参数作为通道的外缘，用55日内的最低价标准差和最高价标准差的0.618倍作为通道的中轨辅助线，用以明确趋势的走向，然后再将条件A3和A4插入到图标函数中。于是，通道买卖信号图标，就会在行情走势满足上述条件时及时发出。指标完成后的公式源码如下。

狼巡操盘通道指标公式源码：

```
MA55：MA（CLOSE，55），LINETHICK2；
A1：MA55＋0.618*STD（HIGH，55）；
A2：MA55－0.618*STD（LOW，55）；
通道上：MA55＋2*STD（HIGH，55），COLORRED，LINETHICK2；
通道下：MA55－2*STD（LOW，55），COLORRED，LINETHICK2；
A3：＝CROSS（ZIG（3，10），REF（ZIG（3，10），1））；
A4：＝CROSS（REF（ZIG（3，10），1），ZIG（3，10））；
DRAWICON（A3，LOW*0.98，1）；
```

DRAWICON (A4, HIGH*1.02, 2) ;

狼巡操盘通道指标动态翻译：

输出MA55：收盘价的55日简单移动平均，LINETHICK2

输出A1：MA55＋0.618*最高价的55日估算标准差

输出A2：MA55－0.618*最低价的55日估算标准差

输出通道上：MA55＋2*最高价的55日估算标准差，画红色，LINETHICK2

输出通道下：MA55－2*最低价的55日估算标准差，画红色，LINETHICK2

A3赋值：收盘价10%的之字转向上穿昨日收盘价10%的之字转向

A4赋值：昨日收盘价10%的之字转向上穿收盘价10%的之字转向

当满足条件A3时，在最低价*0.98位置画1号图标

当满足条件A4时，在最高价*1.02位置画2号图标

当然，如果你熟悉了指标编写的各种方法，你也可以将条件A3和A4所输出的条件直接插入到图标函数DRAWICON中，这样公式看起来就比较简单了。此时指标的公式就变成了如下所示：

MA55：MA (CLOSE, 55) , LINETHICK2；

A1：MA55＋0.618*STD (HIGH, 55) ；

A2：MA55－0.618*STD (LOW, 55) ；

通道上：MA55＋2*STD (HIGH, 55) , COLORRED, LINETHICK2；

通道下：MA55－2*STD (LOW, 55) , COLORRED, LINETHICK2；

DRAWICON (CROSS (ZIG (3, 10) , REF (ZIG (3, 10) , 1)) , LOW*0.98, 11) ；

DRAWICON (CROSS (REF (ZIG (3, 10) , 1) , ZIG (3, 10)) , HIGH*1.02, 12) ；

我们来看一下这一指标的图标信号模式，在实际应用中的效果如何。如图3－3－1～图3－3－4中所示。其中图3－3－1和图

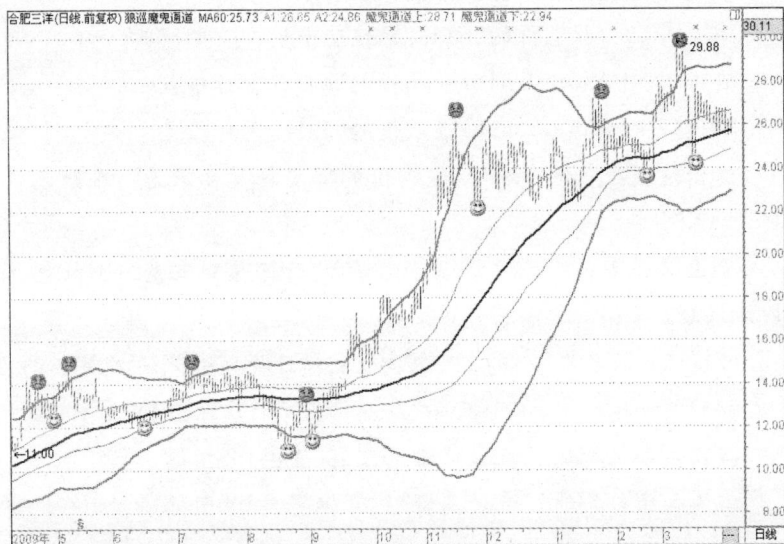

图3-3-1

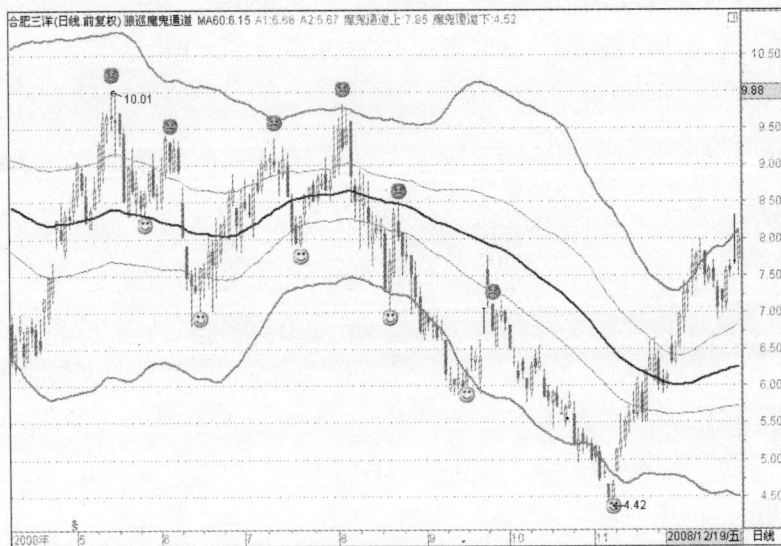

图3-3-2

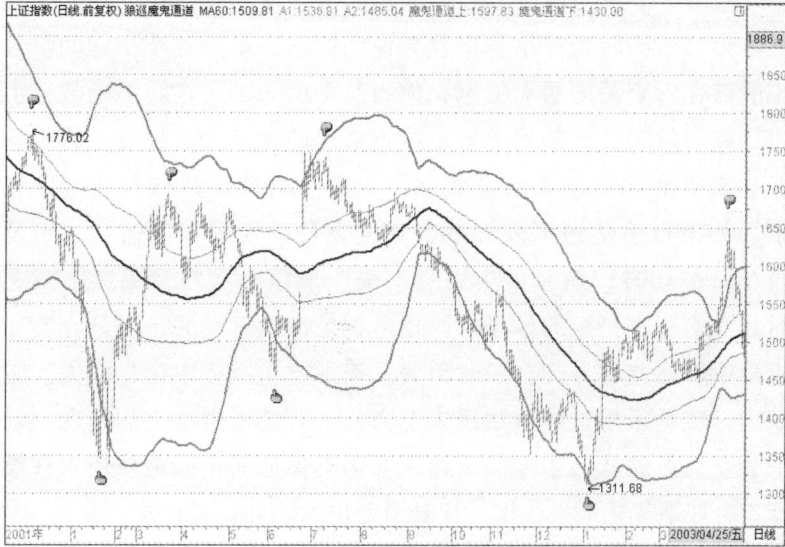

图3－3－3

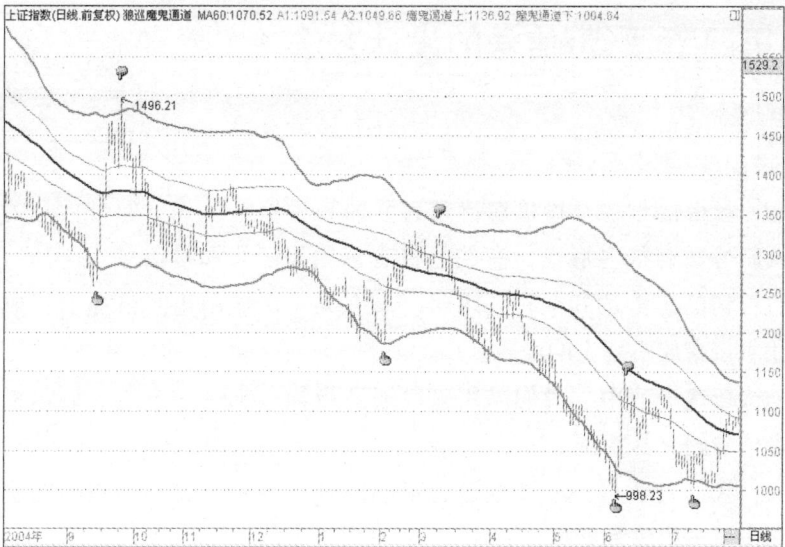

图3－3－4

3－3－2中的信号采用的是1号和2号图标，图3－3－3和图3－3－4中的信号采用的是11号和12号图标。

从图示中我们可以看到，图标的信号显示都能够准确无误地展示出信号的转折提示。但我要说明的一点是，这个指标的信号不能够作为交易的买卖依据，因为其中引入了之字转向函数，引用这种函数的公式都属于未来数据形式的指标，这种类型的指标看起来很准确，却无法在实际中应用。这种函数信号的问题在于，如果行情达到买入标准，系统会及时发出买入信号，可是当行情翻转时，信号就会完全消失。所以，当行情确定下来之后，我们观察指标的信号时，信号都是准确无误的，但是在实际应用中，这些信号却会随时消失。而那些用高概率指标骗人的骗子们，就是采用这种方法诱人上当的。有关未来数据的问题，我们会在后面的章节中专门讲述，并告诉你如何正确地使用未来数据，合理地优化未来数据，让其所发出的信号真实有效。

第四节 彩带信号的设计方法

Section4

彩带信号也是投机者比较喜爱的一种信号模式。彩带信号的绘制方法有很多形式，有的投机者喜欢局部的彩带信号。比如，当行情的走势达到某种要求时，就在某一区域画出彩带提示，或让彩带变成所指定的颜色。

在这一节中，我们采用魔鬼通道指标，来做一个能够展示彩带信号的交易系统。

我们先来看一下魔鬼通道指标的公式源码，和这一指标在实际应用中的效果如何，如图3－4－1中所示。

魔鬼通道指标公式源码：
```
A1: MA (CLOSE, 5) ;
```

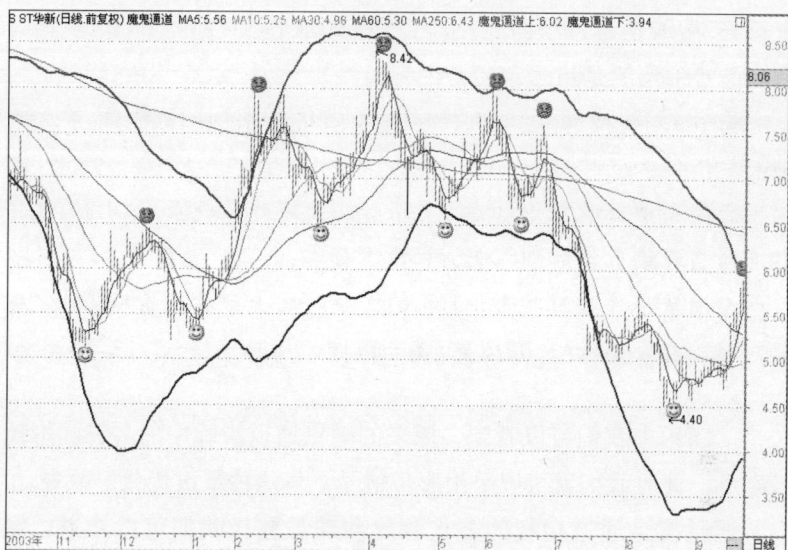

图3－4－1

A2：MA（CLOSE，10）；

A3：MA（CLOSE，30）；

A4：MA（CLOSE，60）；

MA250：MA（CLOSE，250）；

魔鬼通道上：A3＋2*STD（CLOSE，60），LINETHICK2；

魔鬼通道下：A3－2*STD（CLOSE，60），LINETHICK2；

DRAWICON（CROSS（ZIG（3，10），REF（ZIG（3，10），1）），LOW*0.98，5）；

DRAWICON（CROSS（REF（ZIG（3，10），1），ZIG（3，10）），HIGH*1.02，6）；

魔鬼通道动态翻译：

输出A1：收盘价的5日简单移动平均

输出A2：收盘价的10日简单移动平均

输出A3：收盘价的30日简单移动平均

输出A4：收盘价的60日简单移动平均

输出MA250：收盘价的250日简单移动平均

输出魔鬼通道上：A3＋2＊收盘价的60日估算标准差，
LINETHICK2

输出魔鬼通道下：A3－2＊收盘价的60日估算标准差，
LINETHICK2

当满足条件收盘价10%的之字转向上穿昨日收盘价10%的之字转向时，在最低价＊0.98位置画5号图标

当满足条件昨日收盘价10%的之字转向上穿收盘价10%的之字转向时，在最高价＊1.02位置画6号图标

从图示中我们可以看到，原来的魔鬼通道指标中的各种线形比较杂乱，此时我们就可以采用彩带信号，将这种情况优化、改观。

通过魔鬼通道指标的公式源码和动态翻译我们可以知道，魔鬼通道指标实际上就是采用了BOLL布林通道指标的设计原理，围绕30日平均线加减2倍的60日收盘价的估算标准差，然后采用250MA平均线区分开市场的牛熊行情，以便顺势而为罢了。然而实际上，这一指标的使用效果并不理想，因为它偏离了BOLL指标系统的中轨原则。BOLL指标的宗旨在于测算某一周期内的股价在轨道内的穿越情况。也就是说，如果我们采用30日平均线作为中轨，我们所测量的就是30日的价格围绕30日平均线的穿越情况，而上下轨道所测量的就是行情在30日内其收盘价（或最高价和最低价）有没有超出或达到30日内的轨道极限值。如果超过了（或达到了）这个极限值，那么行情就有可能出现回撤。这就是这一指标的设计要点所在。然而这个魔鬼通道中的30中轨所加的估算标准差却是60日的。很明显，两者会出现脱节。因为这样一来BOLL指标的设计原理就变成了：30日的价格围绕30日平均线的穿越，而上下轨道所测量的却是行情在60日内其收盘价（或最高价和最低价）的极限值。所以有些不太合理。

当然，不管怎么样，很多投机者依然对此偏爱有加，那么我们就将它作为一个展示彩带信号的实例，来讲述一下彩带信号的编写方法。

实际上，彩带信号也属于变色信号的一种，达到什么样的条

件，彩带就会发生什么样的不同变化。

我们来看一下彩带信号的函数DRAWBAND。

当我们在函数栏中双击DRAWBAND函数时，就会自动在我们的编辑器中显示出函数"DRAWBAND（，，，）"，这个函数的意思就是说：当X大于X时，各画什么颜色。其中第一个"，"前面要加上第一个条件；第二个"，"前面要加上第一种颜色；第三个"，"前面加上第二个条件；第三个"，"后面要加上第二种颜色。这样，整体组合起来简单翻译一下就是：当第一个条件大于第二个条件时画一种颜色，小于则画另一种颜色。比如，我们要设定魔鬼通道中的A2大于A4时画红色，A2小于A4时画蓝色，其函数就应该这样输入：DRAWBAND（A2，RGB（255，0，0），A4，RGB（0，0，255））。于是，公式源码就变成了如下所示：

```
A1：MA（CLOSE，5）；
A2：MA（CLOSE，10）；
A3：MA（CLOSE，30）；
A4：MA（CLOSE，60）；
MA250：MA（CLOSE，250）；
魔鬼通道上：A3＋2*STD（CLOSE，60），LINETHICK2；
魔鬼通道下：A3－2*STD（CLOSE，60），LINETHICK2；
DRAWBAND（A2，RGB（255，0，0），A4，RGB（0，0，255））；
DRAWICON（CROSS（ZIG（3，10），REF（ZIG（3，10），
1）），LOW*0.98，5）；
DRAWICON（CROSS（REF（ZIG（3，10），1），ZIG（3，
10）），HIGH*1.02，6）；
```

我们再来看一下修改后的公式源码在实际应用中的效果如何，如图3－4－2中所示。

从这些讲述和图示中，我们知道了彩带信号的编写方法。聪明的投机者可能看到了，在编写彩带信号的时候，我们并没有采用颜色函数，而是采用数字来表示，比如红色我们采用的是RGB

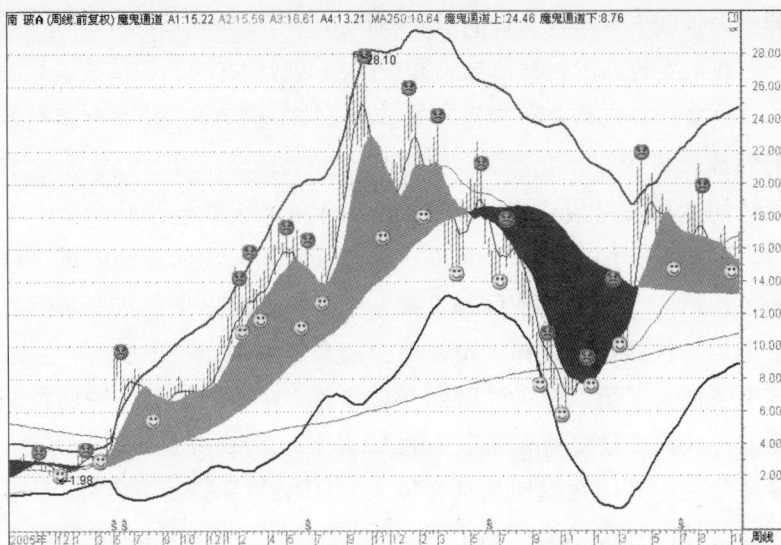

图3－4－2

（255，0，0），蓝色我们采用的是RGB（0，0，255）。所以在
这里我要说明的一点是，在编写彩带信号的时候，投机者如果想
要得到准确的颜色，就必须要了解一下你所需要的颜色处于色板
的哪个位置，不同的数字，代表不同的颜色和色调。你只需要修
改一下这些数字的大小就可以得到不同的颜色。其中RGB为颜色
指定函数，式中RGB（R，G，B）表示用三原色R（红色）、G
（绿色）、B（蓝色）组合成指定色，每种颜色的色值可以设置为
0～255。例如RGB（255，0，0）代表红色，RGB（0，255，0）
代表绿色，RGB（0，0，255）则代表蓝色。投机者在设定彩带颜
色的时候，只需要修改不同的原色代码就可以得到不同的颜色。

第五节 变色信号的设计方法

Section5

　　在上一节我们讲述了彩带信号的设计方法，在这一节中，我们再来讲述一下变色信号的设计方法，这种信号模式是很多投机者的最佳宠儿，因为它简单直观，能够非常准确地表现行情趋势或行情变化的走势情况，及时发出交易信号。所以很多投机者都将这种能够根据行情趋势的变化改变颜色的信号称为"变色龙"信号。

在编写变色信号的时候，我们需要用到无效函数DRAWNULL。

例如IF（CLOSE＞REF（CLOSE，1），CLOSE，DRAWNULL)，表示今天的收盘价低于昨天的收盘价时，为无效值，分析图上不画线。

我们用KD指标来做一个实例。

指标变色的设计方案为当KD指标的K值大于D值时，K线和D线就变成红色；当K值小于D值时，K线和D线就变成绿色；当K线步入80超买区的时候，K线和D线就变成蓝色；当K线步入20超卖区的时候，K线和D线就变成洋红色。实际上就是当KD指标发出金叉信号时，K线和D线变成红色；当KD指标发出死叉时，K线和D线变成绿色；当KD指标进入超买区时，KD指标就发出蓝色警示；当KD指标进入超卖区时，KD指标发出洋红色警示。

在这里需注意，表示交叉时不要采用交叉函数CROSS，应采用大于（＞）或小于（＜）符号来表示。因为如果你采用交叉函数CROSS，KD指标的变色区域就只会在K线交叉处变色，而不会将K线和D线全部覆盖变色。

我们先来看一下KD变色指标的公式源码和动态翻译。

KD变色指标公式源码：

```
RSV：=（CLOSE－LLV（LOW，N））／（HHV（HIGH，N）－LLV
（LOW，N））*100；
K：SMA（RSV，M1，1）；
D：SMA（K，M2，1）；
IF（K＞D，K，DRAWNULL），COLORRED，LINETHICK2；
IF（K＞D，D，DRAWNULL），COLORRED，LINETHICK2；
IF（K＜＝D，K，DRAWNULL），COLORGREEN，LINETHICK2；
IF（K＜＝D，D，DRAWNULL），COLORGREEN，LINETHICK2；
```

```
IF (K>=80, K, DRAWNULL), COLORBLUE, LINETHICK2;
IF (K>=80, D, DRAWNULL), COLORBLUE, LINETHICK2;
IF (K<=20, K, DRAWNULL), COLORMAGENTA, LINETHICK2;
IF (K<=20, D, DRAWNULL), COLORMAGENTA, LINETHICK2;
```

参数设置：N=21，M1=8，M2=5，最大值：100，最小值：2

KD变色指标动态翻译：

RSV赋值：（收盘价−N日内最低价的最低值）／（N日内最高价的最高值−N日内最低价的最低值）*100

输出K：RSV的M1日［1日权重］移动平均

输出D：K的M2日［1日权重］移动平均

如果K>D，返回K，否则返回无效数，画红色，LINETHICK2

如果K>D，返回D，否则返回无效数，画红色，LINETHICK2

如果K<=D，返回K，否则返回无效数，画绿色，LINETHICK2

如果K<=D，返回D，否则返回无效数，画绿色，LINETHICK2

如果K>=80，返回K，否则返回无效数，画蓝色，LINETHICK2

如果K>=80，返回D，否则返回无效数，画蓝色，LINETHICK2

如果K<=20，返回K，否则返回无效数，画洋红色，LINETHICK2

如果K<=20，返回D，否则返回无效数，画洋红色，LINETHICK2

通过上面的公式源码和动态翻译，我们知道了，只需要在KD指标的下面引入画线的函数，并插入不同的条件，就可以编写出一个变色指标。

我们再来看一下这一信号模式在现实应用中的实际效果如何。如图3−5−1和图3−5−2中所示。

从图示中我们看到，KD变色指标完全可以根据我们的要求，准确发出相对应的买卖信号。投机者在设计其他指标的变色效果时，如果能够正确运用无效函数DRAWNULL，就可以编写出各种各样漂亮的变色指标了。

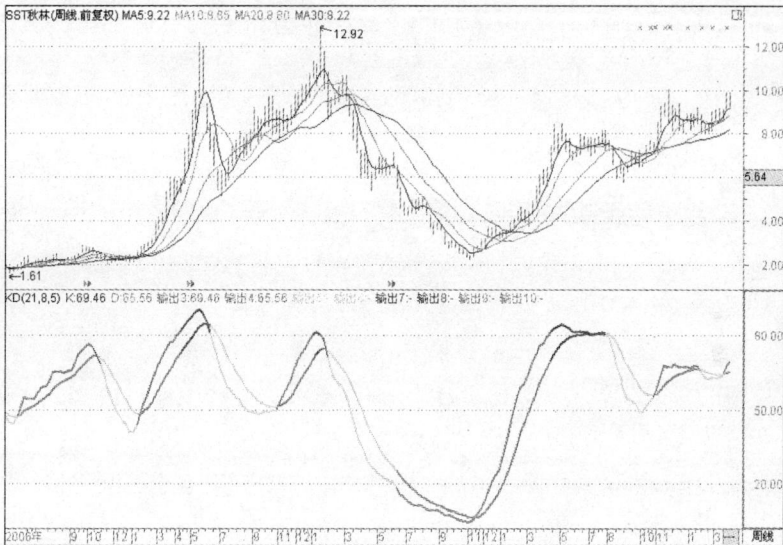

图3-5-1

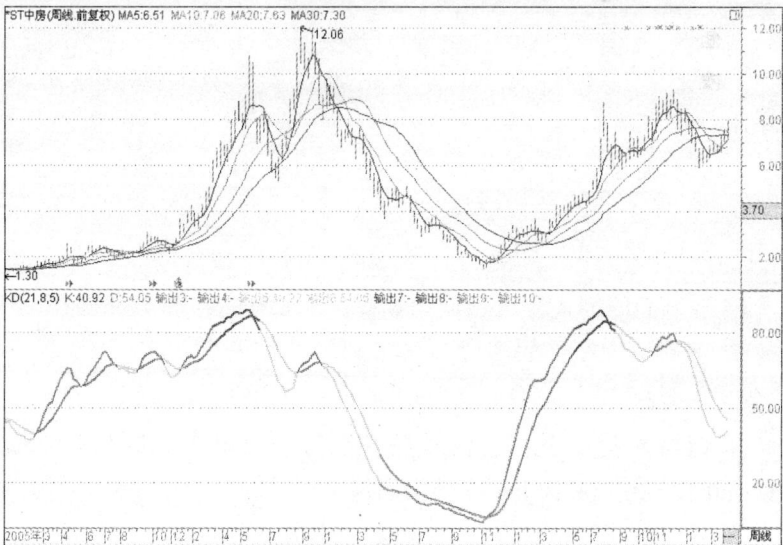

图3-5-2

第四章

Chapter4

自动选股指标的设计和应用

第一节 对于自动选股的一些错误观念

Section1

　　自动选股是很多投机者最感兴趣也最热衷的指标设计方向，可以说是指标应用的终极目标，它的高效和深奥让很多指标编写者为之疯狂。如果说手工画图是投机交易的"石器时代"，软件交易的技术分析是投机交易的"冷兵器时代"，那自动选股系统就是投机交易的"核武器时代"。如果你有了自己的交易理念，有了自己的选股模式，你只需要将自己的思想和理念融入交易系统之中，把它变成自己的"交易模式"和"选股模式"，轻轻敲打一下键盘，软件就会在很短的时间内，将所有达到你的买入要求的股票全部筛选出来。你只需要在这些符合要求的股票中优中选优即可，再也不必为了选择一个符合要求的股票，而花费好几天的时间将所有股票翻个遍了。

　　然而，在编写自动选股系统时，系统的很多超出预期的表现，也会让不明就里的投机者产生很多的迷惑。而那些对自动选股原理一窍不通的投机者，则会出现更多的不合情理的疑问。比如，很多不了解自动选股系统原理的投机者在使用自动选股系统的时候，会误认为自动选股系统能够选出所有的好股票来，甚至希望自己使用的自动选股系统不放过任何一个交易机会。他们总是说："你看，我看好的一支股票，但是自动选股系统却并没有选出这支股票来。"或者："你看，系统选出来的这支股票并没有上涨，但大盘下跌的时候，它也下跌了。"还有的人会说："你看前些日子上涨的那支股票，自动选股系统并没有选出来。"言下之意，他们要求一个自动选股指标（系统）能选中所有的上涨股票，和大盘下跌时还能够逆势上涨的股票，昨天上涨的那个股票也应该能选出来。他们把自动选股系统的功能看得太强大了，并因此而产生了不合理的预期，他们的这些预期实际上远远超过了自动选股系统的"能力范围"。我就碰到过很多迷惑于此的投机者。他们的想法总是让人哭笑不得，你也无法在短时间内为其解释清楚。

在这里，我想就这个问题，扭转一下人们的一些错误观念。

首先，你要知道，自动选股系统只是一种提高效率的工具，它的任务就是按照你的要求，为你自动选出那些符合你的买入标准的股票。它只能为你选出符合你所输入的条件和要求的股票，它还没有聪明到自动为你选出那些符合其他条件和要求的股票。

其次，股票能不能上涨与自动选股系统没有任何关系，选股系统只能选出那些与你所输入的条件相符的股票，但它决定不了这些股票能不能上涨。它只是按照你输入的要求为你选出了那些符合你的要求的股票，而被自动选股系统选中的这些股票，并没有任何"特殊资格"能够在大盘下跌时必须或一定逆势上涨。它只是在告诉你，这些股票符合你的选股要求，有可能会持续上涨，你得到的只是一种可能性罢了。你所选的这些股票实际上与其他股票并无二致，它只不过符合了你的选股要求而已，而你所设定的选股要求，也只不过是几百种、几千种选股要求中的一种而已。现实就是当大盘上涨的时候，大多数股票都会上涨；当大盘下跌的时候，大多数股票也会下跌。而你所选择的那些股票也只不过是这大多数中的一小部分而已。

所以，不明就里地套用一个自己并不了解的自动选股系统，并期望据此选出那些在大盘下跌的时候还能够逆市上涨的特殊股票，是极不理智的想法。因为自动选股系统选出来的股票只保证符合你的选股要求，不保证上涨。你所看到的电视上的那些花样百出的自动选股软件，都是广告宣传的效果，它们就像祛斑广告一样，只是宣传的噱头，效果只有用过的人才知道。换言之，那都属于夸大其词的宣传手法，实际上，它们卖的都是"人们的希望"，卖的是"理念"而不是效果。

再次，如果行情已经脱离了选股的标准，比如一支股票在昨天或前天达到了选股标准，但你今天才去选股，这支股票就会因为"超出有效选股时效"而被系统自动放弃。所以，使用一个普通的自动选股系统，想要选出那些前些日子符合要求的股票，这无异于刻舟求剑。如果你想及时发现达到要求的股票，就必须经常选股。因为只要过了自己选股系统中所设定的有效期限，在下一次运行自动选股系统时，它们就会被系统自动淘汰。因为它们已经不处于"最佳的买入时机"了。现在选出来的是另一些符合要求的股票。

最后一点，如果你是一个长线投机者，你所设定的是长期的选股标准，你却希望能够天天选出长线股，你认为这有可能吗？当大部分股票都已经远离最佳建仓标准时，还在期望每天都能选出长线股，是不是有些迂腐呢？当然不是一个没有，而是太少了，因为大的趋势已经过去了，剩下来的只是极少数了。我见过很多做长线交易的投机者，在牛市已经过了大半的时候，还在指望用系统选出长线股来。他们常常会看着那些不断上涨的股票说："你看，这些股票都在上涨，选股系统却并没有把它们选出来。"这是很多不了解自动选股系统的投机者选股时的最大迷惑。

我要告诉你的是，自动选股系统只能在股票走势达到"最佳买入时机"时，为你指明那些面临机会的股票。当行情已经脱离"最佳买入时机"时，它就会"自动退出"，因为这已经不在它的"工作范围"了。

换言之，最佳的买入时机已经过去了，还在期望系统能够把它们选出来，这根本就不切实际。趋势就要结束了，怎么可能还会将其选中呢？所以，长线投机者的选股策略必须把握住熊末牛初的选股要则，即在大熊市即将过去之时，开始启动你的自动选股系统，而不是采用一个长线选股系统，指望每天都能选出大牛股来。

记住，对技术选股的投机者而言，应从底部区域中选长线股，不要在股价高涨的时候选长线股。不要指望在半山腰还能选中那些已经上涨了的长线股。

第二节 自动选股指标的开发要则

Section2

　　在开发和编写自动选股指标（系统）的时候，你必须对所选取的技术指标有深入而透彻的了解，否则在设计自动选股指标的时候，你就会感到无从下手。想一想，你连最起码的交易策略和最基本的指标设计思路都还没有掌握，如何能够设计出有效的自动选股指标呢？

　　所以，只有那些对市场有自己的了解，并对所用的技术指标有着本质的理解的人，才能够设计出一个完全符合自己意愿的选股指标，并深知其意。

　　然而，在现实中我们必须知道，如果对某一指标的选股要求过高，就会影响选股的效果。我知道，很多投机者在采用多个指标组合选股的时候，通常会将条件设定得非常苛刻。原因很简单，他们认为条件越苛刻，选出来的股票上涨的概率就越大。但是在残酷的现实面前，这种过于苛刻的条件常常会适得其反，不但上涨的概率没有提高，而且很难选出股票。

　　我接到过很多投机者的来信，其中有一部分就是让我帮助他们按照他们的要求设计一个自动选股指标，以及回答一些自动选股指标的设计问题。然而，说实在的，这其中的很多投机者所设定的选股条件都是基于一些并不成熟的理念，甚至可以说是完全错误的理念。他们中的很大一部分只不过是将一些毫不相干的指标相互搭配起来，然后按照一些自以为是的理论，修改一下参数，将一些偶然的巧合信号，当做共振来选择股票。因为这种由多个互不相干的指标组成的信号系统本身就是一些偶然的巧合，具有非常强的偶然性和随机性，再加上那些不够精确的参数设置，所以当这些信号被当做选股的条件编写成自动选股指标的时候，这些系统根本就无法有效地选出符合要求的股票。因为各种原理不同的指标通常会相互矛盾，在某一段时间里是有效的，但过了这段时间，什么时候再能够选出股票来，根本就无法确定。

因为这样的自动选股指标本身就不具备确定性，所以由这样的指标组合而形成的自动选股系统，基本上都不会有什么理想的效果，即便是指标的设计者，也无法准确说出究竟在什么情况下，系统才能够选出股票来。

所以，投机者在编写自动选股指标的时候，一定要搞清楚哪些指标具有相关性，哪些指标根本就是毫不相干的。只有那些真正具有相关性的指标才会具有较强的互补性和"共鸣"，由这样的指标群组合成的自动选股系统，才能够比较容易且有效地选出股票来。

即便如此，如果你的选股指标涉及的条件（指标）过多，或在编写选股条件的时候，又将选股条件设定得过于苛刻，你依然无法有效地选出股票来。因为过多的条件会导致指标数据精确度下降，而出现量化微差（即出现量化上的差别，导致量化的信号出现数据差别，不容易统一）。

通过观察很多成功的选股系统，我们就可以比较准确地确定一个最合理的指标选股条件的数目，那就是技术信号选股的条件设定最好不要超过三个（我们只讲技术信号条件，不讲基本面条件），最好为两个。因为如果技术选股的条件超过了三个，就会因为指标信号统一的精确度下降，出现条件量化微差，从而导致系统无法选出股票。大多数情况下，多个技术指标的信号虽然看起来处于同一直线，是同步出现的，但它们有可能存在一定的先后差别，如果让我们用眼睛来观察的话，可能看不出来，但在用系统选股时，系统就有可能会因为这种量化的数据微差，而将这一信号忽略。

比如，我们设定一个选股系统方案为：周线图中，当行情处于20MA平均线上方，5MA平均线上穿20MA平均线时，如果其下方的成交量指标中的5MA平均线上穿10MA平均线、MACD指标的DIF线上穿DEA线，就属于符合要求的买入标的。但是如果我们只是简单地将主图中的5MA平均线上穿20MA平均线、成交量指标中的5MA平均线上穿10MA平均线、MACD指标的DIF线上穿DEA线设置成选股条件，并要求其达到信号统一的标准时选出股票，将指标编写成：

```
DIF：＝EMA（CLOSE，12）－EMA（CLOSE，26）；
DEA：＝EMA（DIF，9）；
MACD：＝（DIF－DEA）＊2，COLORSTICK；
CROSS（DIF，DEA）；
MA1：＝MA（CLOSE，5）；
MA2：＝MA（CLOSE，20）；
CROSS（MA1，MA2）；
VOLUME：＝VOL，VOLSTICK；
MAVOL1：＝MA（VOLUME，5）；
MAVOL2：＝MA（VOLUME，10）；
CROSS（MAVOL1，MAVOL2）；
```

　　那么，我们很可能无法选出股票来。因为在现实选股的过程中，不同的指标能够达到如此苛刻的统一性条件的情况非常少见，很多情况下会多多少少地有点出入。如图4-2-1~图4-2-4中所示。

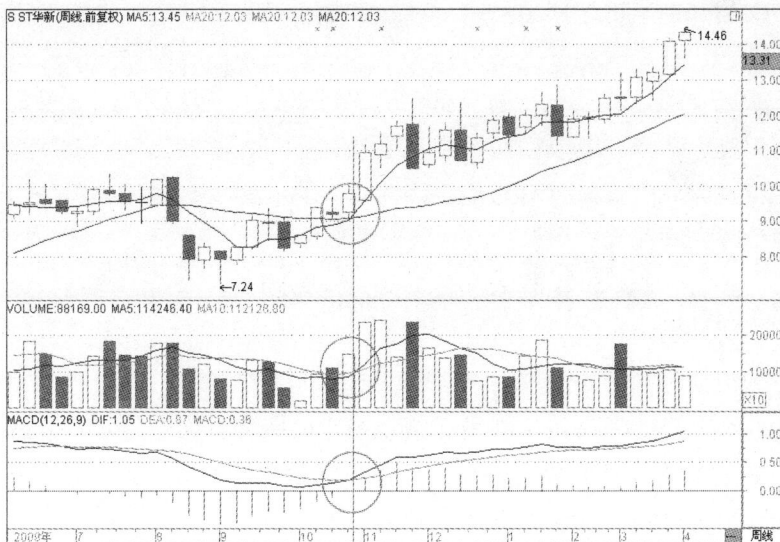

图4-2-1

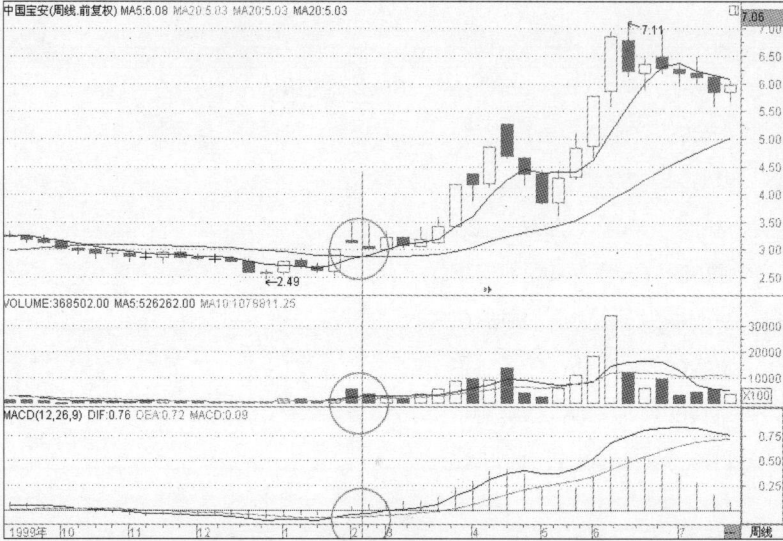

图4-2-2

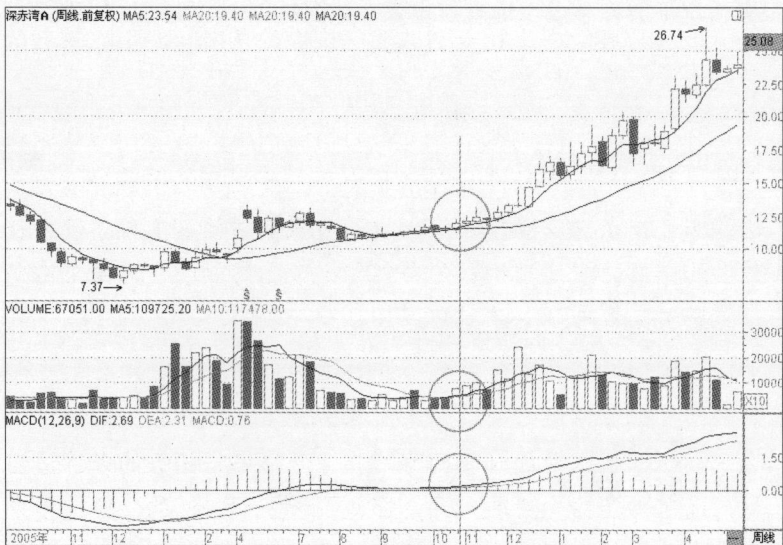

图4-2-3

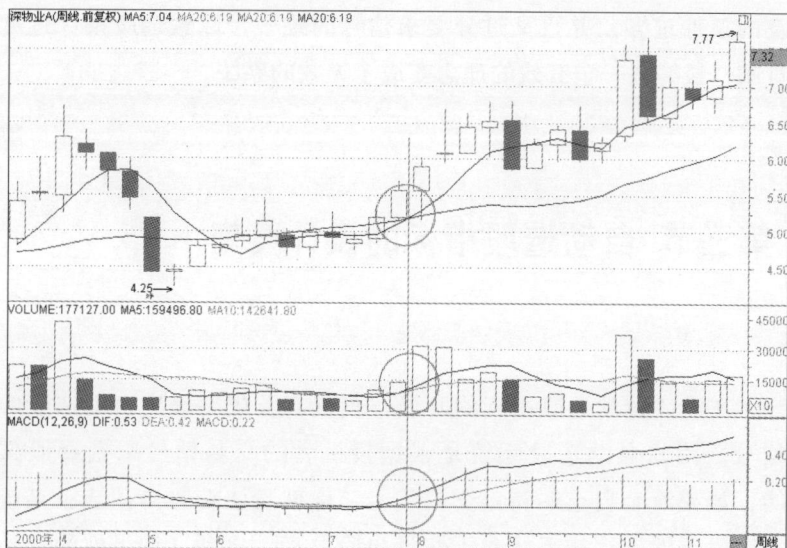

图4-2-4

从图示中我们可以看到，这些图示在现实交易中都属于一些胜算较高的统一信号，属于高胜算的交易时机。可是如果我们将其引入选股系统中，让自动选股系统来筛选股票，上述类型的股票就会全部被系统筛选出去。

所以，投机者在采用多个不同指标的"共振"作为选股的条件时，应尽量放宽条件，并以某一个主要指标的条件为准，在系统按照主要条件将股票选出来之后，我们再根据主要条件来查看其他的条件，最后根据其他条件与主要条件的统一程度来筛选最佳的交易标的。

记住，根据过度苛刻的条件所选出来的股票，未必上涨的概率就高，上涨概率的高低取决于大势是否向好和相关的条件是否统一。在编写自动选股系统的时候，应尽量将相关的条件适当放宽，以主要条件为基准，先将那些符合主要条件的股票选出来，之后再通过其他条件的配合情况，来评估多个被选中的标的的好坏。这样，股票被选中的概率就会大很多。那些让人看起来就兴奋不已的交易时机往往都会出现在其中，让你具有更多的选择。那些很久都选不出一支股票来的自动选股系统，往往都是因为涉

及的条件过多，并且又过分要求信号的统一，以致选股条件过度
苛刻，最终将一个有效的理念变成了无效的系统。

第三节 自动选股指标的设计要素

Section3

在设计自动选股指标的时候，投机者首先要确定自动选股的
信号，因为自动选股系统是根据投机者的交易信号来选择股票
的，如果没有自己的特定交易信号，你就无法编写自动选股系统
的选股条件，这样系统也无法选出股票来。再则，如果你的交易
信号无法量化成一个准确的标准，系统也是无法为你选出合乎标
准的股票的。所以，选股的标准必须量化，可以放宽量化的标
准，但不能没有标准。

比如，如果我们依赖狼巡趋势指标的交易条件，去选择股价
上穿长期趋势均线之后，行情经过一波回调再次形成上涨信号的
股票，并要求短期的趋势线也要处于长期趋势线的上方，即选择
那些处于牛市初期回调结束之后，再次发出上涨信号的股票。此
时，我们首先要做的就是将狼巡趋势指标引入选股指标的编辑器
中，然后再设定行情处于长期趋势均线上方的条件，最后设定上
涨信号。于是，选股指标的公式源码就变成了如下所示。

狼巡趋势选股指标公式源码：

```
RSV：＝（HIGH＋LOW＋OPEN＋CLOSE）／4；
M1：＝SMA（SMA（RSV，2，1），2，1）；
M2：＝SMA（SMA（RSV，3，1），3，1）；
M3：＝SMA（SMA（RSV，4，1），4，1）；
M4：＝SMA（SMA（RSV，5，1），5，1）；
M5：＝SMA（SMA（RSV，6，1），6，1）；
M6：＝SMA（SMA（RSV，7，1），7，1）；
```

M7：=SMA（SMA（RSV, 8, 1），8, 1）；

M8：=SMA（SMA（RSV, 9, 1），9, 1）；

M9：=SMA（SMA（RSV, 10, 1），10, 1）；

M10：=SMA（CLOSE, 50, 1）；

M11：=SMA（CLOSE, 100, 1）；

M12：=SMA（CLOSE, 150, 1）；

M13：=SMA（CLOSE, 200, 1）；

A1：=M9＞M13；

A2：=M10＞M13；

A3：=CROSS（M1, M9）；

A1 AND A2 AND A3；

狼巡趋势选股指标动态翻译：

RSV赋值：（最高价＋最低价＋开盘价＋收盘价）／4

M1赋值：RSV的2日［1日权重］移动平均的2日［1日权重］移动平均

M2赋值：RSV的3日［1日权重］移动平均的3日［1日权重］移动平均

M3赋值：RSV的4日［1日权重］移动平均的4日［1日权重］移动平均

M4赋值：RSV的5日［1日权重］移动平均的5日［1日权重］移动平均

M5赋值：RSV的6日［1日权重］移动平均的6日［1日权重］移动平均

M6赋值：RSV的7日［1日权重］移动平均的7日［1日权重］移动平均

M7赋值：RSV的8日［1日权重］移动平均的8日［1日权重］移动平均

M8赋值：RSV的9日［1日权重］移动平均的9日［1日权重］移动平均

M9赋值：RSV的10日［1日权重］移动平均的10日［1日权重］

移动平均

　　M10赋值：收盘价的50日［1日权重］移动平均

　　M11赋值：收盘价的100日［1日权重］移动平均

　　M12赋值：收盘价的150日［1日权重］移动平均

　　M13赋值：收盘价的200日［1日权重］移动平均

　　A1赋值：M9＞M13

　　A2赋值：M10＞M13

　　A3赋值：M1上穿M9

　　A1 AND A2 AND A3

　　从上面的公式源码和动态翻译中，我们可以看到，我们在狼巡趋势指标的后面增加了三个条件：A1、A2、A3。A1的条件是M9大于M13，这样可以确保行情走势完全处于200SMA平均线上方运行；A2的条件是M10大于M13，这样可以确保行情处于长期牛市的初期；而A3的条件设定为M1上穿M9，这就是牛市回调之后再次上涨的信号。我们要选择的就是那些处于牛市初期，发出A3信号的股票。如图4-3-1~图4-3-4中所示。

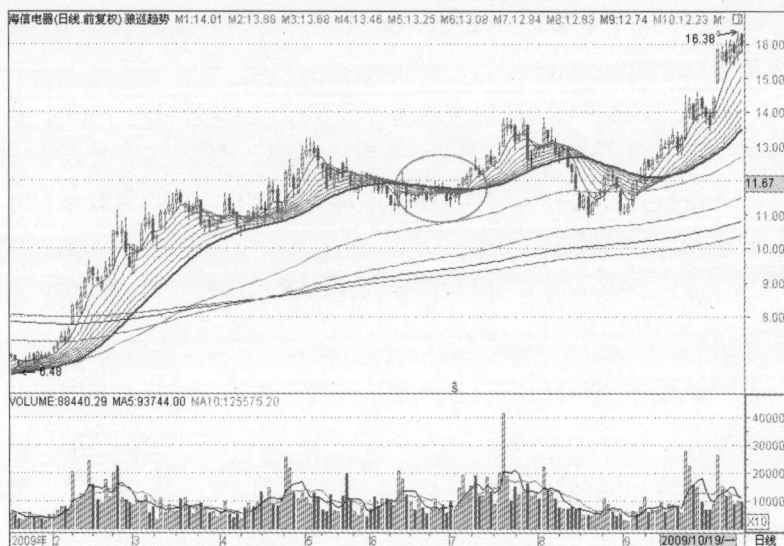

图4-3-1

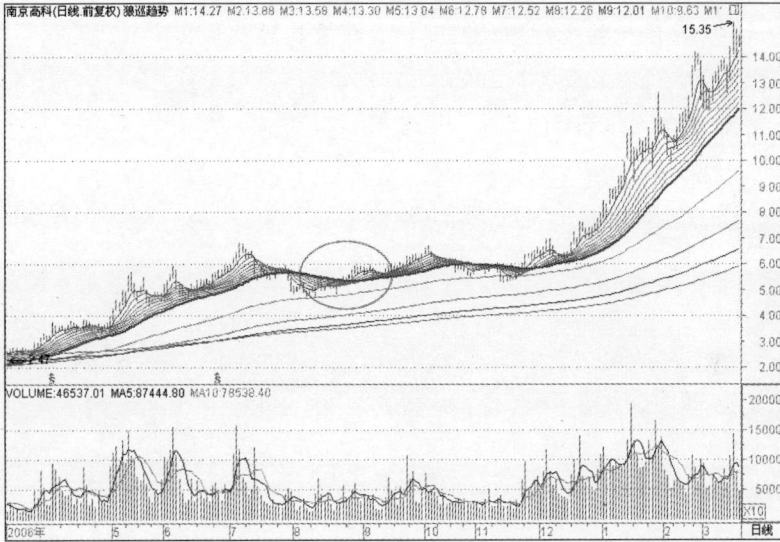

图4-3-2

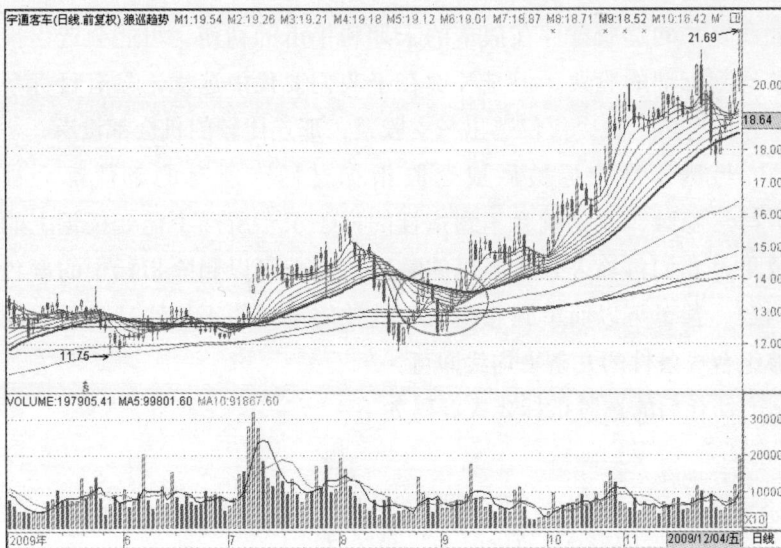

图4-3-3

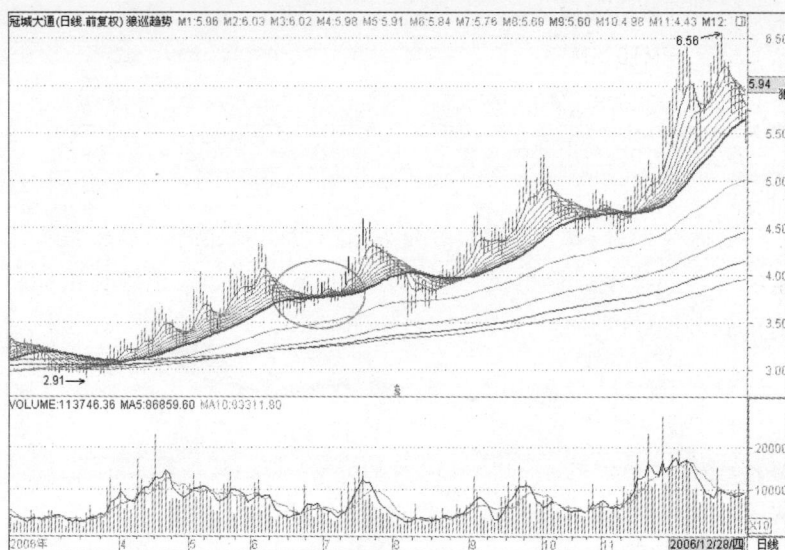

图4-3-4

从图示中我们可以看到，当行情处于上升趋势的开始，选择那些发出买入信号的股票长期持有，你的胜算就会很大。当然，如此宽松的选股条件在熊市的末期和牛市的初期，可能会选出很多达到标准的股票。但是关键在于我们要优中选优，只有目标多了才能有所比较。仅仅选出一支股票，那连比较的机会都没有。

当然，当指标被做成选股指标之后，所有的条件都会被"＝"隐藏，我们就看不到指标的样子了，所以不需要视觉上的效果，我们再输入公式源码的时候，完全可以删除指标中的颜色函数，甚至可以简单到忽略一些其他的不用的平均线，只采用能够组合成条件的几条平均线即可。

简化后的选股指标公式源码如下：

RSV：＝（HIGH＋LOW＋OPEN＋CLOSE）／4；

M1：＝SMA（SMA（RSV，2，1），2，1）；

M9：＝SMA（SMA（RSV，10，1），10，1）；

M10：＝SMA（CLOSE，50，1）；

M13：＝SMA（CLOSE，200，1）；

-186-

```
A1：=M9>M13；
A2：=M10>M13；
A3：=CROSS（M1，M9）；
A1 AND A2 AND A3；
```

    然而，如果仅仅依靠上面的买入信号指导交易，可能会有些粗糙，我们能不能再引入一些其他的指标，比如狼巡筹码指标、狼巡RK2指标以及狼巡OBWM指标呢？

    答案是肯定的。

    在这一节中，我们就多花一点时间详细讲述一下，如何将狼巡筹码指标、狼巡RK2指标以及狼巡OBWM指标与狼巡趋势指标、狼巡成本均线指标等指标结合起来。

    我们先来讲述，如何将狼巡筹码指标和狼巡趋势指互结合起来。

    在上面我们知道了，当狼巡筹码指标处于0轴线上方回调至超卖区时，狼巡筹码指标的颜色就会变成蓝色。那么我们这一套选股指标的基本要求就比较清楚了。即当行情处于牛市初期，运行于200SMA平均线上方时，如果行情回调处于超卖状态时M1上穿M9，就属于一个胜算较高的买入信号。在这一指标中，我们将M1上穿M9设定成一个必须要在超卖区才能够成立的买入条件，这样就确定了我们所选择的股票买入信号，都是在狼巡筹码指标处于超卖状态时发出的。或者，我们不必选用A3上穿A9这一条件，而将A3：=CROSS（M1，M9）这一条件删除，直接采用狼巡筹码指标超卖信号为作选股信号也可以。这样，我们就可以清楚地知道，我们选出的股票目前处于牛市初期回调阶段的超卖时期，我们具有很高的交易胜算，我们可以在这个时机逐步地建立初始仓位。这时，选股的公式就变成如下所示（为了让投机者能够清楚地确认不同的公式源码，我们将不同的公式条件用空行分界）。

狼巡趋势选股公式源码（删除A3条件）：

```
RSV：=（HIGH+LOW+OPEN+CLOSE）/4；
M9：=SMA（SMA（RSV，10，1），10，1）；
```

```
M10：=SMA (CLOSE, 50, 1) ;
M13：=SMA (CLOSE, 200, 1) ;
A1：=M9＞M13;
A2：=M10＞M13;


AMM：=REF (CLOSE, 1) ;
AMN：=REF (CLOSE, 120) ;
RC1：= (CLOSE＋AMM) ／2;
RC2：= (AMN＋AMM＋CLOSE) ／3;
RC3：= (RC2*RC1) ;
RC4：=EMA (RC3, 40) －EMA (RC3, 120) ;
OO：=WINNER (OPEN) *RC4;
CC：=WINNER (CLOSE) *RC4;
HH：=WINNER (HIGH) *RC4;
LL：=WINNER (LOW) *RC4;
CO：= (OO＋CC＋LL＋HH) ／4;
中轴：=0;
上轨：=0.50;
下轨：=-0.50;
A4：=CO＜上轨;
A5：=CO＞-下轨;
A1 AND A2 AND A4 AND A5;
```

狼巡趋势选股公式源码（未删除A3条件）：

```
RSV：= (HIGH＋LOW＋OPEN＋CLOSE) ／4;
M1：=SMA (SMA (RSV, 2, 1) , 2, 1) ;
M9：=SMA (SMA (RSV, 10, 1) , 10, 1) ;
M10：=SMA (CLOSE, 50, 1) ;
M13：=SMA (CLOSE, 200, 1) ;
A1：=M9＞M13;
A2：=M10＞M13;
A3：=CROSS (M1, M9) ;
```

```
AMM: =REF (CLOSE, 1) ;
AMN: =REF (CLOSE, 120) ;
RC1: = (CLOSE+AMM) /2;
RC2: = (AMN+AMM+CLOSE) /3;
RC3: = (RC2*RC1) ;
RC4: =EMA (RC3, 40) -EMA (RC3, 120) ;
OO: =WINNER (OPEN) *RC4;
CC: =WINNER (CLOSE) *RC4;
HH: =WINNER (HIGH) *RC4;
LL: =WINNER (LOW) *RC4;
CO: = (OO+CC+LL+HH) /4;
中轴: =0;
上轨: =0.50;
下轨: =-0.50;
A4: =CO<上轨;
A5: =CO>-下轨;
A1 AND A2 AND A3 AND A4 AND A5;
```

这样一来，我们选出来的股票形态基本上会符合条件要求。如图4-3-5和图4-3-6中所示。

上面我们讲述了狼巡趋势指标与狼巡筹码指标组合选股的公式源码设计方法。接下来，我们再来讲述一下狼巡成本均线指标与狼巡筹码指标相结合的公式源码设计方法。

首先，我们来确定这一选股系统的选股思路和要求。

选股方案要求为：当狼巡成本均线指标的短期均线处于长期线上方，狼巡筹码指标出现超卖现象时，就属于符合选股要求的信号。

有了上面的模式，于是这一选股指标的编写方法就非常简单了，源码如下。

狼巡成本均线选股指标公式源码：
```
RSV: = (HIGH+LOW+OPEN+CLOSE) /4;
```

图4-3-5

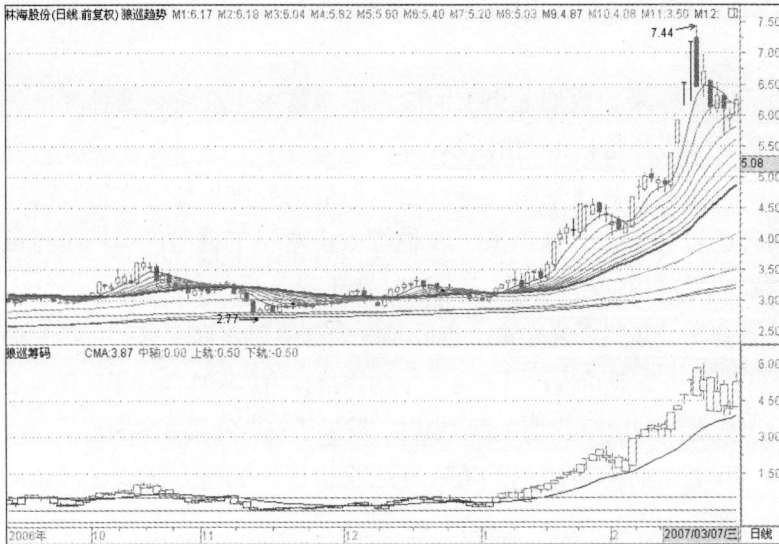

图4-3-6

A1：＝（SUM（RSV*AMOUNT，360）／SUM（AMOUNT，360））；

A2：＝（SUM（RSV*AMOUNT，350）／SUM（AMOUNT，350））；

A3：＝（SUM（RSV*AMOUNT，340）／SUM（AMOUNT，340））；

A4：＝（SUM（RSV*AMOUNT，330）／SUM（AMOUNT，330））；

A5：＝（SUM（RSV*AMOUNT，320）／SUM（AMOUNT，320））；

A6：＝（SUM（RSV*AMOUNT，310）／SUM（AMOUNT，310））；

A7：＝（SUM（RSV*AMOUNT，300）／SUM（AMOUNT，300））；

A22：＝（SUM（RSV*AMOUNT，90）／SUM（AMOUNT，90））；

A23：＝（SUM（RSV*AMOUNT，80）／SUM（AMOUNT，80））；

A24：＝（SUM（RSV*AMOUNT，70）／SUM（AMOUNT，70））；

A25：＝（SUM（RSV*AMOUNT，60）／SUM（AMOUNT，60））；

A26：＝（SUM（RSV*AMOUNT，50）／SUM（AMOUNT，50））；

A27：＝（SUM（RSV*AMOUNT，40）／SUM（AMOUNT，40））；

A28：＝（SUM（RSV*AMOUNT，30）／SUM（AMOUNT，30））；

B1：＝（A1＋A2＋A3＋A4＋A5＋A6＋A7）／7；

B4：＝（A22＋A23＋A24＋A25＋A26＋A27＋A28）／7；

AA1：＝B1＞B4；

AMM：＝REF（CLOSE，1）；

AMN：＝REF（CLOSE，120）；

RC1：＝（CLOSE＋AMM）／2；

RC2：＝（AMN＋AMM＋CLOSE）／3；

RC3：＝（RC2*RC1）；

RC4：＝EMA（RC3，40）－EMA（RC3，120）；

```
OO: =WINNER (OPEN) *RC4;

CC: =WINNER (CLOSE) *RC4;

HH: =WINNER (HIGH) *RC4;

LL: =WINNER (LOW) *RC4;

CO: = (OO+CC+LL+HH) /4;

中轴: =0;

上轨: =0.50;

下轨: =-0.50;

AA2: =CO<上轨;

AA3: =CO>-下轨;

AA1 AND AA2 AND AA3;
```

  从上面的公式源码中我们可以看到，我们将成本均线中很多用不到的均线删除了，只留下主要的短期成本均线和长期成本均线，这样的公式源码看起来也简单了很多。

  式中，短期成本均线处于长期成本均线之上这一条件的公式源码为：AA1：=B1>B4。

  接下来我们看到，狼巡筹码指标并没有什么改变，只是将条件中的A4、A5改成了AA4和AA5，这是因为狼巡成本均线指标中，我们已经采用了A1和A4、A5的名称了，为了避免混淆和冲突，我们对其名称进行了必要的修改。这样选股指标的要求就变成了同时满足AA1、AA2、AA3三个条件，这样，我们所选出来的股票行情走势形态便如图4-3-7～图4-3-10中所示。

  通过图示我们看到了狼巡趋势指标、狼巡成本均线指标与狼巡筹码指标相互结合的双指标选股系统。接下来，我们再来讲述一下狼巡趋势指标、狼巡成本均线指标分别与狼巡RK2指标和狼巡OBWM指标组成的三指标选股系统。

  我们先来确定狼巡成本均线指标与狼巡RK2指标、狼巡OBWM指标这一三指标配伍的选股系统的思路和要求。

  选股方案要求为：狼巡成本均线指标的短期均线处于长期均线上方，若此时狼巡RK2指标进入超卖区出现超卖现象，之后狼巡

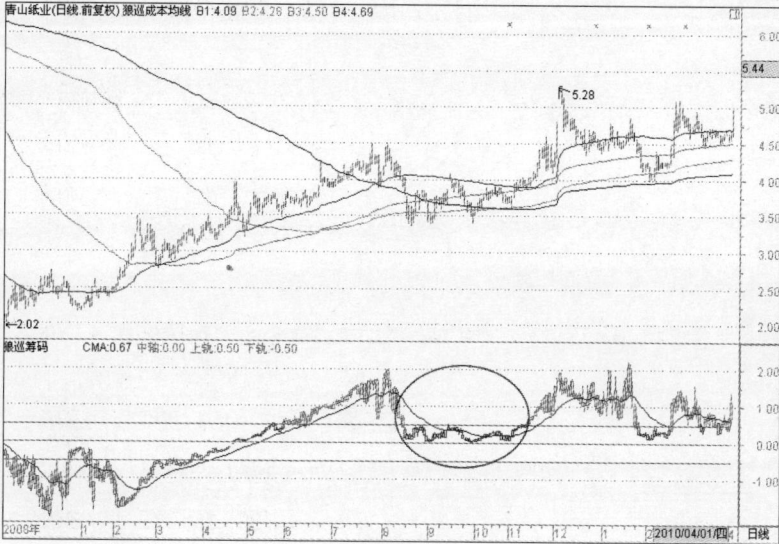

图4-3-7

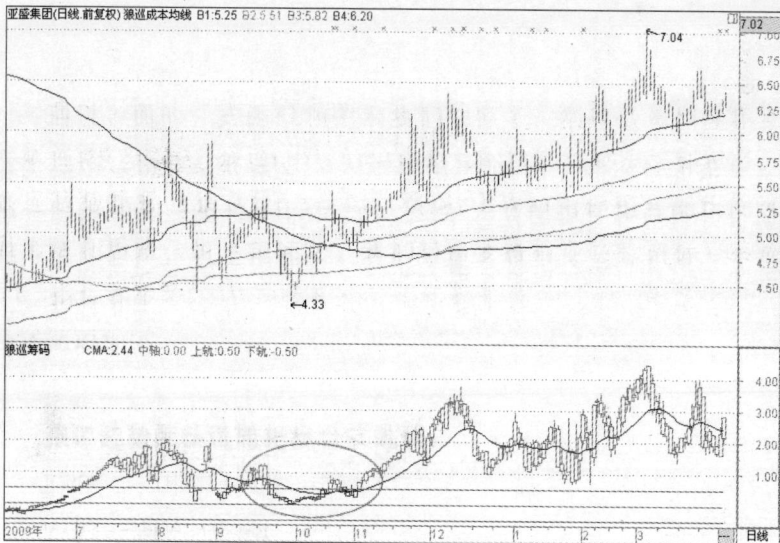

图4-3-8

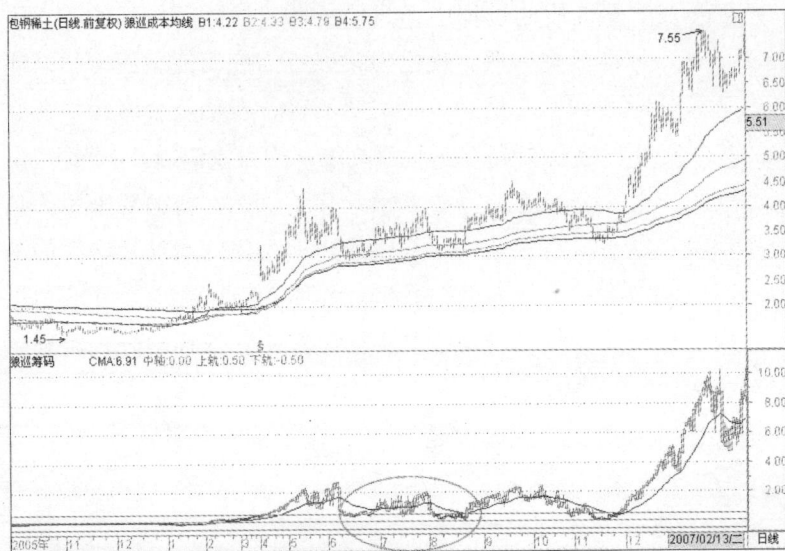

图4-3-9

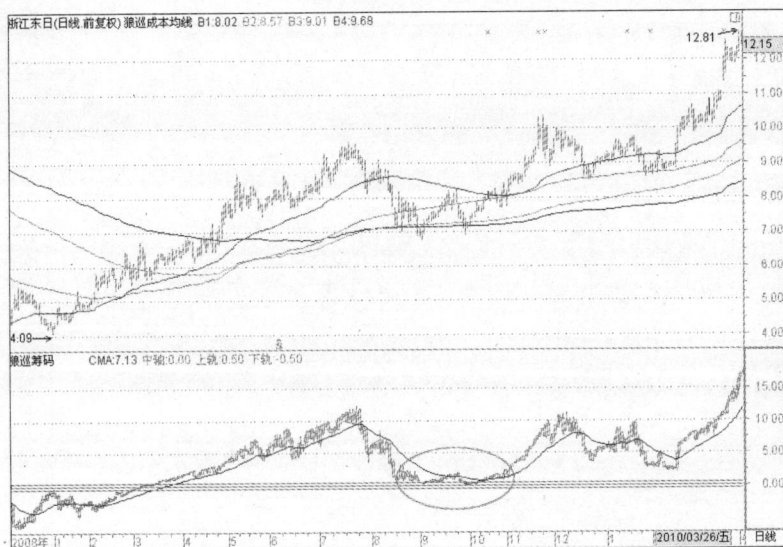

图4-3-10

OBWM指标能够在0轴线处出现上涨交叉，就属于符合选股要求的信号。要求选择的股票形态如图4-3-11和图4-3-12中所示。

但是在实际选股的过程中，我们要将狼巡RK2指标的超卖区20以下这一标准放宽一些，设定为30以下为超卖区。因为如果我们在选股的时候依然采用20以下的超卖区，我们就会漏掉很多回调较小却能够与狼巡OBWM指标相互统一的有效信号。

于是，选股公式的编写要求也就有了改变，我们要采用的选股条件就变成了，当狼巡成本均线的短期均线处于长期均线的上方，狼巡RK2指标处于30以下的超卖区时，若此时狼巡OBWM指标出现上涨交叉，就是符合标准的交易标的。指标的公式源码也就变成了如下所示。

狼巡成本配伍选股指标公式源码：

```
RSV：＝ (HIGH＋LOW＋OPEN＋CLOSE) ／4；
A1：＝ (SUM (RSV*AMOUNT，360) ／SUM (AMOUNT，360) )；
A2：＝ (SUM (RSV*AMOUNT，350) ／SUM (AMOUNT，350) )；
A3：＝ (SUM (RSV*AMOUNT，340) ／SUM (AMOUNT，340) )；
```

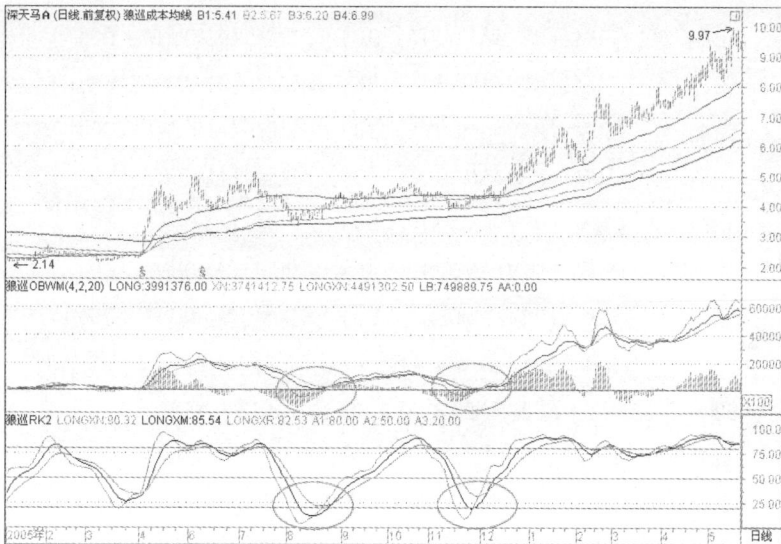

图4-3-11

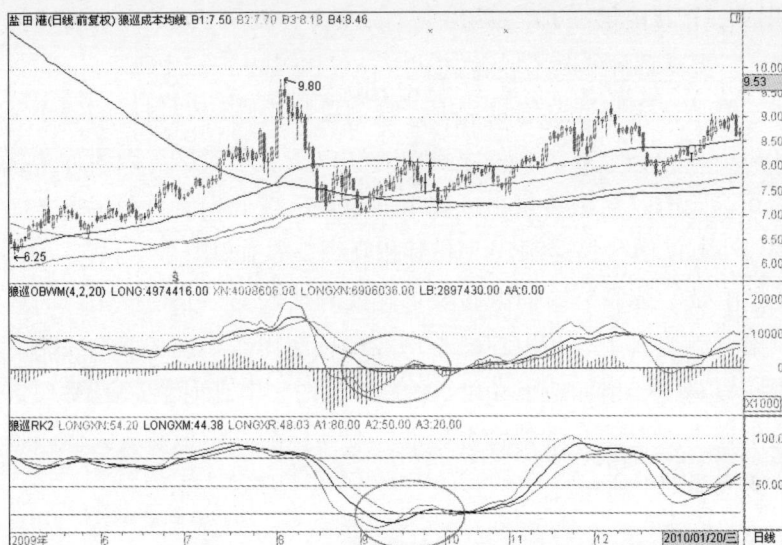

图4-3-12

A4：=（SUM（RSV*AMOUNT，330）／SUM（AMOUNT，330））；

A5：=（SUM（RSV*AMOUNT，320）／SUM（AMOUNT，320））；

A6：=（SUM（RSV*AMOUNT，310）／SUM（AMOUNT，310））；

A7：=（SUM（RSV*AMOUNT，300）／SUM（AMOUNT，300））；

A22：=（SUM（RSV*AMOUNT，90）／SUM（AMOUNT，90））；

A23：=（SUM（RSV*AMOUNT，80）／SUM（AMOUNT，80））；

A24：=（SUM（RSV*AMOUNT，70）／SUM.（AMOUNT，70））；

A25：=（SUM（RSV*AMOUNT，60）／SUM（AMOUNT，60））；

A26：=（SUM（RSV*AMOUNT，50）／SUM（AMOUNT，50））；

A27：=（SUM（RSV*AMOUNT，40）／SUM（AMOUNT，40））；

A28：=（SUM（RSV*AMOUNT，30）／SUM（AMOUNT，30））；

B1：=（A1＋A2＋A3＋A4＋A5＋A6＋A7）／7；

B2：=（A22＋A23＋A24＋A25＋A26＋A27＋A28）／7；

AA1：=B1＞A2；

RSV2：=（CLOSE－LLV（LOW，50））／（HHV（HIGH，50）－
LLV（LOW，50））*100；

```
LONG: =EMA (EMA (RSV, 10) , 10) ;
XN: =EMA (EMA (LONG, 5) , 5) ;
LONGXN: =3*LONG-2*XN;
LONGXM: =SMA (LONGXN, 5, 1) ;
LONGXR: =SMA (LONGXN, 10, 1) ;
AA2: =LONGXN<30;


AC1: =SUM (IF (CLOSE>REF (CLOSE, 1) , VOL, IF (CLOSE
<REF (CLOSE, 1) , -VOL, 0) ) , 0) ;
AC2: =EMA (AC1, 5) *CLOSE;
LONGC: =EMA (AC2, 20) -EMA (AC2, 50) ;
XNC: =EMA (LONGC, 10) ;
LONGXNC: =3*LONGC-2*XNC;
AA3: =CROSS (LONGXNC, XNC) ;
AA1 AND AA2 AND AA3;
```

通过上面的公式源码和图示我们知道了，狼巡成本均线指标
与狼巡RK2指标、狼巡OBWM指标相互配伍的选股方法和思路。
狼巡趋势指标与狼巡RK2指标、狼巡OBWM指标相互配伍的选
股方法和思路，也是相同的。我们只需要将狼巡趋势指标与狼巡
RK2指标和狼巡OBWM指标相互配伍起来就可以了。配伍之后的
公式源码如下：

狼巡趋势配伍选股指标公式源码：

```
RSV: = (HIGH+LOW+OPEN+CLOSE) /4;
M10: =SMA (CLOSE, 50, 1) ;
M13: =SMA (CLOSE, 200, 1) ;
AA1: =M10>M13;


RSV2: = (CLOSE-LLV (LOW, 50) ) / (HHV (HIGH, 50) -
LLV (LOW, 50) ) *100;
```

```
LONG：=EMA (EMA (RSV, 10), 10)；
XN：=EMA (EMA (LONG, 5), 5)；
LONGXN：=3*LONG－2*XN；
LONGXM：=SMA (LONGXN, 5, 1)；
LONGXR：=SMA (LONGXN, 10, 1)；
AA2：=LONGXM＜30；


AC1：=SUM (IF (CLOSE＞REF (CLOSE, 1), VOL, IF (CLOSE
＜REF (CLOSE, 1), －VOL, 0)), 0)；
AC2：=EMA (AC1, 5) *CLOSE；
LONGC：=EMA (AC2, 20) －EMA (AC2, 50)；
XNC：=EMA (LONGC, 10)；
LONGXNC：=3*LONGC－2*XNC；
AA3：=CROSS (LONGXNC, XNC)；
AA1 AND AA2 AND AA3；
```

　　这样，通过上面的选股系统所选出来的股票，基本上都能达到

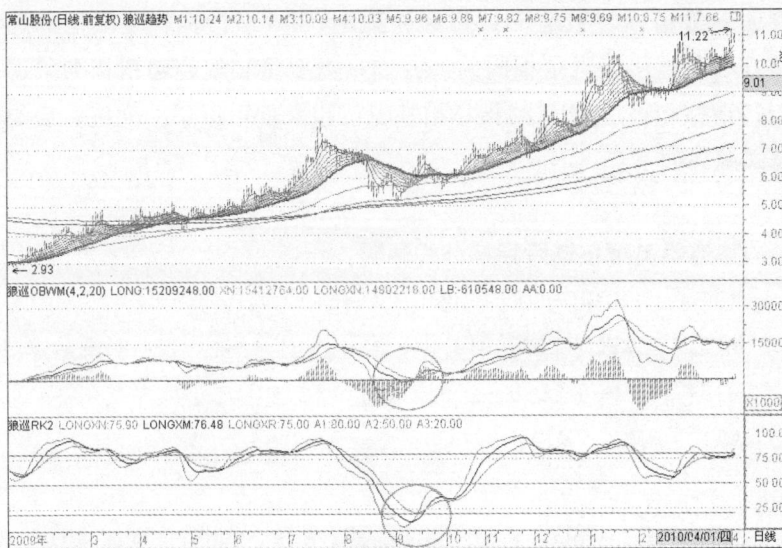

图4-3-13

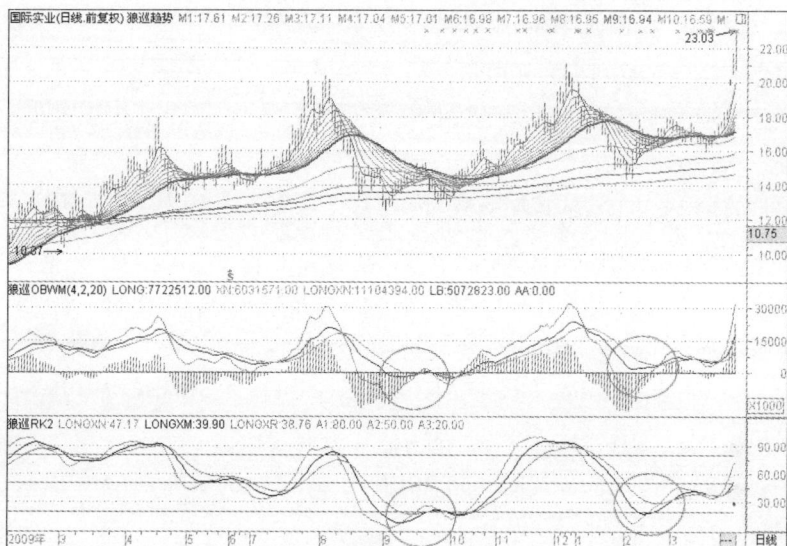

图4-3-14

如下所示的股票走势标准。如图4-3-13和图4-3-14中所示。

当然，还是那句话，这套系统只适合在熊末牛初的时候选取长线牛股，并且未必每天都能选到符合要求的股票，也无法选出因符合其他技术要求而上涨的股票。我们所选中的股票只是很多种上涨模式中的几种，并且也无法保证一定上涨。它只能够提高我们的选股效率，而无法代替我们思考。

下面是本节中的狼巡成本均线公式源码和狼巡RK2、狼巡OBWM指标公式源码。

狼巡成本均线公式源码：

```
RSV：=（HIGH+LOW+OPEN+CLOSE）/4；
A1：=（SUM（RSV*AMOUNT，360）/SUM（AMOUNT，360））；
A2：=（SUM（RSV*AMOUNT，350）/SUM（AMOUNT，350））；
A3：=（SUM（RSV*AMOUNT，340）/SUM（AMOUNT，340））；
```

A4：= (SUM (RSV*AMOUNT, 330) / SUM (AMOUNT, 330)) ;

A5：= (SUM (RSV*AMOUNT, 320) / SUM (AMOUNT, 320)) ;

A6：= (SUM (RSV*AMOUNT, 310) / SUM (AMOUNT, 310)) ;

A7：= (SUM (RSV*AMOUNT, 300) / SUM (AMOUNT, 300)) ;

A8：= (SUM (RSV*AMOUNT, 270) / SUM (AMOUNT, 270)) ;

A9：= (SUM (RSV*AMOUNT, 260) / SUM (AMOUNT, 260)) ;

A10：= (SUM (RSV*AMOUNT, 250) / SUM (AMOUNT, 250)) ;

A11：= (SUM (RSV*AMOUNT, 240) / SUM (AMOUNT, 240)) ;

A12：= (SUM (RSV*AMOUNT, 230) / SUM (AMOUNT, 230)) ;

A13：= (SUM (RSV*AMOUNT, 220) / SUM (AMOUNT, 220)) ;

A14：= (SUM (RSV*AMOUNT, 210) / SUM (AMOUNT, 210)) ;

A15：= (SUM (RSV*AMOUNT, 180) / SUM (AMOUNT, 180)) ;

A16：= (SUM (RSV*AMOUNT, 170) / SUM (AMOUNT, 170)) ;

A17：= (SUM (RSV*AMOUNT, 160) / SUM (AMOUNT, 160)) ;

A18：= (SUM (RSV*AMOUNT, 150) / SUM (AMOUNT, 150)) ;

A19：= (SUM (RSV*AMOUNT, 140) / SUM (AMOUNT,

140)) ;

A20: = (SUM (RSV*AMOUNT, 130) / SUM (AMOUNT, 130)) ;

A21: = (SUM (RSV*AMOUNT, 120) / SUM (AMOUNT, 120)) ;

A22: = (SUM (RSV*AMOUNT, 90) / SUM (AMOUNT, 90)) ;

A23: = (SUM (RSV*AMOUNT, 80) / SUM (AMOUNT, 80)) ;

A24: = (SUM (RSV*AMOUNT, 70) / SUM (AMOUNT, 70)) ;

A25: = (SUM (RSV*AMOUNT, 60) / SUM (AMOUNT, 60)) ;

A26: = (SUM (RSV*AMOUNT, 50) / SUM (AMOUNT, 50)) ;

A27: = (SUM (RSV*AMOUNT, 40) / SUM (AMOUNT, 40)) ;

A28: = (SUM (RSV*AMOUNT, 30) / SUM (AMOUNT, 30)) ;

B1: (A1+A2+A3+A4+A5+A6+A7) /7;

B2: (A8+A9+A10+A11+A12+A13+A14) /7;

B3: (A15+A16+A17+A18+A19+A20+A21) /7;

B4: (A22+A23+A24+A25+A26+A27+A28) /7;

狼巡RK2指标公式源码：

RSV: = (CLOSE−LLV (LOW, 50)) / (HHV (HIGH, 50) − LLV (LOW, 50)) *100;

LONG: =EMA (EMA (RSV, 10) , 10) ;

XN: =EMA (EMA (LONG, 5) , 5) ;

LONGXN: 3*LONG−2*XN;

LONGXM: SMA (LONGXN, 5, 1) ;

LONGXR: SMA (LONGXN, 10, 1) ;

A1: 80;

A2: 50;

A3: 20;

狼巡OBWM指标公式源码：

A1: =SUM (IF (CLOSE>REF (CLOSE, 1) , VOL, IF (CLOSE

```
<REF (CLOSE, 1) , —VOL, 0) ) , 0) ;
    A2: =EMA (A1, 5) *CLOSE;
    LONG: EMA (A2, 20) —EMA (A2, 50) ;
    XN: EMA (LONG, 10) ;
    LONGXN: 3*LONG—2*XN;
    LB: (LONG—XN) *3, COLORSTICK;
    AA: 0;
```

第四节 常用多条件自动选股指标的设计要求

Section4

　　在上一节中，我们知道了如何将不同的指标相互配伍，最终编写成一个符合自己思想和理念的自动选股指标。在这一节中，我们就来讲述将一些常用的技术指标相互配伍之后的设计要求。

　　首先，我们要先了解一下不同的指标相互配伍的选股理念。

　　我们以MACD指标、CCI指标和BOLL指标为例。

　　比如，我们想要这三个指标相互兼容起来作为一套配伍的中长期选股指标，我们就必须找到它们同时发生变化的参数，也就是说我们要找到这些指标的共振参数。如果相互配伍的指标缺乏共振参数，仅靠这些指标原参数来结合选股，虽然有一定的作用，也只不过是信号巧合而已。换言之，这样的指标配伍会因为缺乏相同周期变化的统一性而缺乏互检性和互补性。

　　我们举例说明一下。

　　比如，我们用20中轨的BOLL指标作为判断行情在通道内运行的高低标准，即我们此时所计算的是20日周期的行情走势和标准差的大小。如果此时我们用14日周期参数的CCI指标作为判断行情超买超卖的情况，那么我们计算的就是14日周期内的行情乖离率。此时如果我们采用参数为12、26、9的MACD指标作为判断行情趋势的标的，那么最终这套系统的每个指标所运算的结果都是自己的周期，BOLL指标运算的是20日的极限值，CCI指标运算的是14日的超买超卖，MACD指标运算的则是中期的趋势走向。每个指标都是各顾各，互不干涉，怎样相互互补，相互验证？用14日周期的CCI指标来确定20日周期的BOLL指标的超买超卖，用代表中期趋势的MACD指标来确定14日CCI指标的趋势走向？虽然它们偶尔会出现某些具有统一性的信号，但那只是一些随机的巧合而已，并不具备理论上的支持。

在前面讲述指标配伍的时候，我们曾简单讲述了如何确定不同指标的共同参数问题。在这里我们就将这一问题进一步延伸。

投机者必须知道，对于这个共振参数，如果我们没有系统而精密的参数测试系统，最简单的方法就是依赖某一具有周期分界性的平均线为依据（能够代表短期、中期、长期等具有分界意义的平均线），通过这条平均线的信号特征来确定其他指标的信号参数值。这样，所有的指标就会围绕这条平均线的周期发出各自不同的信号，以相互弥补、相互验证这一周期内不同指标对趋势变化的揭示，确定这一周期的超买超卖和趋势变化情况。这样，我们就知道了这一周期的行情、在不同阶段的超买超卖情况和价格运行的趋势情况，并据此确定最佳的买卖时机。

然而，我们还必须知道的一点是，即便我们找到了这个共振参数值，也会因为各不相同的指标设计原理上的差异，而面临在某些特殊时段信号无法统一的弊端。正如前面我们所讲到的那样，如果我们过分强调系统必须发出精确的统一信号，很多情况下，那些形态优良的股票就会因为不同指标的信号形成具有一些细小的差异，而被严格的系统选股条件淘汰了。所以，为了避免这一弊端，我们依然要将选股系统的条件适当放宽，给指标选股系统圈定一个标准的范围，以提高系统的选中率。

我们以BOLL布林指标、CCI指标和MACD指标配伍为例。

我们先来看一下BOLL布林指标和CCI指标没确定共振参数时的指标信号，与确定了共振参数时的指标信号的对比效果如何。如图4-4-1和图4-4-2中所示。其中，图4-4-1是没确定共振参数的指标信号，图4-4-2是确定了共振参数的指标信号。

上面的两幅图是*ST中冠A（000018）2004年9月～2007年11月的周线行情走势图。其中图4-4-1是原参数的BOLL布林指标与CCI指标的配伍情况，图4-4-2则是根据BOLL布林指标的中轨将

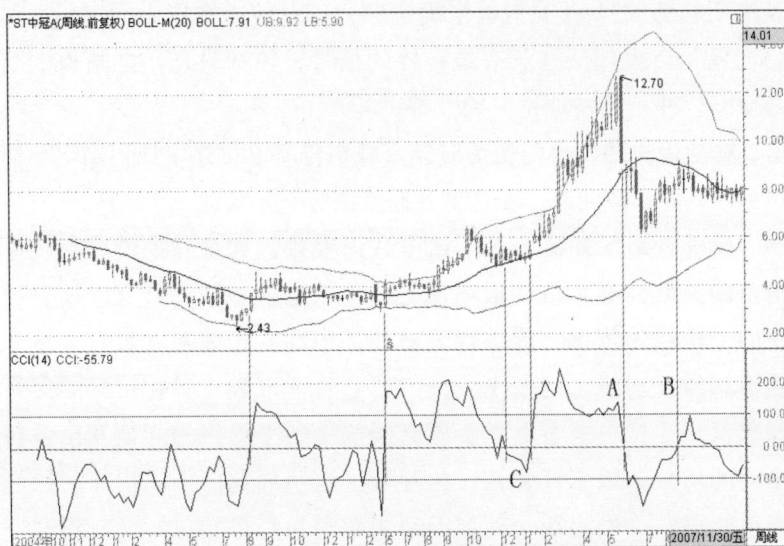

图4-4-1

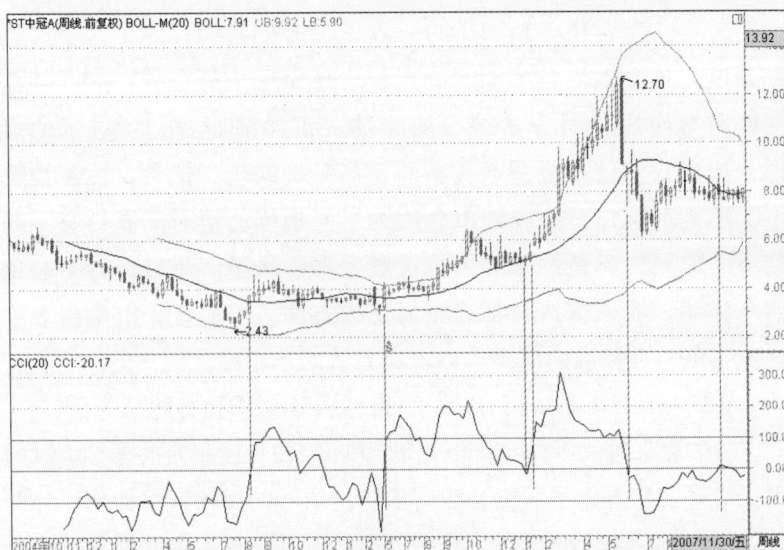

图4-4-2

参数修改为20以后的指标配伍情况。其中我们以BOLL布林指标的20中轨作为确定趋势的标的，CCI指标则采用0中线作为确定趋势的标的。

从图示中我们可以看到，图4-4-1中的CCI指标所预示的趋势与BOLL布林指标的中轨所预示的趋势有两处差异（图中A、B所示），有一处错误（图中C处所示）。但是我们从图4-4-2中则看不到这种情况。

我们再来看一下图4-4-3和图4-4-4中深物业A（000011）2007年4月～2010年4月的周线行情走势图所示的不同参数配伍效果对比。其中，图4-4-3是原参数的BOLL布林指标和CCI指标的配伍情况，图4-4-4则是根据BOLL布林指标的中轨将参数修改为20以后的指标配伍情况。

从图中我们可以看到，图4-4-3中的CCI指标所预示的趋势与BOLL布林指标的中轨所预示的趋势有两处差异（图中A、B所示），但是我们在图4-4-4中则看不到这种情况。这说明依据某一周期的平均线来设定不同的指标参数，有利于提升相关指标配伍的信号统一性。

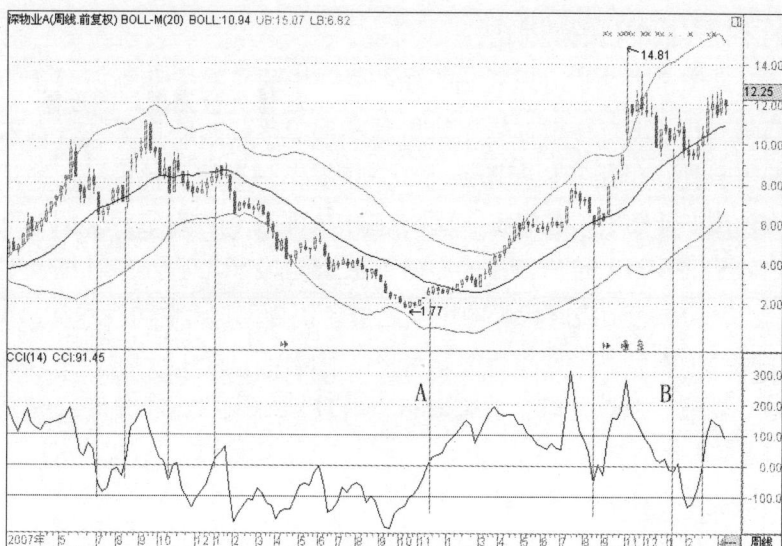

图4-4-3

图4-4-4

　　我们再来看一下BOLL布林指标与MACD指标的之间的配伍情况。我们以BOLL布林指标的20中轨作为确定趋势的标的，MACD指标则采用0轴线作为确定趋势的标的。如图4-4-5和图4-4-6中深物业A（000011）2007年4月～2010年4月的周线行情走势图所示的不同参数配伍效果对比。

　　从图示中我们可以看到，图4-4-5中的MACD指标所预示的趋势与BOLL布林指标的中轨所预示的趋势起始的位置具有很大的差异性，但是我们在图4-4-6中则看不到这种差异情况。这是因为图4-4-6中，我们将BOLL布林指标的中轴参数进行了调整，当我们将BOLL布林指标的中轨参数设定为50之后，同时符合了MACD指标0轴线所代表的中期趋势。因为50MA平均线和60MA平均线原本就是中期趋势的分水岭，而MACD指标的0轴线也具备这一功能。所以此时，我们既可以通过MACD指标检验50（60）MA平均线的趋势变化，也可以通过MA平均线检验MACD指标的趋势变化，两者可以互检。

　　我们再来看一下图4-4-7和图4-4-8中，沙河股份（000014）2007年2月～2010年4月的周线行情走势图所示的不同参数配伍效

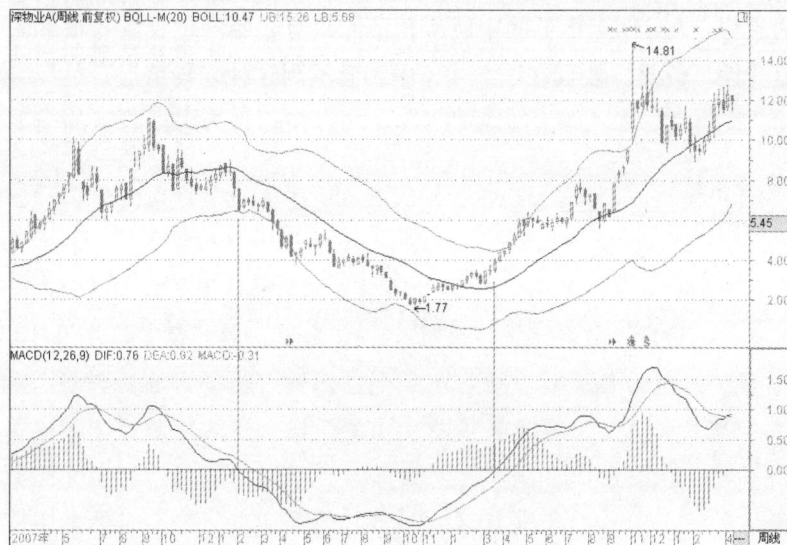

图4-4-5

图4-4-6

果对比。其中图4-4-7中的BOLL布林指标的中轨参数为20，图4-4-8中的BOLL布林指标的中轨参数为50。

从图示中我们再一次看到，图4-4-7中的MACD指标所预示的趋势，与BOLL指标的中轨所预示的趋势起始的位置具有很大的差异性。但是，我们在图4-4-8中则看不到这种差异情况。

换言之，如果我们想要将BOLL布林指标作为中期趋势的交易

图4-4-7

图4-4-8

标的，那么我们就需要将BOLL布林指标的参数设置为50，然后再确定MACD指标的参数，最后确定CCI指标的参数。即你需要先有一个中期趋势的周期概念，然后根据这个周期概念去设置其他指标的参数值。

比如上例，我们想做一个中期交易系统。我们首先要做的是将BOLL布林指标的中轨参数设置为50，MACD指标则不需要修改，CCI指标通过测试之后，要想适应中期趋势，也要设置成50。当然，在现实当中，如果你应用的是其他指标，那么你需要重新检测参数。不一定所有的指标参数，都会与主图中的MA平均线参数相一致，关键是你要根据主图中的MA平均线参数，找到其他指标能够与其共振的周期参数。我们采用这三个指标的配伍，是因为这三个指标的配伍具有一定的代表性。

接下来，我们再将这三个指标配伍起来看一下。如图4-4-9和图4-4-10中所示。其中图4-4-9是没有优化过参数的指标配伍，图4-4-9则是优化过参数的指标配伍。

从图示中我们可以看到，没有优化参数的图4-4-9中只有一处共振（图中A处），其他位置无论是交叉还是中线穿越，这三个指

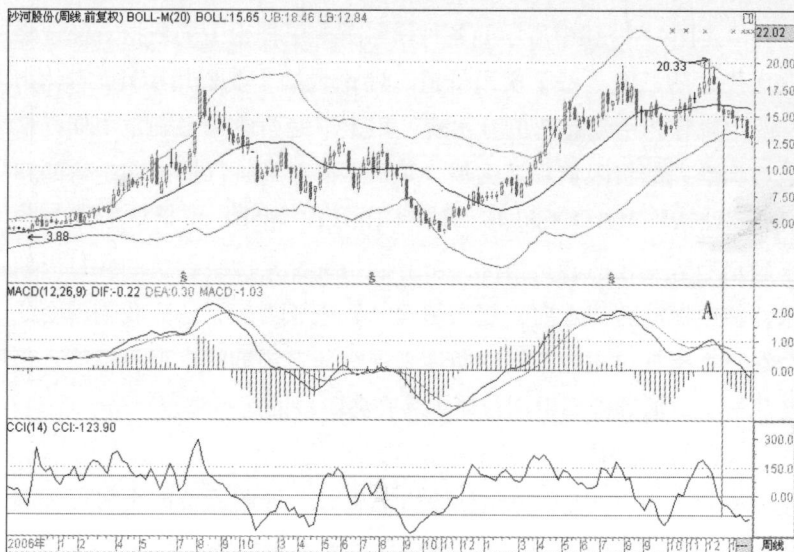

图4-4-9

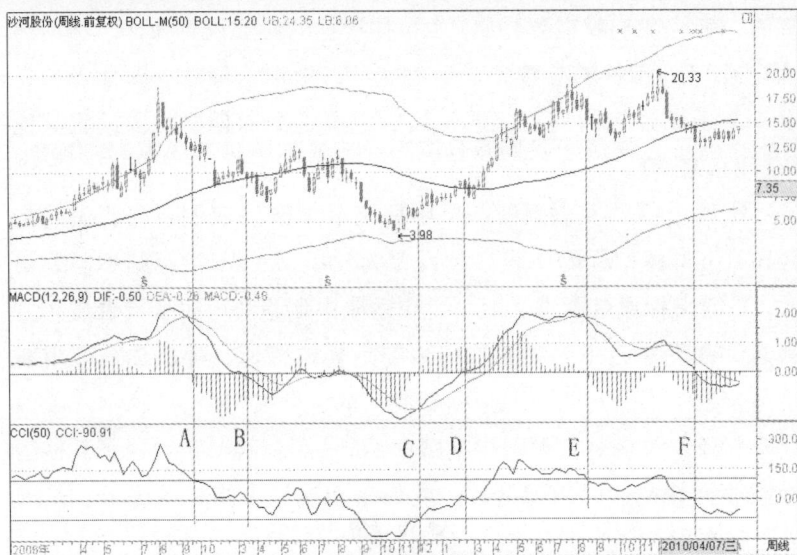

图4-4-10

标信号基本上没有共振。所以，此时三个指标所形成的共振只不过是一种随机的巧合而已，没有什么实际价值。虽然行情也能上涨或下跌，却因为缺乏正确的中期交易的理论依据，而并不具备实际应用的价值。

但是图4-4-10中所示的各种信号就有了理论上的依据，经过参数优化之后，就具备了实用价值。理论依据是我们用BOLL布林指标的中轨作为中期趋势的分水岭，用上下两条轨道来确定中期行情走势标准差的极限值和压力值，用CCI指标判断行情中期走势的超买超卖（大于100属于超买，小于-100属于超卖），用MACD指标来确定趋势变化的转折情况。所有的指标都是围绕行情的50日周期来评估中期的趋势走向、超买超卖、轨道压力等，这样我们就会结合这三个指标，通过不同的角度来观察50日周期的中期行情的走势变化情况，准确把握中期行情走势在各阶段的运行情况。

我们继续解释图中的各种信号。

比如，当BOLL布林指标冲出上轨时，说明股价的走势已经超过了50日均价的极限值，我们是不是应该卖出呢？什么时候卖出呢？我们可以通过CCI指标来分析行情此时的超买情况。此时CCI

指标已经大于100超买线出现超买了，我们可以设定CCI指标下穿100线时就属于一个卖出信号（图中A处和E处所示）。此时，如果MACD指标的DIF线和DEA线向下交叉，我们就可以确定趋势开始逆转了，就属于我们减仓或平仓的最佳时机（图中B处和F处所示）。但如果主图中的价格下穿了BOLL布林指标的50中轨，CCI指标和MACD指标同步下穿了0轴线，那么我们就可以确定中期的上涨走势已经结束，行情开始步入中期下跌的走势之中，此时就是投机者最后卖出股票的时机了。

买入的方法也是一样，先看一下BOLL布林指标的极限值，然后再看一下CCI指标是否出现超卖，如果出现超卖了，我们就可以在CCI指标上穿-100线、MACD指标出现底部交叉的时候部分买入（图中C处所示）；如果行情依然如故上涨，在BOLL布林指标上穿50中轨，CCI指标和MACD指标同步上穿0轴线的时候，就是一个胜算较高的买入时机（图中D处所示）。这就是所谓的周期共振，采用这样的周期共振，才是有效的交易方法。

但是，如果就这样将这一系统应用到自动选股系统中，就会因为条件苛刻而很少选出股票来的。所以我们在编写这样的选股指标时，依然要将条件放宽，设定一个有效的范围，这样就会提高指标的选中率。

我们以BOLL布林指标、CCI指标和MACD指标为例。我们要用这三个指标来创建一个选股系统。第一种信号模式是BOLL布林指标轨道处于放大阶段，CCI指标自超卖区向上击穿-100底线，MACD指标低位金叉。指标的设计思路为：选择那些超出BOLL指标轨道极限值的股票，然后根据CCI指标确定行情的超卖情况，如果行情超卖严重，后市就有可能会出现一定的反弹；当CCI指标上穿-100底线、MACD指标形成底部交叉的时候，就是行情超卖严重、趋势出现逆转的反弹信号。

按照正常的选股指标的设计思路，我们只需要设定一个BOLL布林指标的上下轨道的极限值，比如我们设定当BOLL布林指标的上下轨道张开的幅度达到收盘价的30%时，就为极限值。然后，设定好CCI指标和MACD指标的交叉即可。选股公式源码的编写方法如下所示。

```
BOLL：＝MA（CLOSE，50）；
UPPER：＝BOLL＋2*STD（CLOSE，50）；
LOWER：＝BOLL－2*STD（CLOSE，50）；
AA1：＝（UPPER－LOWER）＞CLOSE*0.3;

DIF：＝EMA（CLOSE，12）－EMA（CLOSE，26）；
DEA：＝EMA（DIF，9）；
MACD：＝（DIF－DEA）*2;
AA2：＝CROSS（DIF，DEA）；

TYP：＝（HIGH＋LOW＋CLOSE）／3;
CCI：＝（TYP－MA（TYP，50））／（0.015*AVEDEV（TYP，
50））；
AA3：＝CROSS（CCI，－100）；
AA1 AND AA2 AND AA3;
```

通过上面的公式源码我们可以知道，第一段源码的第四句AA1是BOLL布林指标的极限值条件设置。我们将这一极限值设置为，当BOLL布林指标上下轨道的宽度大于股票价格的30%时，就为极限值区。这样我们只需要将BOLL布林指标的选股条件AA1编写为：AA1：＝（UPPER－LOWER）＞CLOSE*0.3。

第二段源码的第四句就是MACD指标的条件设置，我们将条件AA2设定为DIF线上穿DEA线，所以公式源码为：AA2：＝CROSS（DIF，DEA）。

第三段源码的第三句则是CCI指标的源码，我们将其条件设定为CCI自低位上穿－100底线，所以条件AA3的公式源码为：AA3：＝CROSS（CCI，－100）。

这样，我们所选择出来的股票，基本上就是那些BOLL布林指标的上下轨道处于开口状态的行情走势。即当BOLL指标的开口放大状态时，行情就有可能随时出现回撤，这时候CCI指标处于低位

超卖区，就会更进一步肯定行情的走势；如果CCI指标在超卖区向上翻转并上穿-100底线，则说明中期的行情超卖引发了大量买盘，超卖情况正在得到改善，所以，这时候如果MACD指标的DIF线同步上穿DEA线，则说明由行情超卖引发的买盘，正在不断推高股价，新的趋势正在形成。

我们来看一下，通过我们的选股要求所选择的股票行情走势形态如何，如图4-4-11和图4-4-12中所示。

从图示中我们可以看到，当我们用这个系统选股的时候，我们就会选出那些在BOLL布林指标上下轨道大幅扩张之后，行情出现反弹的股票。

接下来，我们再来看一下BOLL指标、CCI指标和MACD指标自动选股的另一种模式，在BOLL布林指标收口处选择那些股价上穿50中轨，MACD指标和CCI指标同时上穿0中线的股票。其选股原理为，按照BOLL布林指标的使用要则，当BOLL指标处于收口状态时，行情随时可能产生快速的突破，如果此时股价向上突破50中轨，则说明后市有可能会出现一波幅度较大的中期走势，伴随着MACD指标和CCI指标的同步共振，就更能够提升这一信号

图4-4-11

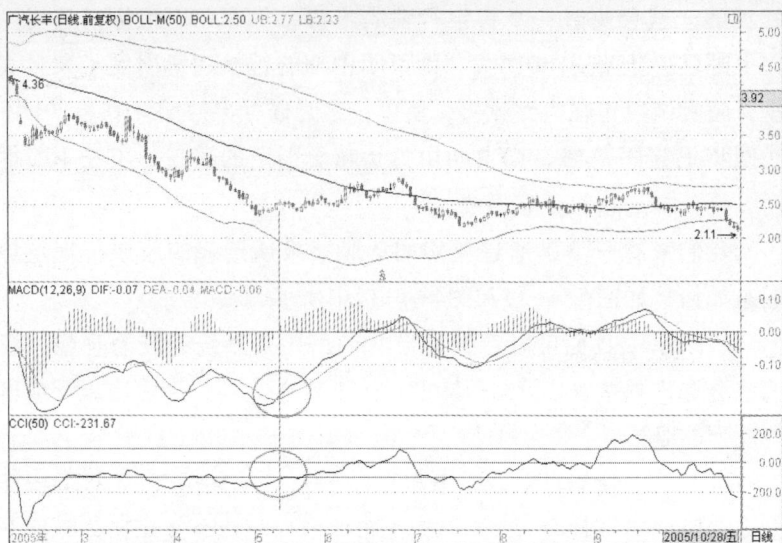

图4-4-12

的成功概率。我们来看一下，通过这一信号的模式所选出来的股票行情走势形态如何。如图4-4-13和图4-4-14中所示。

从图示中我们可以看到，当行情处于BOLL布林指标收口处上

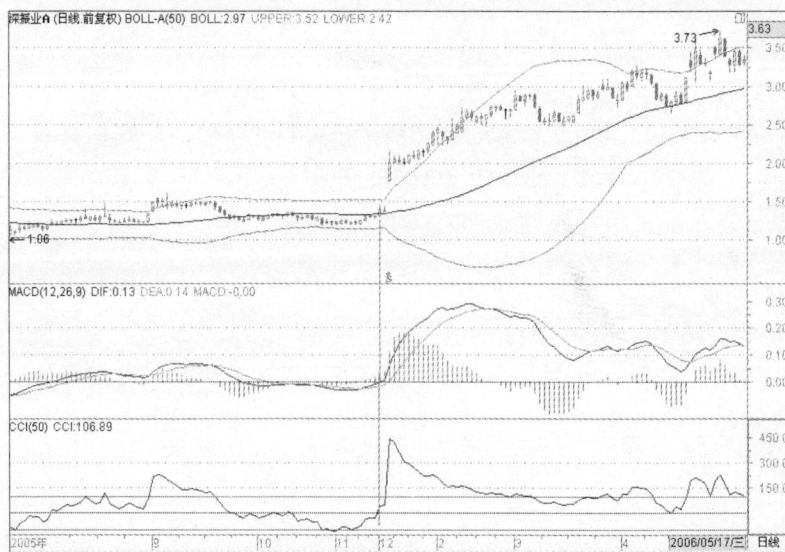

图4-4-13

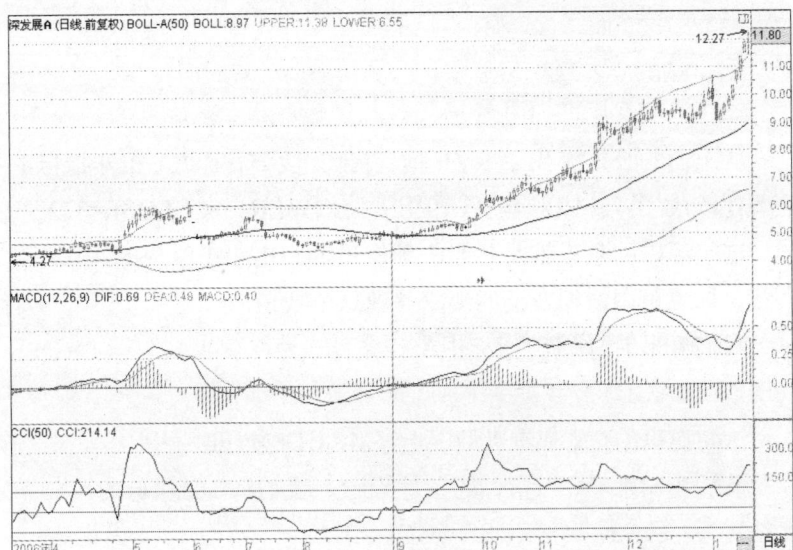

图4-4-14

穿50中轨时，如果此时CCI指标从超卖区反转向上，并和MACD指标同时上穿0中线，那么行情上涨的概率就会增大。这样，我们就有了一个明确的信号模式。接下来，我们就将这一信号模式编写成自动选股指标。编写成自动选股指标的公式源码如下：

```
BOLL：=MA (CLOSE, 50)；
UPPER：=BOLL+2*STD (CLOSE, 50)；
LOWER：=BOLL-2*STD (CLOSE, 50)；
AA1：= (UPPER-LOWER) <CLOSE*0.2；

DIF：=EMA (CLOSE, 12) -EMA (CLOSE, 26)；
DEA：=EMA (DIF, 9)；
MACD：= (DIF-DEA) *2；
AA2：=CROSS (DIF, MACD)；
TYP：= (HIGH+LOW+CLOSE) /3；
CCI：= (TYP-MA (TYP, 50) ) / (0.015*AVEDEV (TYP, 50) )；
```

```
AA3：=CROSS (CCI, 0) ;
AA1 AND AA2 AND AA3;
```

从上面的公式源码中我们可以看到，我们将BOLL布林指标中的条件改成了：AA1：=（UPPER-LOWER）＜CLOSE*0.2。

这句源码的意思就是，当上下轨道的距离小于股价的20%时。当然，你也可以根据自己的要求修改这一数值。

我们再来看MACD指标中AA2条件改成了：AA2：=CROSS（DIF，MACD）。

这句源码的意思就是当DIF上穿MACD0轴线时。

最后我们来看CCI指标的条件设置，我们将CCI指标的AA3条件设置为：AA3：=CROSS（CCI，0）。

这句源码的意思就是当CCI上穿0中线时。

之后，我们再用函数AND将这三个条件结合起来，就可以选择同时达到以上三个要求的股票了。

最后，我们再来看一下BOLL布林指标、CCI指标以及MACD指标的另一种选股模式的设计方法。

首先，我们要先界定一下我们要选择的股票走势形态。我们的选股要求是，在BOLL布林指标收口处选择那些股价上穿50中轨再次回落之后，MACD指标在0轴线处形成上涨交叉，且CCI指标也同时再次上穿0中线的股票。

其选股原理为，按照BOLL布林指标的使用要则，当BOLL布林指标处于收口状态时，行情随时可能产生快速的突破，如果此时行情向上突破未果，再一次返回中轨，若伴随着MACD指标0轴线金叉和CCI指标的同步再次穿越共振，就能更进一步提升这一信号的概率。我们来看一下我们的信号模式图示。如图4-4-15和图4-4-16中所示。

从图示中我们可以看到，当行情处于BOLL布林指标收口处上穿50中轨，如果此时行情出现回落，并再次企稳，且MACD指标的DIF线和DEA线形成0轴线黄金交叉，CCI指标又能够同时上穿0中线，那么行情上涨的概率就会增大。选股指标的公式源码如下编写：

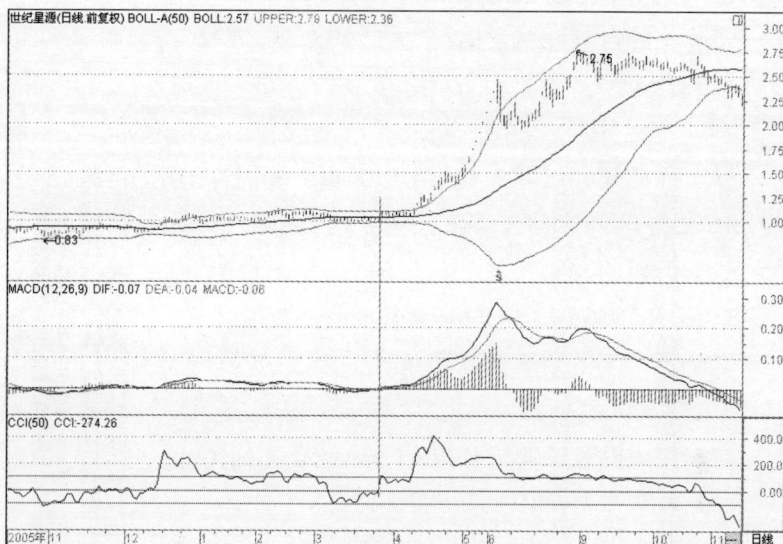

图4-4-15

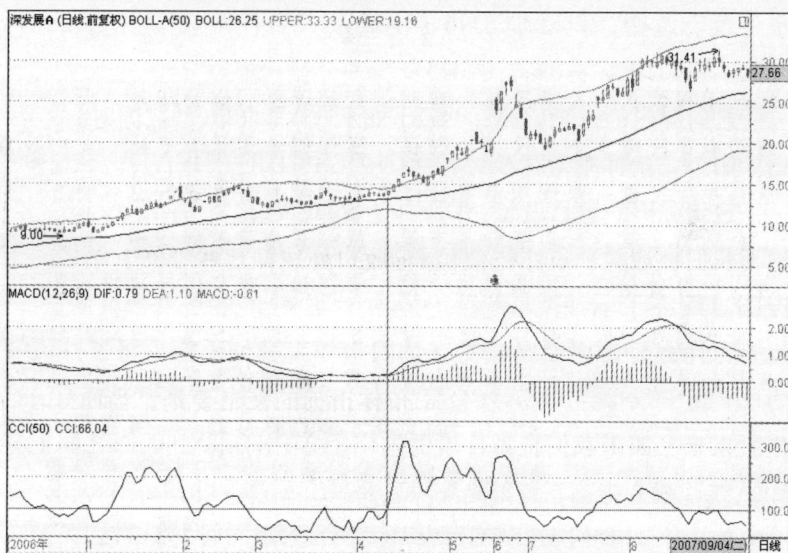

图4-4-16

BOLL：=MA（CLOSE, 50）；

UPPER：=BOLL＋2＊STD（CLOSE, 50）；

LOWER：=BOLL－2＊STD（CLOSE, 50）；

AA1：=（UPPER－LOWER）＜CLOSE＊0.2；

```
DIF：=EMA (CLOSE, 12) —EMA (CLOSE, 26) ;
DEA：=EMA (DIF, 9) ;
MACD：= (DIF—DEA) *2;
AA2：=RANGE (DIF, —025, 0.025) ;
AA3：=CROSS (DIF, DEA) ;

TYP：= (HIGH+LOW+CLOSE) /3;
CCI：= (TYP—MA (TYP, 50) ) / (0.015*AVEDEV (TYP,
50) ) ;
AA4：=CROSS (CCI, 0) ;
AA1 AND AA2 AND AA3 AND AA4;
```

从上面的公式源码中，我们可以看到，BOLL布林指标中的条件没有改变，但MACD指标中的AA2条件改成了：AA2：=RANGE (DIF, —025, 0.025) 。

这句源码的意思就是：当DIF处于—0.25和0.25之间时。

而AA3条件则为：AA3：=CROSS (DIF，DEA) 。

这句源码的意思就是：DIF线上穿DEA线。

我们将这两个条件整合起来就是DIF线在—0.25到0.25之间上穿DEA线。

为什么要这样设置呢？这是因为如果我们一定要将条件设置为DIF线在0轴线与DEA线交叉，就会因为条件过于苛刻而无法选出股票来。如果我们将条件设置为DIF线在—0.25到0.25之间上穿DEA线，就会提高系统的选中率。

接下来，我们来看CCI指标的条件设置。从上面的公式源码中，我们可以看到CCI指标的AA4条件没有变化，依然设置为：AA4：=CROSS (CCI, 0) 。

最后，我们用函数AND将这四个条件结合起来，这样就可以选择同时达到以上四种要求的股票了。

第五节 自动选股系统的应用方法

Section5

当你将自动选股指标引入系统中后，如何应用自动选股指标选出股票呢？在这一节中我们就来讲述这一问题。

首先，我们要点击行情系统左上方的功能键，如此功能键的下方就会出现一个菜单栏。然后，我们再将鼠标指针放到"选股器"处，如此在选股器的右边就会出现第二个菜单，上面有"条件选股"、"定制选股"、"智能选股"、"插件选股"、"综合选股"五个选项，我们只需要点选"条件选股"选项即可，如图4-5-1中所示。

这时，行情软件中就会跳出一个条件选股的界面。我们只需要在此界面的"条件选股公式"框中点选"狼巡趋势配伍"选股公式（狼巡趋势配伍选股公式就是本章第三节中的狼巡趋势指标、狼巡RK2指标和狼巡OBWM指标三者结合的选股系统），然后点击"加入条件"，如此在"选股条件列表"中就会出现我们所点选的指标名称。接着，我们再在"选股周期"中点选日线，最后点击"执行选股"，系统就会自动运行，将符合我们选股指标中的股票全部选出来。如图4-5-2～图4-5-4中所示。

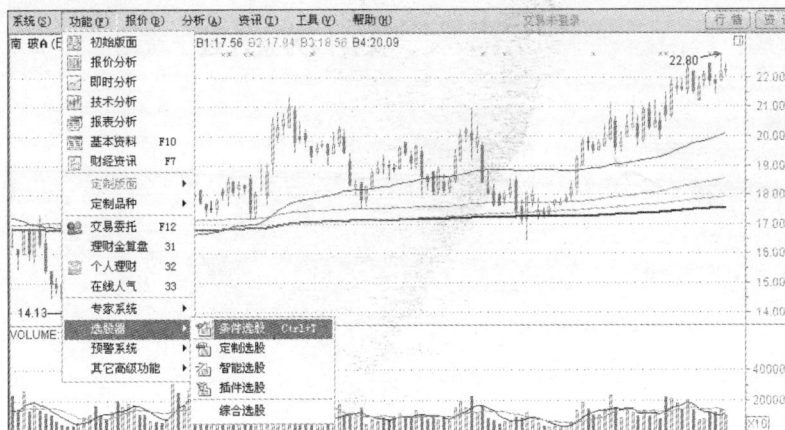

图4-5-1

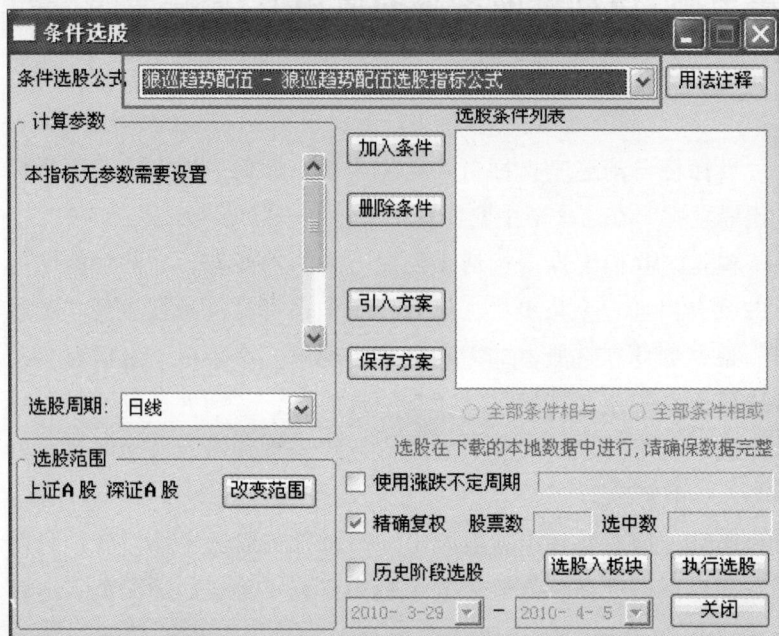

图4-5-2

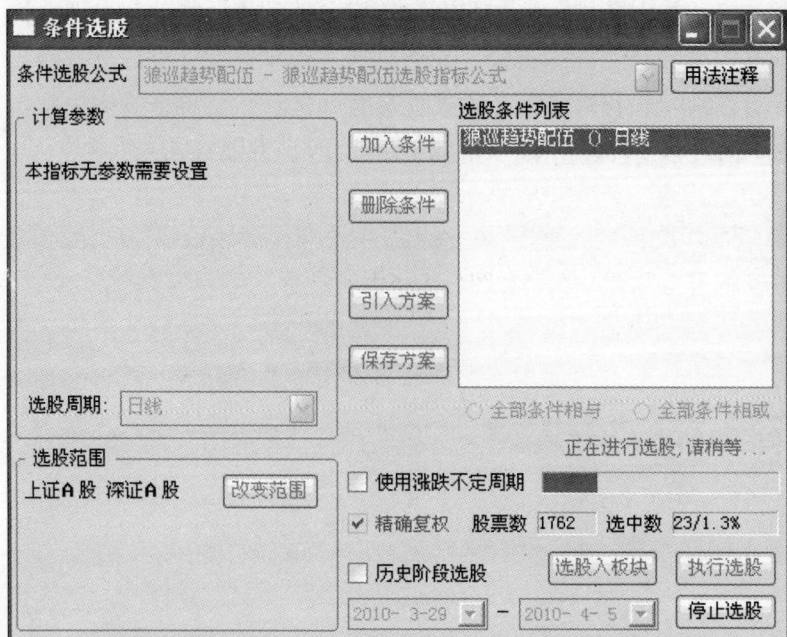

图4-5-3

	代码	名称	涨幅%	现价	日涨跌	买入价	卖出价	总量	现量	涨速	换手%	今开	昨收	最高
1	600018	上港集团	0.71	5.65	0.04	5.65	5.66	20.2万	104	—	0.10	5.62	5.61	5.69
2	600037	歌华有线	0.00	15.81	0.00	15.81	15.82	20.6万	72	-0.06	1.94	15.81	15.81	16.00
3	600078	澄星股份	6.74	10.92	0.69	10.90	10.91	36.6万	70	-0.27	7.15	10.25	10.23	11.23
4	600082	海泰发展	0.13	7.65	0.01	7.65	7.66	56629	12	0.13	0.94	7.71	7.64	7.71
5	600089	特变电工	-0.47	21.22	-0.10	21.23	21.25	31.0万	2	0.14	1.73	21.40	21.32	21.44
6	600098	广州控股	-0.27	7.47	-0.02	7.47	7.48	10.3万	90	—	0.50	7.53	7.49	7.56
7	600135	乐凯胶片	10.04	12.50	1.14	12.50	—	10.1万	420	—	4.09	11.35	11.36	12.50
8	600149	*ST建通	1.79	6.24	0.11	6.23	6.24	10.9万	40	0.32	3.50	6.15	6.13	6.34
9	600163	福建南纸	6.08	6.11	0.35	6.11	6.12	73.1万	30	-0.16	10.81	5.76	5.76	6.34
10	600198	大唐电信	0.05	19.21	0.01	19.20	19.21	13.2万	43	-0.10	3.01	19.18	19.20	19.60
11	600212	江泉实业	0.5T	5.94	0.03	5.93	5.94	20.2万	183	—	3.95	5.95	5.91	6.07
12	600268	国电南自	1.72	30.12	0.51	30.09	30.10	50956	10	0.36	2.88	29.78	29.61	30.75
13	600300	维维股份	0.27	7.47	0.02	7.46	7.47	18.6万	108	—	1.16	7.46	7.45	7.48
14	600309	烟台万华	0.46	24.11	0.11	24.12	24.13	81435	9	-0.12	0.49	24.10	24.00	24.50
15	600321	国栋建设	3.38	12.86	0.42	12.85	12.86	10.8万	56	-0.07	7.16	12.40	12.44	12.95
16	600356	恒丰纸业	0.77	13.05	0.10	13.05	13.07	34393	10	-0.15	2.46	12.95	12.95	13.19
17	600410	华胜天成	0.06	17.86	0.01	17.85	17.86	43022	26	-0.11	1.04	17.87	17.85	18.15
18	600423	柳化股份	0.61	14.73	0.09	14.72	14.73	32545	1	0.06	1.22	14.65	14.64	14.79
19	600426	华鲁恒升	2.68	19.89	0.52	19.89	19.90	23.0万	8	-0.15	4.64	19.45	19.37	19.96
20	600460	士兰微	1.48	15.08	0.22	15.08	15.09	12.4万	75	0.26	3.06	14.86	14.86	15.09
21	600470	六国化工	0.00	13.71	0.00	—	—	—	0	—	0.00	—	13.71	—
22	600493	凤竹纺织	3.26	9.51	0.30	9.50	9.52	84198	80	0.42	4.95	9.32	9.21	9.75
23	600496	精工钢构	1.86	13.11	0.24	13.11	13.12	12.7万	10	-0.07	3.69	12.88	12.87	13.26

图4-5-4

　　当然，我们在设定选股公式的时候，通常都会因为条件的适当放宽以及一些不可知的系统问题，导致一部分并不太符合要求的股票，和指标符合要求但走势形态不符合要求的股票，也会出现在其中。这时，我们就需要在系统选中的那些股票中进行第二次筛选，专门选择那些最符合要求的股票，优中选优即可。当然你也可以将条件适当收紧，总之，你可以多尝试一下，直到你自己满意为止。因为本书的宗旨是授你以渔，所以你需要将本书中的方法和技巧多进行一些尝试，以便实现技能上的提高。

　　我们来看一下上面的系统所选出来的股票，是不是符合我们的交易信号。如图4-5-5和图4-5-6中所示。

　　通过图示我们可以看到，我们的自动选股公式所选出来的股票基本上都是符合要求的。当然，其中可能也会存在少部分股票的走势并不符合我们所需要的形态要求，所以我们必须再人工筛选一次。

　　当然，如果你感到目前选出的股票并不合乎你的要求，或某一段时间里并没有选出股票，你可以过一段时间再选一次，或每天都选一次，直到选到最佳的股票为止。

　　最后我要再次申明的一点是，自动选股系统不能代替人的思考，不要一看到自动选股系统选出股票来了，就认为这个股票一

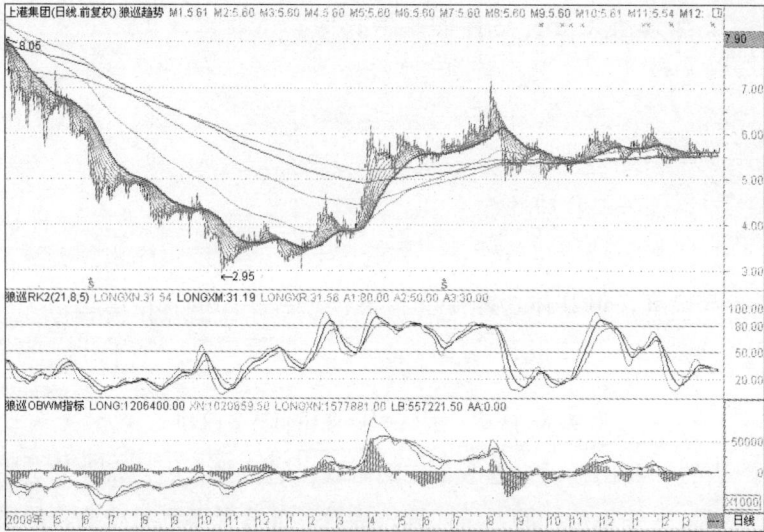

图4-5-5

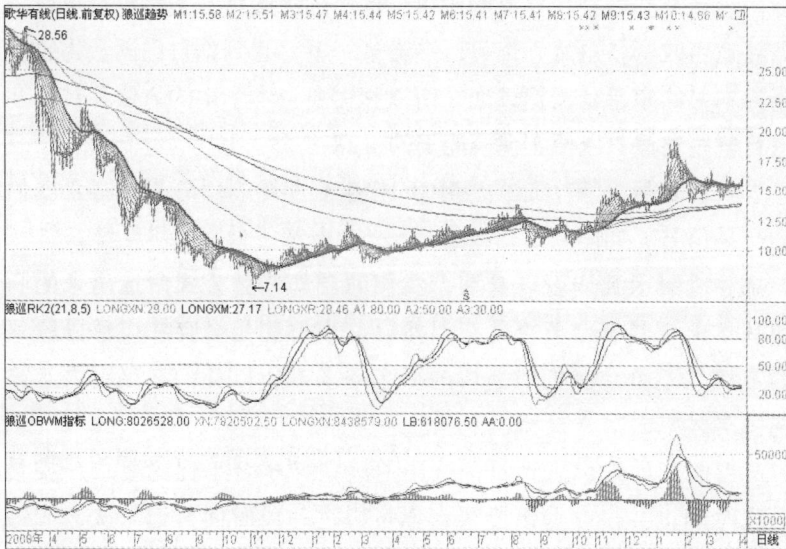

图4-5-6

定能上涨，或这个股票完全合乎要求，并想当然地大量买入。自动选股系统虽然能够按照你的要求选出股票，但它不会分析行情价格的高低，有些股票虽然符合要求，但价格太高了，并且公司的基本面又不太好，这样的股票我们就不建议投机者介入。比如，投机者采用这套系统进行选股，但选出来的股票价格已经运行到高位了，那这就不是我们所需要的股票了。所以，我们提倡使用系统自动选股的长期投机者，要在熊末牛初的时候选取那些符合要求的股票长期持有。

自动选股指标只能够将一部分符合我们所设定的条件的股票自动选出来，但具体选择哪个股票，还需要投机者自己观察、对比和思考。当你选出符合你的要求的最佳股票时，如果买入的条件还不成熟，那么你就需要根据实际行情，跟踪观察，然后再决定买入的方式和时机。

记住，选股指标只是一种工具，只能减少人的体力劳动，不能帮助人思考。它的作用就是提高你的工作效率，而不是代替你思考。

第五章

Chapter5

正确认识和应用未来数据

前面我们曾简单提到过未来数据，未来数据到底是怎么回事呢？为什么在投机市场中有那么多人会对未来数据闻之色变，避而远之，甚至恨得咬牙切齿呢？

这是因为，未来数据是以以后的数据进行系统运算的。比如我们设计一个含有未来数据的指标，条件设定为：如果行情的收盘价发生3%的上涨变化时转向，发出买入信号；如果行情的收盘价发生10%的下跌时转向，发出卖出信号。那么指标就会在收盘价发生3%的转向时发出信号，但如果行情的走势在当天的下午出现了变化，收盘价只下跌了2%，那么这一信号就会随之消失。所以，含有未来数据的指标如果没有进行条件优化，基本特征就是买卖信号不确定，且常常是今日发出了买入信号，过几日如果行情出现了下跌，满足不了原先的条件，信号就会消失，或今日没有发出买入信号，过几日如果行情真的出现了上涨，满足了原先的条件，信号就会在先前的低点位置自动出现，如股价上涨成功，则信号不消失，如股价上涨失败，则信号又会自动消失。

所以，如果我们将此指标应用到已经形成的历史行情中，检验指标的买卖信号，系统的每一个信号都是非常准确的，但我们必须知道，这只可以当做一件"艺术品"欣赏，切不可信以为真用于实践中。所以，这种异常准确的信号特征，也是验证一个指标是否含有未来数据的基本方法。换言之，如果你发现某一指标的买卖信号异常准确，那它必然含有未来数据，记住是必然，而不是可能。因为世界上根本就没有准确率百分百的实用技术指标，很多优秀有效的盈利指标的准确率连50%都达不到。

投机市场中总会有那么一些"边缘人"拿着含有未来数据根的指标，声称自己发现了某一市场重要规律，并以此为幌子来欺骗一些不明就里的投机者。那些忍痛花费重金从别人那里买来的"精准系统"在测试中的成功率极高，但当人们真的拿着自己的钱按照发出的信号买入股票后，不久信号竟然消失得无影无踪，让那些人叫苦不迭。

而那些没有未来数据的指标公式，则是以以前的数据或当下的数据进行运算的，这样的数据都是已经存在的，如果指标在今天发出买入信号，过多少天，多几年也好，今天发出的信号还是今天发出的，永远都不会变。

然而，我们又必须要申明的是，未来数据和其他函数如MA、EMA等一样，只不过是人们设计的一种工具，我们既不能把它神化，也不能把它魔化，我们应该对未来数据进行客观而理性的认识，研究它的生成原理，摸索它的应用方法，只有这样，未来数据才会对我们理性的系统操作产生正面的影响。

第一节 未来数据的类型

Section1

如果一定要用一个概念来定义未来数据的话，我们只能说：未来数据是在设定的条件下，用最新的数据修正历史数据的结果，如果最新行情数据出现新的转折之后，走势没有改变，始终满足先前数据所设定的条件，最终未来数据所呈现给我们的结果就是精准的、正确的；反之，如果最新数据并不能满足原先数据所设定的条件，指标虽然也能够在行情出现转折的时候发出信号，但当行情走势达不到先前设定的转折要求时，信号就会消失。虽然它对市场变化的描述是客观的、及时的，但是，未来数据的这种自我修正的"功能"，也会让信号变得忽隐忽现、时有时无，让很多不明就里的指标使用者无所适从。

而其他函数如MA、EMA等，因为引用的是历史数据和当下数据，所以，其描述的行情走势实际上是对历史走势的主观描述，也是人们对市场的运行总结，这样的函数信号是稳定的，可靠的，但应用的结果却总是滞后于市场的变化。总之，未来数据和历史数据各有所长，也各有所短。关键是，我们要对未来数据有一个全面而深入的了解，只有这样，我们才能舍其所短，用其所长。

总体来说，未来数据大致可分为四种类型：第一种是之字转向类，第二种是跨周期引用类，第三种是向前赋值类，第四种是指定买卖日期或买卖价格类。

我们先来看看第一种类型——之字转向类。

1.ZIG：（之字转向）

用法：

ZIG（K，N，ABS），表示当价格变化量超过N%时转向。K表示——0：开盘价，1：最高价，2：最低价，3：收盘价，4：低点采用最低价、高点采用最高价。若ABS为0或省略，则表示相对ZIG转向，否则为绝对ZIG转向。

例如：

ZIG（3，5）表示收盘价的5%的ZIG转向；

ZIG（3，0.5，1）表示收盘价的0.5%的绝对ZIG转向。

2.FLATZIG（归一化之字转向）

用法：

FLATZIG（K，N，ABS），表示当价格变化量超过N%时转向。K表示——0：开盘价，1：最高价，2：最低价，3：收盘价，4：低点采用最低价、高点采用最高价。若ABS为0或省略，则表示相对FLATZIG转向，否则为绝对FLATZIG转向。与ZIG函数不同的是本函数返回值在0～1之间。

例如：

FLATZIG（3，5）表示收盘价的5%的归一化ZIG转向。

3.PEAK（前M个ZIG转向波峰值）

用法：

PEAK（K，N，M，ABS）表示之字转向ZIG（K，N，ABS）的前M个波峰的数值，M必须大于等于1。若ABS为0或省略，则表示相对ZIG转向，否则为绝对ZIG转向。

例如：

PEAK（1，5，1）表示5%最高价ZIG转向的上一个波峰的数值。

4.PEAKBARS（前M个ZIG转向波峰到当前距离）

用法：

PEAKBARS（K，N，M，ABS）表示之字转向ZIG（K，N，ABS）的前M个波峰到当前的周期数，M必须大于等于1。若

ABS为0或省略，则表示相对ZIG转向，否则为绝对ZIG转向。

例如：

PEAK（0，5，1）表示5%开盘价ZIG转向的上一个波峰到当前的周期数。

5.TROUGH（前M个ZIG转向波谷值）

用法：

TROUGH（K，N，M，ABS）表示之字转向ZIG（K，N，ABS）的前M个波谷的数值，M必须大于等于1。若ABS为0或省略，则表示相对ZIG转向，否则为绝对ZIG转向。

例如：

TROUGH（2，5，2）表示5%最低价ZIG转向的前2个波谷的数值。

6.TROUGHBARS（前M个ZIG转向波谷到当前距离）

用法：

TROUGHBARS（K，N，M，ABS）表示之字转向ZIG（K，N，ABS）的前M个波谷到当前的周期数，M必须大于等于1。若ABS为0或省略，则表示相对ZIG转向，否则为绝对ZIG转向。

例如：

TROUGH（2，5，2）表示5%最低价ZIG转向的前2个波谷到当前的周期数。

接下来，我们再来谈一下第二种类型的未来数据——跨周期引用类，即将长周期的数据引用到短周期之中，虽然没有直接引用未来函数，但依然隐蔽地引用了未来数据，其危害要比前者更大。比如用KDJ指标月初金叉选出股票。当行情在月初上涨时，条件成立，信号出现，但如果行情随后下跌，信号便消失了。使用方法如下所示：

"KDJ.K#DAY"：表示引用日线KDJ指标中的K数据。

"KDJ.K#WEEK"：表示引用周线KDJ指标中的K数据。

"KDJ.K#MONTH"：表示引用月线KDJ指标中的K数据。

第三种未来数据就是向前赋值类，即将当前位置到若干周期前的数据设为1。这属于一种比较低级的未来数据。比如，若前三日连续收阳线，则发出信号，若收阴线则不发出信号；或若当日收出阳线则发出信号，若收阴线则不发出信号。但这样的信号设置实际上是毫无意义的，因为如果当日上午行情收出阳线则系统会发出信号，但如果随着行情的下午走低，信号就消失了，如此飘忽不定的信号，会让投机者无所适从。使用方法如下所示：

1.BACKSET（X，N），若X非0，则将当前位置到N周期前的数值设为1。

例如：

BACKSET（CLOSE＞OPEN，2）若收阳则将该周期及前一周期数值设为1，否则为0。

2.WINNER、LWINNER等获利盘比例类的和COST也有未来数据的性质，有时可使信号产生漂移。

第四种类型是指定买卖日期或买卖价格类。这种情况大多发生在交易系统里，属于一种非常弱智的未来数据类型。比如指定最低价买入，最高价卖出，或指定涨跌幅度。

比如当行情创出新低，行情反升时，系统就会发出买入信号，可是，当行情再次反转向下，持续下跌，并再次创出新低时，系统原先发出的上涨信号就会消失，而在新的位置发出卖出信号，这样的信号模式在交易过程中是无法起到实际指导意义的，所以，尽管在测试期间其成功率非常高，但其实没有任何实用价值。

以上我们提到的这些未来数据，是最常见的未来数据类型，也是最常用的一些具有代表性的未来数据。我要说明的一点是，实际上我们所使用的任何一个指标，都具有一定的未来数据特性。比如KDJ指标或MACD指标，很多短线投机者可能都有这样的体会，有时候，我们明明看到KDJ指标或MACD指标发出技术性金叉，但当行情冲高回落之后，指标中的金叉又消失了，指标会随着行情（当下收盘价、市价）的变化而变化，一会儿交叉，一会儿不交叉。所以，很多投机者在现实交易中，往往会采取一些比较实用的策略来应对这一问题。比如，等到收盘后的半小时内确认金叉，或等到第二天行情开盘后半小时确认金叉，还有一

些投机者会采取为金叉限定百分比的方法确定金叉，即当指标明
显形成百分之几的交叉后再确认。总之，不同的投机者都会有自
己的确认方法。到底如何应用未来数据，我们会在后面有专门的
讲述。

第二节 未来数据的优化

Section2

  对于投机者而言，最重要的判断方式就是针对某一量化的标
准对时机进行推测，而未来数据则恰好能够帮助我们做到这一
点，所以未来数据在行情时机的推测方面是非常具有参考价值
的，它可以给投机者准确无误地指出一个可能转折的点位，这是
其他一般指标、函数所无法办到的。

  那些深入研究未来数据的投机者一定会知道，含未来数据的
指标在"判断"阶段顶部和底部的转折时是相当准确的。所以，
如果为这样的指标设定一些比较严格的限制条件优化之后，完全
可以作为选股依据，信号消失的问题就会在恰当的条件设置下避
免发生。比如，我们设计一个公式为：

ENTERLONG: PEAK (3, 5, 2) −TROUGH (3, 5, 2) *0.5＋
TROUGH (3, 5, 2) ;

动态翻译：

  多头买入：收盘价5%之字转向的前2个波峰值 − 收盘价5%之
字转向的前2个波谷值*0.5＋收盘价5%之字转向的前2个波谷值

  这个公式的意思是，在前期高低点的50%处买入。因为前期高
低点已经确定存在了，虽然也采用了未来数据，但信号却已经固
定不变了，也就不会存在信号消失的问题了。所以，这种信号对

行情走势的实际描述是真实的，在这种描述下就不会有未来数据信号消失的现象。

换言之，如果我们能够给未来数据设定一个已经确定的已知条件，那么，采用未来数据作为推测行情的信号模式，就是可行的，不受未来行情变化的影响。这样的公式中，即便是存在未来数据，也没有什么危害。

然而，如果我们采用那些没有被限制条件的未来数据，就需要使用者具有较高的应变能力了。因为，在使用未来数据指标时，它仅作为一种参考工具，当指标发出信号时，投机者必须根据其他的条件，来分析系统目前发出这个信号是不是合理的。比如，当含有未限制条件的未来数据指标在发出买卖信号时，我们可以通过观察行情的走势形态，以及其他指标的反应程度，来确定目前的信号是不是可行的。因为有时候未来数据指标所发出信号只是在提示使用者，行情原来的运行幅度在减小，但真正的底部和顶部可能在未来的几天内完成，如果此时的行情底部没有完成迹象，那么这一信号就不那么可信了。

所以，要理解未来数据，并对其弱点进行一些必要的了解，要学会辩证地看待和使用未来数据，采用一些条件限制未来数据的多变性，这样，经过优化的未来数据，就能够和其他函数一样，真实地描绘行情的实际情况了。

第三节 未来数据的无意识应用

Section3

在上面，我们讲述了未来数据的各种类型、现象和优化的方法。在这一节中我们再来讲述一下未来数据的无意识应用。

首先，我们要知道的是，几乎所有的指标都或多或少地具备未来数据的一些特征，在不自觉中间接地应用了未来数据。只不过因为其危害性不大，所以我们并没有去追究，没有意识到而已。

比如，我们最常用的MA平均线指标——MA（CLOSE，N），即收盘价的N日简单移动平均。这一指标就具有未来数据的特性。因为收盘价只有在每个交易日的最后收盘时才能确定下来，如果行情在当日上午的某一时间出现冲高走势，一条短期的MA平均线上穿了另一条长期的MA平均线，系统发出了交叉买入信号，但如果行情在下午收盘时出现回落，上午系统发出的交叉买入信号也会再次分开，交叉信号也会消失。

再比如，即使行情在收盘时上涨了，系统发出了交叉信号，但如果第二天行情出现了下跌，信号也有可能会随着行情的下跌而消失。

换言之，虽然日线记录的是收盘数据，但如果此时系统正处于短期MA平均线和长期MA平均线交叉的初期阶段，它就有可能随着行情的逆转，使刚刚交叉的两条平均线再次分开，导致刚刚发出的买入信号随着行情的变化消失得无影无踪。

大名鼎鼎的MACD指标和KDJ指标以及其他的一些超买超卖指标都是如此。这难道不是未来数据的特征吗？

可能有的朋友会说："既然所有的技术指标都具有未来数据特征，我只看K线好了，不用指标。"

然而，这又错了。因为不同周期的K线只有在既定的周期结束之后，K线的形态才能够确定下来，如果既定的周期没有结束，那就根本无法确定K线的阴阳、涨跌。

比如，日K线只有在当日收盘时才能确定下来，周K线也只能在周五那天收盘时才能确定下来，月K线也一样，只有在月末最后一天收盘时才能确定。而在这之前的中间时期，K线的形态都是浮动的，不断变化的，这和未来数据有什么区别？

很多投机者都会因为未来数据的变化莫测，而被过度妖魔化了。其关键在于很多居心不良的骗子，恶意使用未来数据信号的特征进行欺诈获利。很多不明就里的投机者发财心切，但又对技术指标了解不深，过度迷信高概率的技术指标，他们始终相信市场中一定有这样的方法，或有些人能够发明出一些百发百中的交易公式，所以，当他们看到系统测试中的那些高成功率信号时，就很自然地热血沸腾。

目前，市面上流传着一些含有未来数据的公式，基本上都可以称之为"马后炮"专家，它们只能用来当做"艺术品"观赏，如果投机者对其不甚了解，想要买回去按照信号进行交易，那后果不言而喻。即使有一部分对未来数据比较了解的人，也会在某些情况下跃跃欲试，想要一探究竟，对这些指标产生了不合理的期望。

当然，未来数据也并不是真的一无是处、毫无价值，我们在投机市场中交易，交易的本来就是市场的未来，是对未来一种预期、一种推测。总之，无论我们使用什么样的分析方法，只要我们在交易，就本质上而言，我们就已经在使用未来数据了。因为对未来的不确定性，导致我们的所有行为必须根据实际的、已经确定了的事实进行必要的修正，甚至完全否定。

任何函数都具有未来函数特性，这没什么可怕的。关键是要辩证地运用这些指标和公式，不要冒然而死板地依据任何公式的信号入市，不要完全迷信公式，更不要相信某些所谓的奇人异士所说的花了多少年的心血，终于攻克了投机领域中的预测难题，发明出某种百分之百准确率的交易方法或交易公式，这些无一例外地都是骗局，你毋庸置疑。投机市场中诸如此类的骗局层出不穷，但总有人上当。就在我写这一节的时候，我还接到过一个朋友的咨询，说有人宣传其发明了一种什么理论，预测股市的正确率达到100%，现正在南京等地开设培训课程，收费每人每学期1.5万元。

记住，公式只能给你一个信号，与选股公式一样，最终判断取舍要靠人，所以，要辩证地使用技术指标和所有公式。如果你只想简单地依靠某一公式，死板地买入卖出，短线交易，那你的投机生涯便只有怨恨，而没有希望了。

第四节 未来数据的检测方法

Section4

　　从上面对各种不同公式的讲解，我们知道了系统所发出的信号是基于一系列的函数运算的结果。要想让系统的信号稳定不变，所采用的函数必须满足时间不变性，即之后时间的数据结果不会对先前时间的数据结果产生明显较大的影响，这也是判断一个公式中是否含有未来数据的依据之一。换言之，如果一个公式中，之后的数据变化导致了先前数据的变化，从而使系统的信号出现了变化，我们就可以认定，这个公式具有未来数据的特性，其中含有未来数据，或确定其属于未来数据公式。

　　所以，想要有效地检测未来数据，我们就必须为未来函数定义，在这里我们就可以把未来函数定义为：某一条件的成立依赖另一条件的成立，或某一量依赖另一量而成立。比如，量A依赖量B成立，量B的变化必定会导致量A产生变化，那么量A就是量B的函数；如果量B是之后的量，量A是之前的量，量A就会随着量B的变化而变化，量A就是量B的未来函数。

　　但是未来并不是无限期的，如果行情延续的时间足够长，超过了未来函数所限定的周期和范围，那么这个未来数据就会变成确定数据。即如果行情维持原有走势的时间或幅度超过了未来数据所限定的条件（周期和幅度），行情的信号就会被确定。比如，我们设定了收盘价10%的之字转向，如果行情反转的运行幅度超过了收盘价10%的之字转向，达到了15%，并已确定，那么，此时之后的数据就不会再影响先前的数据了，之字转向就会重新选取另一个未超标准的高点重新生效。未来函数是有时间周期或某些行情条件限制的，在一个短的周期内可能是未来函数，但在稍长的周期内就会因为超越了原先的条件，而变成了确定的数据和函数。再比如"HIGH"（最高价），在一天收市前都是不确定的，所以，我们可以看到那些以此函数运行的公式指标的买卖信号，会随着行情的高低一会出现，一会消失，这种现象很容易观察到，属于一种最基本的确认未来数据的方法。

通过上面的例子，我们可以知道，被人们普遍认为是未来函数的公式，是因为设置了比较长的时间才被确认的ZIG函数。换言之，之所以行情的信号会改变，是因为我们行情的走势周期没有超出未来数据的周期限制，如果超过了，未来函数自己就要变成确定函数了，即使未来函数要出现改变，也要等到下一个之字转向了。

比如，我们把之字转向的参数设置为ZIG（3，5），那么行情的信号就要等到行情运行至下一个ZIG（3，5）成立时才能被确认，即我们把周期设置得越长，被确认的时间就越长，如果我们把它的参数设置得很短，比如ZIG（3，1），那之字转向的效果就跟"HIGH"差不多了。

一些恶意引用未来数据的公式的确会给一些不太懂公式的投机者带来很大的麻烦，让很多迷信指标公式的人深受其害，这也是很多投机者对未来数据深恶痛绝的主要原因。那么，到底怎样识别某一公式是不是未来数据公式呢？

首先，我们要知道指标函数中哪些函数属于未来函数，这在上面的未来数据分类中，我们已有讲述。即第一种方法就是搞清公式的计算方法，搞清楚未来函数的特征和种类。具备了认识公式中有无未来数据的基础知识，是否含有未来数据立刻便知。对于源码公式，我们要逐条分析，检查其公式中是否使用了未来函数。公式中凡是用了ZIG、BACKSET、WEEK、MONTH、YEAR、TROUGHP、TROUGH、PEAK等函数语句，以及使用了向前赋值、跨周期数据等，均应视为使用了未来数据。但如果ZIG函数被确定的周期或行情幅度优化限制，即增加了明确的定量优化（如上所述未来函数的优化），则不应被简单地列为未来数据公式。如果这些数据没有被设定确定条件，那么基本上就可以将其定义为未来数据公式了，对于这样的系统所发出来的信号，就必须加以辩证分析，谨慎使用。

其次，在前面还提到一个简单的验证指标是否含有未来数据的方法，观察买卖信号是否确定。比如观察指标信号是否确定。

如果一个指标在发出信号之后会随着未来行情走势的变化消失，或当行情走势恢复原位时信号又再次出现。你观察很长一段时间后，发现某一指标信号具备这种明显的特性，那这个指标基本上就是未来数据指标。即凡是已经出现的信号，在新的一天或若干周期中存在漂移的，即可确定公式中存在未来数据。

再次，大量观察指标图示中的信号布置，如果在大量的行情走势中，某一指标所显示的买卖提示信号极为准确，没有失误，即可肯定指标中使用了未来数据。

最后一种方法就是采用系统测试平台进行测试。对于一些不懂公式编辑的投机者，最简单的方法就是使用行情软件中的系统测试平台进行检测，系统会自动提醒公式中是否含有未来数据。对于那些千方百计加密而看不到公式源码的指标，这也是个很好的鉴别方法。如果想亲自看看信号的稳定性和历史的变化过程，分析家的时空隧道可以行情回放，让你回到从前，信号如何产生、如何消失一目了然。

第六章
Chapter6

新指标的测试

第一节 交易系统测试

Section1

　　一个新指标从设计到编写直至最后全部完成，这一过程的确让人兴奋，然而这并不代表这一指标即刻有效。所以一个指标成型之后，我们必须对其进行必要的测试，当我们所设计的指标能够达到测试要求时，我们才能够确定这个新指标是有效的、可用的交易系统，然后，再通过参数优化，确定其最佳的参数，达到最佳效果。

　　在这一章中，我们就用最简单、最常用的MA平均线的优化为例，来详细讲述一下如何测试系统的优劣。

　　比如，我们设计了一个MA平均线系统，其参数设定的买入信号为收盘价和20MA平均线上穿60MA平均线，卖出信号则为收盘价和20MA平均线下穿60MA平均线。

　　首先，我们要做的就是确定我们的指标公式已经正确引入行情系统之中了。然后，就可以按照下面的步骤进行测试了。

　　（1）点击行情显示器上方菜单栏中的"功能"键，此时在功能键的下方就会出现一个下拉菜单，我们将鼠标箭头滑动到"专家系统"，在这个项的右边又会出现一个菜单，我们点选"交易系统测试"。系统就会跳出一个"交易系统参数测试"窗口。如图6-1-1和图6-1-2中所示。

　　（2）在交易系统参数测试窗口中的"交易系统"栏选中"MA－均线交易系统"，点选"参数收益测试"，并将测试参数设置为20和60。然后点选"扣除手续费"，并将时段设置为行情历史周期的任意时期，周期越长效果越好。我们选定为1996年4月10日～2010年4月10日。如果要修改系统的买卖条件，就点选"修改公式"按钮，然后重新输入新的买卖条件。如图6-1-3中所示。

　　（3）点选"交易系统参数测试"窗口中的"加入股票"按钮，此时系统就会跳出一个"选择品种"窗口。我们可以在窗口中选择要测试的股票，选择一支、两支、多支都可以，如果你想

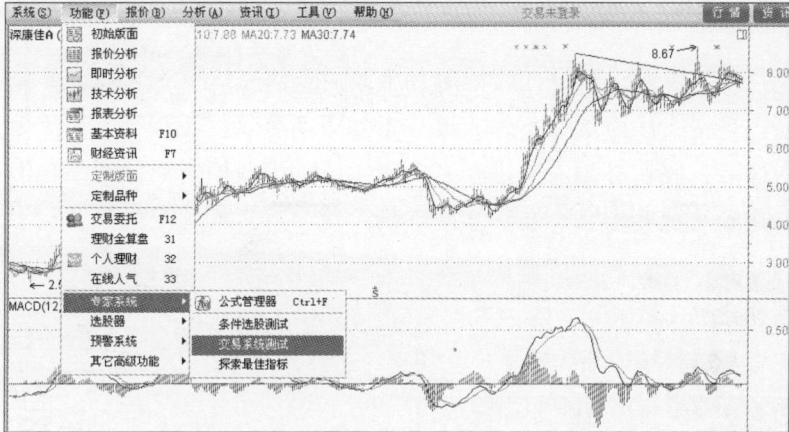

图6-1-1

图6-1-2

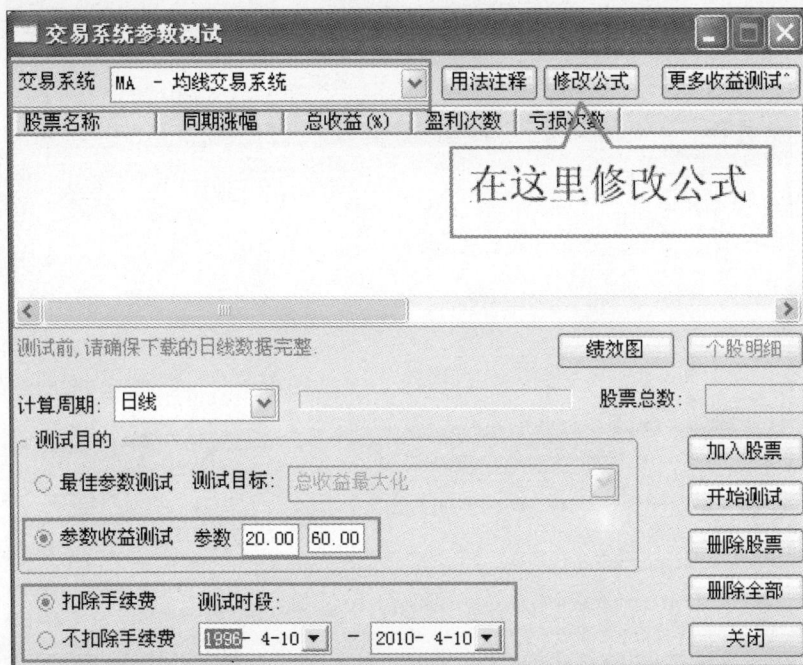

图6-1-3

要一个综合的测试结果，你可以多选几支，也可以全选（全选测试的时间要很长），如果你跟踪的是某一支股票，那么就可以在选择窗口中选择你所跟踪的股票。比如，我们要跟踪浦发银行，我们就点选"浦发银行"，这时候浦发银行的名称就会自动出现在测试输入框内。如果你选择的是多个股票，在测试输入框中就会出现多个股票。如图6-1-4～图6-1-6中所示。

（4）点击"更多收益测试"按钮；选取需要测试的项。然后点击"开始测试"按钮，来测试系统的交易情况。这时候，系统就会启动测试程序，并出现系统的测试结果。如图6-1-7和图6-1-8中所示。

从测试结果中，我们可以清楚地看到所测试的系统的模拟交易的收益情况，点击"个股明细"就可以查看系统每笔交易的详细情况了。如图6-1-9中所示。

如果我们在跟踪某一支股票，并想找到跟踪个股的两条MA平均

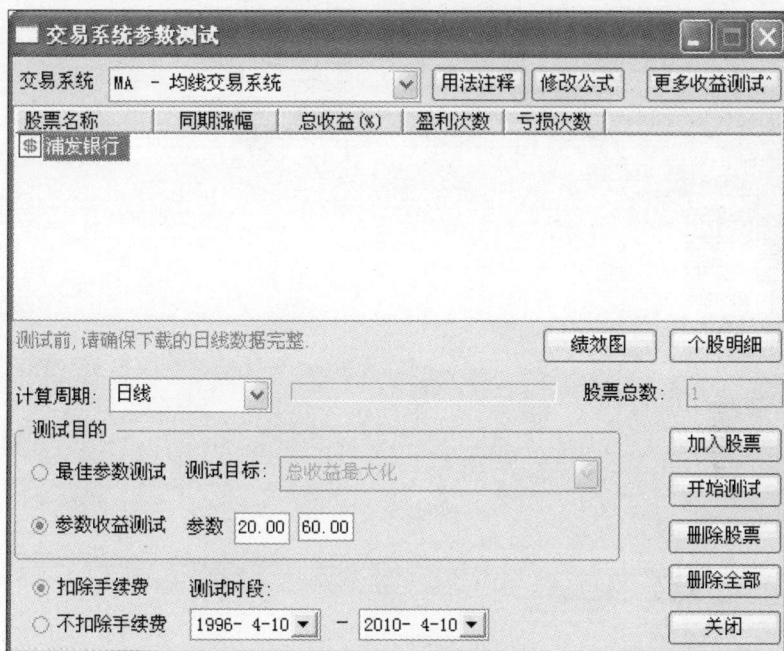

图6-1-4

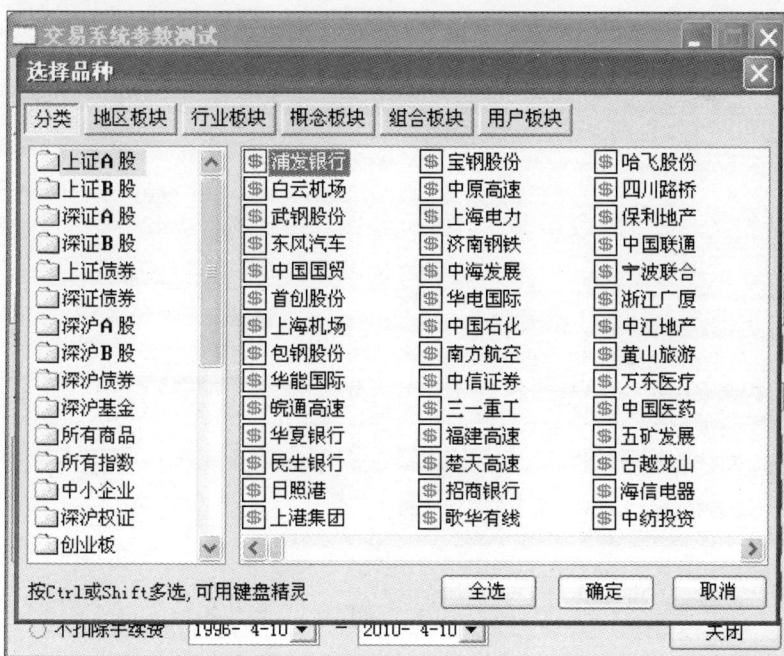

图6-1-5

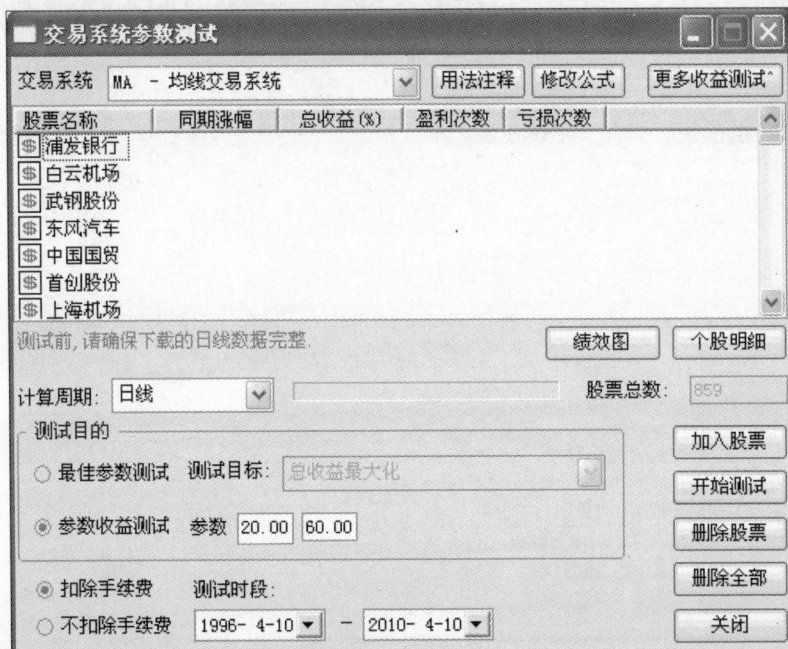

图6-1-6

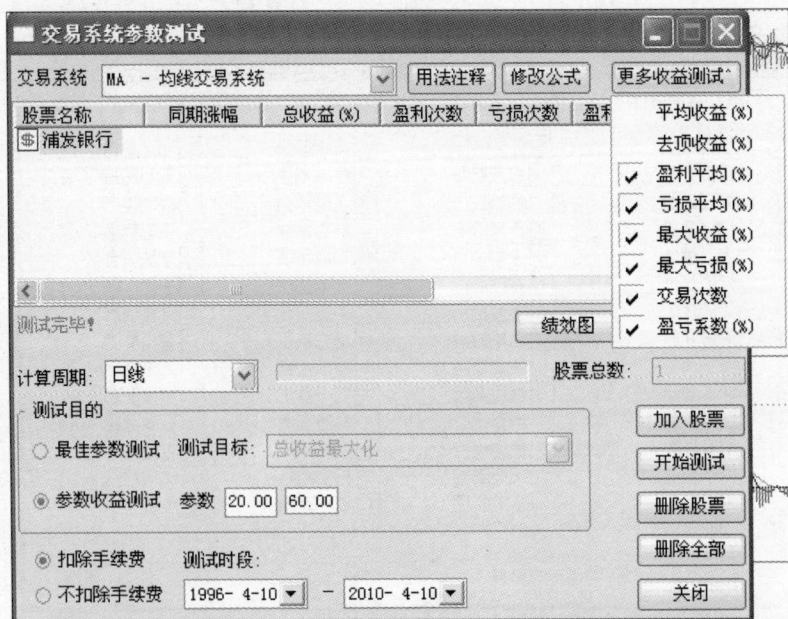

图6-1-7

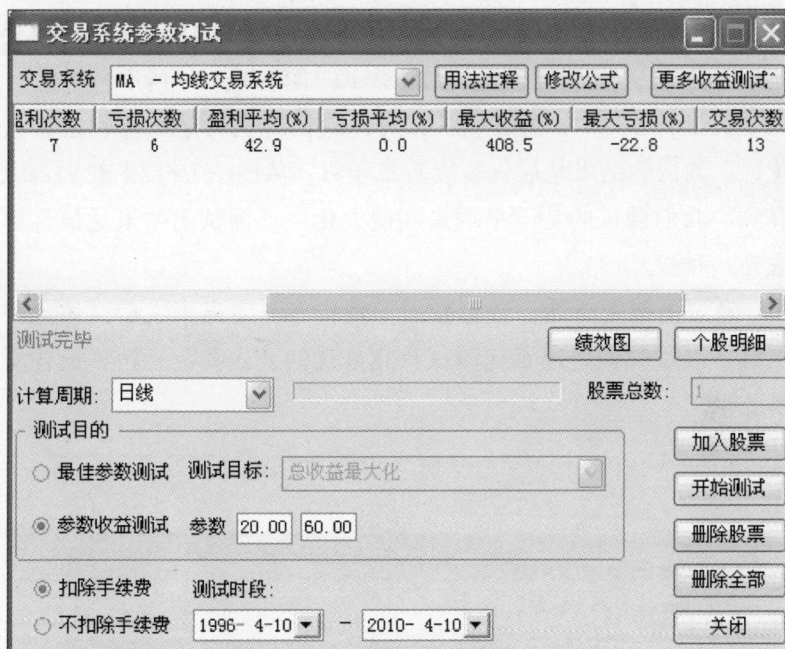

图6-1-8

图6-1-9

线的最佳交易参数。我们就需要点选"最佳参数测试"选取所需要的项，系统就会自动选出最佳的两条MA平均线的交叉参数。这要比投机者自己摸索好得多。如图6-1-10~图6-1-12中所示。

从图6-1-11中我们可以看到，我们测试的是"总收益最大化"，测试的结果是最优参数为22和81；从图6-1-12中我们可以看到，我们测试的是"平均赢利最大化"，测试的结果是最优参数为26和97。

通过上面的讲述，我们知道了新指标开发出来之后应该如何测试，以及如何通过系统测试找到最优的公式参数，达到最佳交易效果。

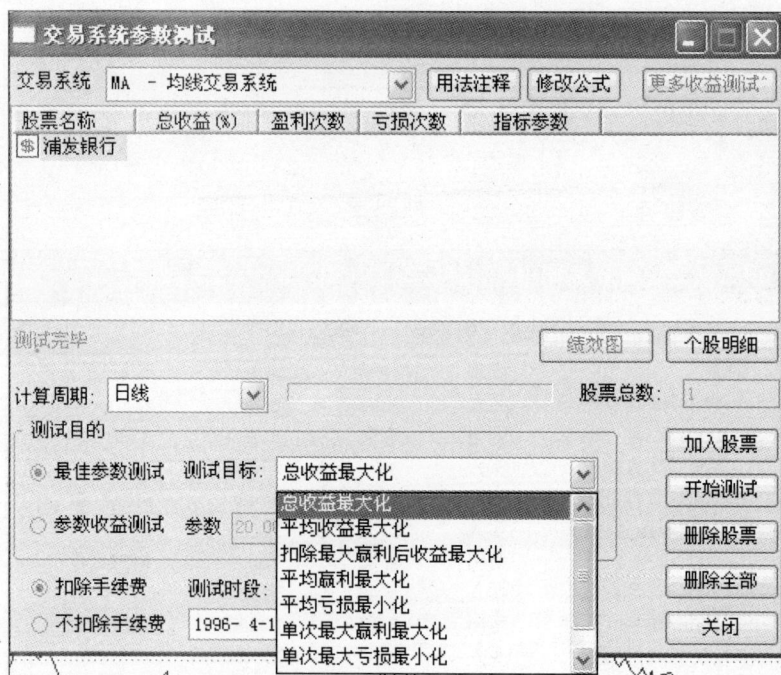

图6-1-10

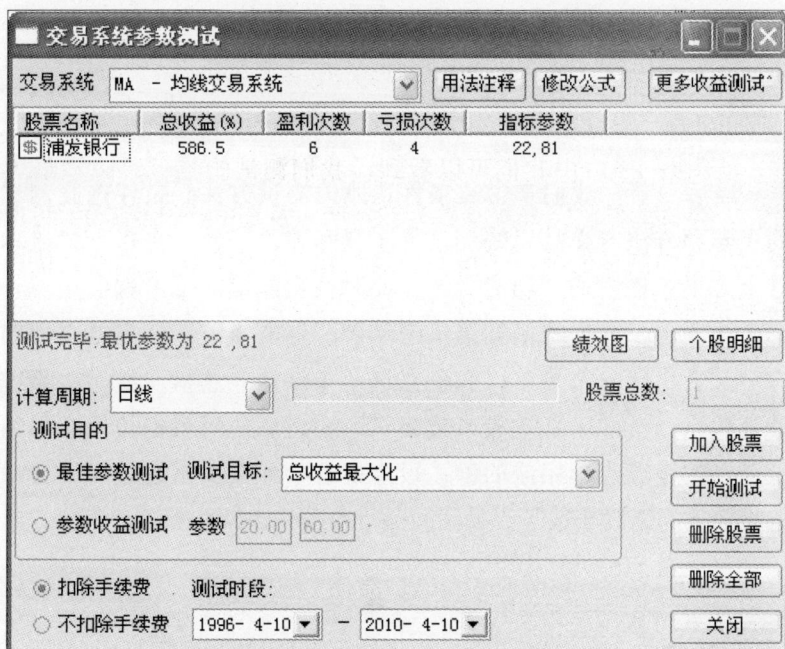

图6-1-11

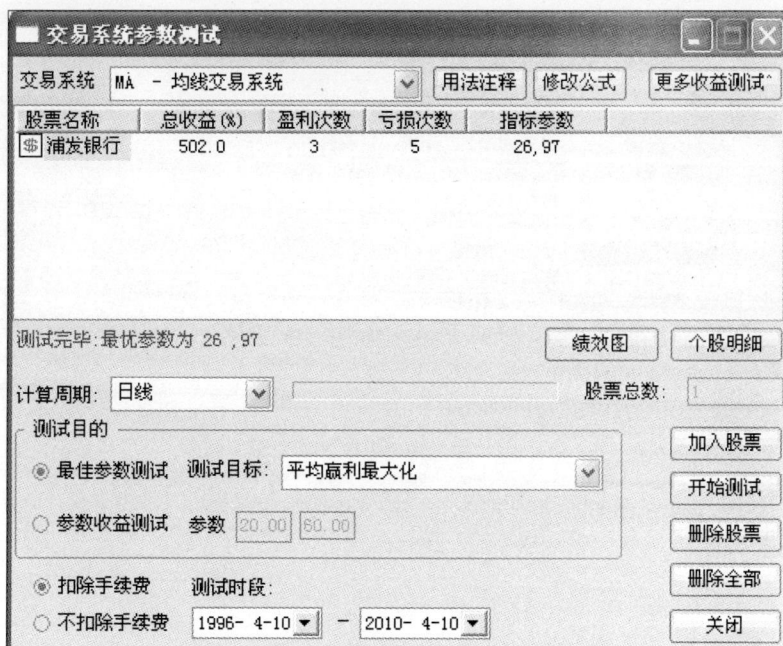

图6-1-12

第二节 条件选股测试
Section2

　　最后一节，我们来讲述条件选股的测试方法。条件选股测试的步骤和方法与交易系统测试的步骤和方法一致，点击行情显示器上方菜单栏中的"功能"键，此时在功能键的下方就会出现一个下拉菜单，我们将鼠标箭头滑动到"专家系统"，在这个项的右边又会出现一个菜单，我们点选"条件选股测试"后，。系统就会跳出一个"条件选股参数测试"窗口。然后我们按照交易系统测试的步骤点选相应的键，设定好各项参数，系统就可以自动选出最佳的选股参数了。如图6-2-1和图6-2-2中所示。

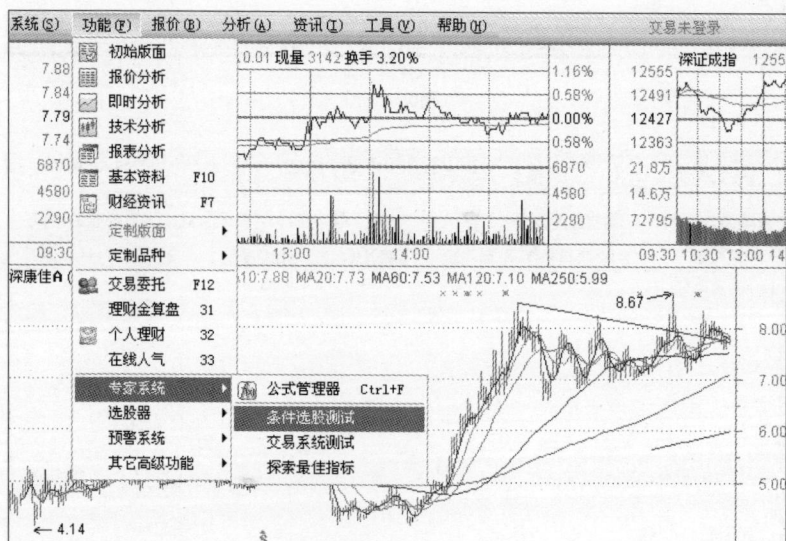

图6-2-1

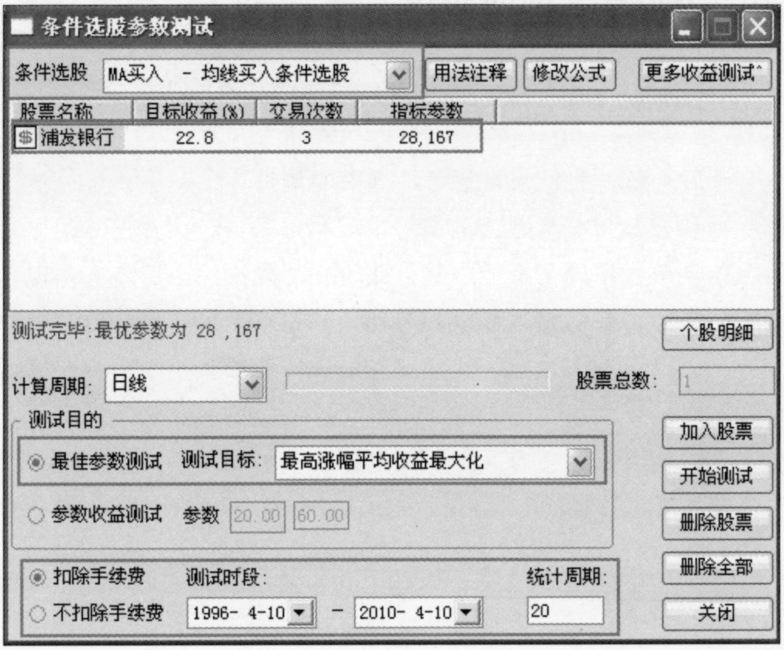
条件选股参数测试
条件选股
MA买入 - 均线买入条件选股
用法注释
修改公式
更多收益测试
股票名称
目标收益(%)
交易次数
指标参数
浦发银行
22.8
3
28,167
测试完毕:最优参数为 28 ,167
个股明细
计算周期:
日线
股票总数:
1
测试目的
最佳参数测试
测试目标:
最高涨幅平均收益最大化
参数收益测试
参数
20.00
60.00
加入股票
开始测试
删除股票
删除全部
扣除手续费
不扣除手续费
测试时段:
1996- 4-10
2010- 4-10
统计周期:
20
关闭

图6-2-2

后记
Postscript

很久以前，就看到很多投机者为了能够将自己的思想融入交易系统之中，或将自己的思想变成可以量化的交易标准，煞费苦心。我收到的读者来信中，就有一部分读者是专门来信要我帮他们编写系统指标的。有的读者让我帮助他们编写一套符合他们思路的信号指标，有的则让我按照他们的要求编写一套属于他们自己的选股指标。这让我非常感动！因为他们能够将自己的一些诀窍和秘而不宣的交易方法悉数透露给我。

当然，我不得不说，这其中的确有极少一部分读者的交易思路是正确的，但大多数读者的交易思路都是有错误的或相互抵触的，并且很多读者因为对交易指标的编写知识一窍不通，所以他们的一些所言所语根本就无法实现。

起初在一些业余的时间里，我也尽我所能地帮助那些思路正确的读者完成他们的心愿；对于一些并不合理的交易思路，我也会尽量回信告知那些读者其思想中的缺陷和不能实现的理由，并针对那些不太合理的地方进行一些书面沟通。

慢慢地，我有些心有余而力不足了。全国那么多读者，我每天都会收到读者的来信，很多读者都有自己的交易思想，我如何能够应付过来？

于是，我便有了写一本教投机者如何编写指标的书的想法，我知道这一类型的书市场中也有几本，但我觉得目前我国股票系统交易还处于萌芽阶段，我也有责任将自己设计指标的一些方法和心得体会写出来，以补充市场中的不足，满足不同读者的需要。

在这本书中，从参数设置到指标公式修改，再到自编系统，最后到自动选股和系统测试，我都做了简明的阐述，并剖析了一些新指标和新的交易方法，希望对读者能够有一定的启发和帮助。

由于本人经验尚浅，书中难免有不妥甚至错误之处，希望能够得到广大读者的指正，也希望各位前辈能够不吝赐教。

最后感谢张道军先生在本书写作过程中所给予的极大帮助，也对智品书业和万卷出版公司各位同仁的努力付出，致以衷心的感谢。

冷风树

2010年4月14日于山东威海乳山

"引领时代"金融投资系列书目

书 名	原书名	作 者	译 者	定价
世界交易经典译丛				
我如何以交易为生	How I Trade for a Living	〔美〕加里·史密斯	张 轶	42.00元
华尔街40年投机和冒险	Wall Street Ventures & Adventures Through Forty Years	〔美〕理查德·D.威科夫	蒋少华、代玉簪	39.00元
非赌博式交易	Trading Without Gambling	〔美〕马塞尔·林克	沈阳格微翻译服务中心	45.00元
一个交易者的资金管理系统	A Trader's Money Management System	〔美〕班尼特·A.麦克道尔	张 轶	36.00元
非波纳奇交易	Fibonacci Trading	〔美〕卡罗琳·伯罗登	沈阳格微翻译服务中心	42.00元
顶级交易的三大技巧	The Three Skills of Top Trading	〔美〕汉克·普鲁登	张 轶	42.00元
以趋势交易为生	Trend Trading for a Living	〔美〕托马斯·K.卡尔	张 轶	38.00元
超越技术分析	Beyond Technical Analysis	〔美〕图莎尔·钱德	罗光海	55.00元
商品期货市场的交易时机	Timing Techniques for Commodity Futures Markets	〔美〕科林·亚历山大	郭洪钧、关慧——海通期货研究所	42.00元
技术分析解密	Technical Analysis Demystified	〔美〕康斯坦丝·布朗	沈阳格微翻译服务中心	38.00元
日内交易策略	Day Trading Grain Futures	〔英、新、澳〕戴维·班尼特	张意忠	33.00元
马伯金融市场操作艺术	Marber on Markets	〔英〕布莱恩·马伯	吴 楠	52.00元
交易风险管理	Trading Risk	〔美〕肯尼思·L.格兰特	蒋少华、代玉簪	45.00元
非同寻常的大众幻想与全民疯狂	Extraordinary Popular Delusions & the Madness of Crowds	〔英〕查尔斯·麦基	黄惠兰、邹林华	58.00元
高胜算交易策略	High Probability Trading Strategies	〔美〕罗伯特·C.迈纳	张意忠	48.00元
每日交易心理训练	The Daily Trading Coach	〔美〕布里特·N.斯蒂恩博格	沈阳格微翻译服务中心	53.00元
逻辑交易者	Logical Trader	〔美〕马克·费舍尔	朴 兮	45.00元
市场交易策略	Market Trading Tactics	〔美〕戴若·顾比	罗光海	48.00元
股票即日交易的真相	The Truth About Day Trading Stocks	〔美〕乔希·迪皮特罗	罗光海	36.00元
形态交易精要	Trade What You See	〔美〕拉里·派斯温托 莱斯莉·久弗拉斯	张意忠	38.00元
战胜金融期货市场	Beating the Financial Futures Market	〔美〕阿特·柯林斯	张 轶	53.00元

股票和期货的控制论分析	Cybernetic Analysis for Stocks and Futures	〔美〕约翰·F.埃勒斯	罗光海	45.00元
趋势的本质	The Nature of Trends	〔美〕雷·巴罗斯	张　轶	45.00元（估）
交易大师：当今顶尖交易者的超级收益策略	Master Traders: Strategies for Superior Returns from Todays Top Traders	〔美〕法雷·汉姆瑞	张　轶	38.00元（估）
一个外汇交易者的冒险历程	Adventures of a Currency Trader	〔美〕罗布·布克	吴　楠	32.00元（估）
动态交易指标	Dynamic Trading Indicators	〔美〕马克·黑尔韦格　戴维·司汤达	张意忠	35.00元（估）
股票期货赢利秘诀	New Blueprints for Gains in Stocks & Grains & One-Way Formula for Trading in Stocks & Commodities	〔美〕威廉姆·达尼根	陈立辉	68.00元（估）
期货交易游戏	The Futures Game	〔美〕理查德·J.特维莱斯　弗兰克·J.琼斯	蒋少华、潘婷　朱荣华	78.00元（估）
赚了就跑：短线交易圣经	Hit and Run Trading: the Short-Term Stock Traders' Bible-Updated	〔美〕杰夫·库珀	罗光海	48.00元（估）
观盘看市：盘口解读与交易策略	Tape Reading and Market Tactics	〔美〕汉弗莱·B.尼尔	郭鉴镜	48.00元（估）
把握市场时机	Timing the Market	〔美〕科提斯·阿诺德	陈　烨	48.00元（估）
股票大作手回忆录	Reminiscences of a Stock Operator	〔美〕埃德温·勒菲弗	丁圣元	48.00元
市场剖面图分析	Markets in Profile	〔美〕詹姆斯·F.戴尔顿	陈　烨	35.00元（估）
小盘股投资者	The Small-Cap Investor	〔美〕法雷·汉姆瑞	季传峰	38.00元（估）
时间价值论（暂定）	Value in Time	〔美〕帕斯卡尔·威廉	华彦玲	45.00元（估）
资金管理的数字手册（暂定）	The Handbook of Portfolio Mathematics	〔美〕拉尔夫·文斯	蒋少华	45.00元（估）
价格图表形态详细解读（暂定）	Reading Price Charts Bar by Bar	〔美〕埃尔·布鲁克斯	刘　勇	38.00元（估）
安德鲁音叉线交易技术分析（暂定）	Integrated Pitchfork Analysis	〔美〕米尔卡·多洛加	张意忠	38.00元（估）
非主流战法——高胜算短线交易策略（暂定）	Street Smarts: High Probability Short-Term Trading Strategies	〔美〕劳伦斯·A.康纳斯　琳达·布拉福德·拉斯奇克	孙大莹、张轶	48.00元（估）
屡试不爽的短线交易策略（暂定）	SHORT TERM TRAOING STRATEGIES THAT WORK	〔美〕拉里·康纳斯　凯撒·阿尔瓦雷斯	张轶	38.00元（估）
动量指标权威指南（暂定）	The Definitive Guide to Momentum Indicators	〔美〕马丁·普林	罗光海	58.00元（估）
掌握艾略特波浪理论（暂定）	Mastering Elliott Wave	〔美〕格伦·尼利　埃里克·郝	廖小胜	58.00元（估）

国内原创精品系列

如何选择超级黑马	——	冷风树	——	48.00元
散户法宝	——	陈立辉	——	38.00元
庄家克星（修订第2版）	——	童牧野	——	48.00元
老鼠戏猫	——	姚茂敦	——	35.00元
一阳锁套利及投机技巧	——	一　阳	——	32.00元
短线看量技巧	——	一　阳	——	35.00元
对称理论的实战法则	——	冷风树	——	42.00元
金牌交易员操盘教程	——	冷风树	——	48.00元
黑马股走势规律与操盘技巧	——	韩永生	——	38.00元
万法归宗	——	陈立辉	——	40.00元
我把股市当战场（修订第2版）	——	童牧野	——	38.00元
金牌交易员的36堂课	——	冷风树	——	42.00元
零成本股票播种术	——	陈拥军	——	36.00元
降龙伏虎	——	周家勋、周涛	——	48.00元
金牌交易员的交易系统	——	冷风树	——	42.00元
金牌交易员多空法则	——	冷风树	——	42.00元
十年一梦（修订版）	——	青泽	——	45.00元
走出技术分析陷阱	——	孙大莹	——	58.00元
期货实战经验谈（暂定）	——	李意坚	——	36.00元（估）
致胜之道——短线操盘技术入门与提高	——	韩永生	——	38.00元（估）
鬼变脸主义及其敛财哲学（修订第2版）	——	童牧野	——	48.00元（估）

更方便的购书方式：

方法一：登录网站http://www.zhipinbook.com联系我们；

方法二：可直接邮政汇款至：北京市西城区北三环中路甲六号出版创意大厦七层

　　　　收款人：白剑峰　　邮编：100120

注：如果您采用邮购方式订购，请务必附上您的详细地址、邮编、电话、收货人及所订书目等信息，款到发书。我们将在邮局以印刷品的方式发货，免邮费，如需挂号每单另付3元，发货7-15日可到。

请咨询电话：010-58572701　（9：00-17：30，周日休息）

网站链接：http://www.zhipinbook.com

丛书工作委员会

本书工作委员会

智品書業
ZHIPIN BOOKS